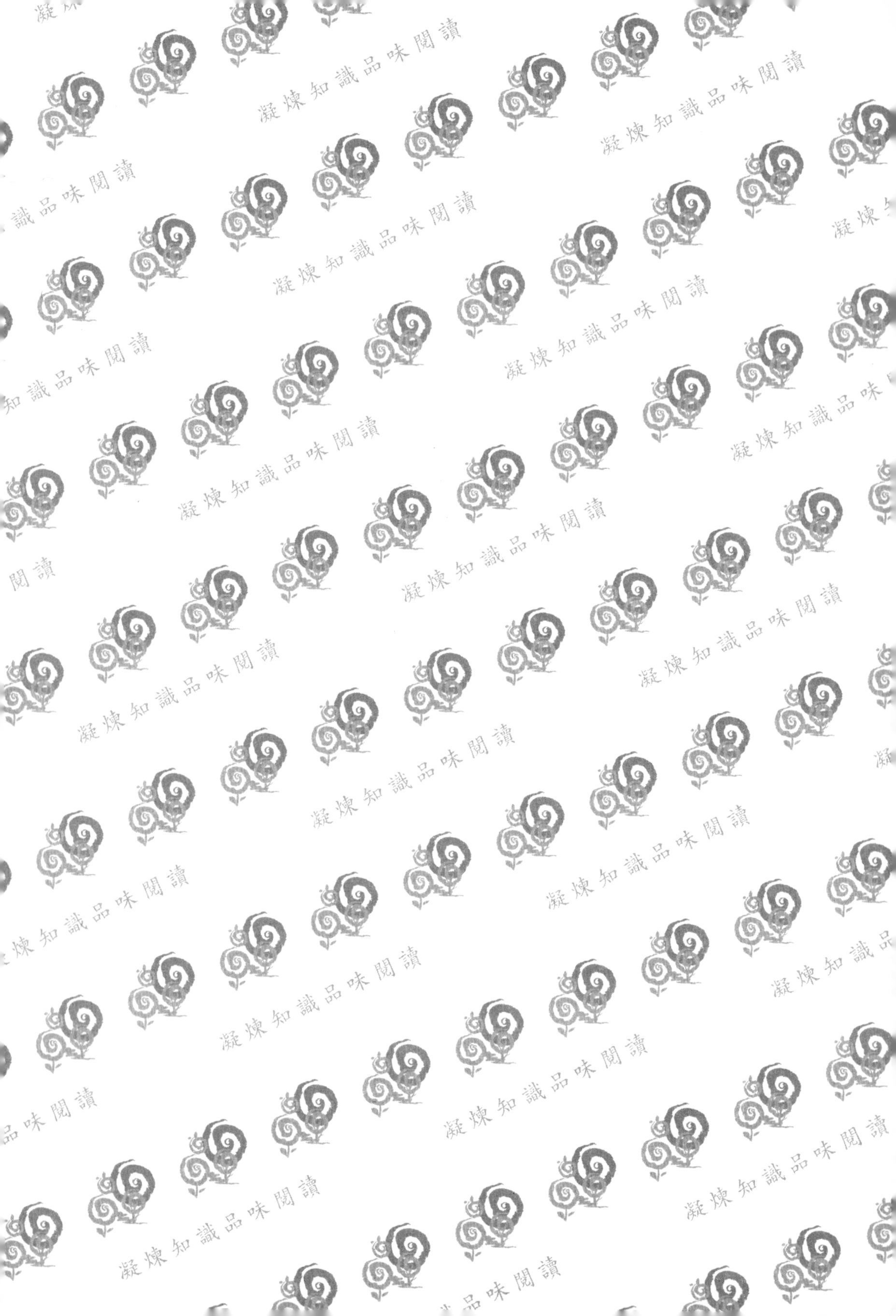
凝煉知識品味閱讀

凝煉知識品味閱讀

視覺障礙導論

黃國晏　著

五南圖書出版公司 印行

推薦序

由於身心障礙者的受教權與融合教育思潮受到重視，愈來愈多的視覺障礙學童進入普通教育體系就讀。根據統計資料顯示，目前就讀普通學校的視覺障礙學生比例約近九成。另外，醫學科技的進步，挽救了許多極度早產的新生兒，但也提升視覺障礙伴隨其他障礙的出現率。視覺障礙教育是結合多元面向的專業知識技能，也是極具高度挑戰的特殊教育專業領域。

黃國晏教授擁有美國威斯康辛大學麥迪遜校區哲學博士（Ph.D.），目前任教於清華大學特殊教育學系，曾任臺中啓明學校視障教育教師多年，本身具有視障教育、特殊教育政策與領導、特殊族群資賦優異、融合教育、資優教育領導才能、特殊教育領導與政策分析等專長。國晏教授結合本身豐富的學術專業與多年的實務教學經驗，利用教學研究之餘，整理撰寫出這本通論性的入門書，有助於初始接觸視覺障礙教育的大學生、視障學生家長與相關教育工作者，快速且有效掌握其全貌。

本書以深入淺出的方式，介紹視覺障礙者從出生、進入學校學習，直到畢業後步入社會工作的成長過程中所涉及的重要相關議題，涵蓋視覺障礙者的身心特質、早期療育、課程教學與輔導方法策略、定向行動、點字、輔助科技、大學資源教室服務、生涯與職業發展，以及職業重建與職務再設計等。另外，也增加了近年國內外高度重視的視皮質損傷、雙重殊異學生、學習媒介評量等議題，使得本書內容更加精彩可期。

臺灣從事視覺障礙教育的專家學者屈指可數，相對其他障礙專業領域，發表的學術著作量較少，欣見國晏教授的新書出版，並爲臺灣視障教育注入一股新的力量。

莊素貞

於臺中教育大學

2020年2月29日

自序

視覺是個體探索環境、學習知識與累積工作經驗的主要媒介。個體若有不同程度的視覺損傷，易遭遇不同層面能力的發展限制。然而，造成個體學習、工作與社會活動參與的障礙經驗，並非來自於個體的損傷程度，而是來自於大眾的刻板印象與社會文化的偏差。透過本書，期盼發展社會大眾對視覺損傷者正向態度與支持環境。

著者於國中時期發現視覺損傷的狀況，當時融合教育的支持體系不及現今完善，因此進入私立惠明學校與臺北市立啓明學校完成中學學業，於此期間，透過視障教育的服務，著者建立對視覺障礙的認同與接納，也開始探索職業生涯的興趣。

在國立臺灣師範大學特殊教育學系就讀期間，承蒙許多師長栽培——特殊教育學系吳武典名譽教授、林寶貴教授、張訓誥教授、師資培育學院洪儷瑜院長、張正芬教授等。在臺中市立啓明學校任教期間，發現許多視障學生爲雙重殊異群體，具有資賦優異與特殊才能的特質，也體認到融合教育對視障學生的重要性。

考取教育部公費留學後，著者先後至紐約哥倫比亞大學與威斯康辛大學完成研究所學位。焚膏繼晷、懸梁刺骨可說是美國留學生活的主要寫照。但透過與不同國家同學的交流，領悟社會文化差異影響該國的特教發展與障礙概念的形塑。這些臺灣學習、教學現場的工作經驗與美國留學見聞，爲本書的編撰奠定無形的基礎與架構。

本書共分五大部分，分別爲理論基礎與障礙概念、教育階段的服務、專業領域課程與技能、視覺障礙的特殊群體、職業準備與職場支持。透過這些章節，著者期望能協助視障教育初學者建立知識框架，也期盼能與更多視障教育領域的專業人士有更廣泛的交流。

本書能夠順利出版，承蒙五南圖書出版公司副總編輯陳念祖先生與黃文瓊小姐的邀請，促使著者在忙碌的教學與研究生活中，有動力將國內外視障專業領域資料編撰成書。感謝五南圖書出版公司的李敏華小姐，爲本書的校稿與封面設計，提供專業協助。感謝國立臺中教育大學特殊教育學系莊素貞教授爲本書撰寫推薦序；謝謝學生建緩、佳倫、宜萱、文瑜與淳茹的協助，也要謝謝内人馨儀對本書編撰不時提供建議，讓本書的内容更臻完善。

本書雖已竭盡洪荒之力蒐集資料，但因篇幅有限，未免有許多遺珠之憾，也是未來考慮再版時增刪書籍内容的參考方向。最後期待本書的出版，能啓拋磚引玉的效果，促進更多視障領域專業人員的迴響與投入。

黃國晏
寫於國立清華大學特殊教育學系研究室
2020 年 元宵節前夕

目錄

第一部分：理論基礎與障礙概念

第二部分：教育階段的服務

第三部分：專業領域課程與技能

第四部分：視覺障礙的特殊群體

第五部分：職業準備與職場支持

第一部分：理論基礎與障礙概念

第一章

緒論

前　言

視覺障礙者在特殊教育的發展歷史中，是很早為人注意且接受服務的一類特殊需求者。隨著人類對視覺障礙迷思的逐步破除，視障學生開始接受不同的服務模式與評量調整。由於視覺損傷的原因不同，視障教育專業團隊也應有多元的鑑定原則，以提供適當的教育協助與服務。本章先介紹視障教育的歷史發展與服務模式，並說明眼球結構與疾病，最後探討法規與鑑定。

第一節　視障教育的歷史發展與服務模式

一、誤解與迷思

人類的學習主要來自於外在環境的感覺經驗，視覺是獲取外界經驗與知識最重要的管道；視覺經驗在所有感官知覺中占有不可取代的地位。社會大眾經常誤解法定盲之重度視覺障礙者，其視覺為一片漆黑、是幽暗且無法察覺任何光影變化的。其實，在《特殊教育法》與《身心障礙者權益保障法》中所界定為盲之視覺障礙者，有一半仍可感知光影與粗大輪廓，剩餘的一半才是連光影都無法感知的重度視覺障礙者（Buncic, 1987）。

社會大眾對視覺障礙者的態度或想法，受到民間傳聞深刻的影響，即使在科技如此發達的時代，還是可以感受到大眾對視覺障礙者強烈的誤解。對視覺障礙者的誤解，可分為負面與正面的刻板印象。負面的刻板印象多半將視覺障礙者形容成無助又可憐；或肇因於輪迴因果；或視為不祥；或可能傳染的可怕疾病。有些人認為視覺障礙者能從事的行業十分侷限，僅能從事按摩、算命、音樂表演等工作。正面的刻板印象則是過於強調視覺障礙者通常具備的靈敏觸覺、聽覺、洞察力、第六感等能力，因此，視覺障礙者更能成為論卦精準的命相師。此外，憑藉敏銳的聽覺與音感，也更容易成為藝超群倫的音樂家，例如：義大利視覺障礙音樂家Andrea Bocelli。以上的刻板印象其實都是有所偏頗的。事實上，在現今社會中有愈來愈多的視覺障礙者，成為各行各業領域的專業人士，例如：大學教授、資訊工程師、律師、文學家等。

法國慈善家 Valentin Haüy 於 1784 年創建世界第一所教導視覺障礙學生的學校，並使用具有浮凸文字的教材教導視覺障礙學生。十八世紀初，Louis Braille 設計一套六個凸點點字系統，成為現今重度視覺障礙者主要閱讀與書寫的工具。之後，1791 年 Liverpool 設立了英國第一所盲人學校。1821 年，Samuel Howe 依據歐洲考察經驗，於美國創立第一所盲人中心學校，為後來波士頓柏金斯盲校（Perkins School for the Blind）的前身；波士頓的柏金斯盲校為海倫．凱勒的母校，發展成日後頗負盛名的盲校，之後各州相繼設立視覺障礙學校。1832 年，紐約與賓州設立私立視覺損傷學生寄宿學校；1872 年，蘇格蘭首度嘗試安置視覺損傷學生與非視覺損傷學生同班上課；1900 年，伊利諾盲人學校校長 Frank Hall 倡議，促使芝加哥盲校學生進入公立學校與非視覺損傷學生一起學習。Edward Allen 於 1913 年開始嘗試在波士頓教導低視能學生，隔年 Robert Irwin 也開始這類教導低視能學生之實驗課程。

法國於 1918 年與德國於 1925 年開始訓練導盲犬，協助第一次世界大戰受傷失明的退伍軍人，重建其獨立行動的能力；1928 年，美國引進導盲犬協助視障者進行定向與行動訓練（Tuttle & Ferrel, 1995）；1944 年，Richard Hoover 致力於研發定向與行動系統，首創視障者定向行動技術，以系統化的方式教導視障者如何在環境中自由的移動。

1950 年代，由於醫學的進步，許多早產兒藉由保溫箱的氧氣得以存活，卻發生早產兒視網膜病變（retinopathy of prematurity）的問題，醫學名稱為晶狀體後纖維增生症（retrolental fibroplasias）。1960 年代，因德國麻疹大流行，造成許多兒童多重障礙且多數伴隨視覺損傷的問題，導致視覺多重障礙學生大量增加，也因此促使住宿型特殊教育學校的擴展。在第二次世界大戰前，有 85% 的視障學生接受住宿型學校服務。美國教育部於 2005 年的調查發現，目前視障學生就讀住宿型特殊教育學校的比例已大幅降低，在國小低於 4%、中學低於 8%，大多數視障學生能就近就讀學區當地的公立學校，不需就讀住宿型特殊教育學校（黃裕惠、陳明娟、莊季靜譯，2008）。

臺灣特殊教育的發展以視障教育為開端；1905 年日本政府對臺灣進行人口調查，調查結果表示臺灣平均每萬人就有 52 名視障者，視障人數遠大於該年代歐美國家（邱大昕，2012）。臺灣視障教育的起源，最早源於英國長老會牧師甘為霖（William Campbell）於 1891 年在臺南成立訓瞽堂，教導視障學生透過點字閱讀三字經、四書五經等書籍。1968 年，省立臺中啟明學校（現為臺中市立啟明學校），成為專收視覺障礙學生之特殊教育學校。基督教兒童福利基金會創立之盲童育幼院，於 1972 年，定名為私立惠明盲校。1975 年，臺北盲啞學校盲科部獨立並命名為臺北市立啟明學校。

美國海外盲人基金會與聯合國兒童基金會，於 1966 年協助臺灣推動「臺灣省教育廳試辦盲生就讀國民學校實施計畫」，視障學生從此可就近就讀住家附近的國民中學與國民小學，不再因無法就讀啟明學校而失去教育機會。「回歸主流」教育思潮興起，1987 年臺北市立師範學院附屬實驗小學設置「視障幼兒教學實驗班」，此為視障生學前階段的特殊教育，該實驗班的設立，使視覺障礙學生從幼稚教育、小學、國中、高中（職），得以銜接。

臺灣導盲犬協會與惠光導盲犬教育基金會是臺灣目前負責培育、繁殖與訓練導盲犬的機構。惠光導盲犬教育基金會於 1993 年從澳大利亞皇家導盲犬協會，引進一對導盲種犬，開始本土配種導盲幼犬的工作。1996 年，在日本專家的協助與訓練下，臺灣第一隻導盲犬正式上路。2004 年，臺灣本土訓練成功的導盲犬加入服務視障者的行列，證明了臺灣擁有本土訓練導盲犬的能力。2002 年臺灣導盲犬協會成立，主要目標是建立並推動導盲犬本土化培訓制度，除了負責本土導盲犬培育之外，亦協助香港導盲犬服務中心培育導盲犬訓練員與贈送多對導盲幼犬，促進國際導盲犬之培育技術交流。

二、現今的服務模式

教師或直接照顧者協助視障學生規劃教育措施時，應根據學生的學習目標、家庭狀況、認知及學業程度、生活自理能力等因素，來選擇最適合學生的服務模式，才可以讓視障學生獲得最好的教育及照顧。以下介紹三項視障教育服務模式：

(一) 特殊教育學校

視障學生離開家庭住宿於特殊教育學校，例如：在啟明學校，與同儕共同生活與學習。特殊教育學校提供從學齡前、幼兒教育、國小、國中到高中職之教育安置與服務。近年也開始招收視覺多重障礙學生。學校的教師皆受過特殊教育專業訓練，能設計適合學生需要的教材與活動，且學校有專門為視障學生購置的輔助科技設備、教材教具，可提供學生專業的服務與設備。特殊教育學校具備較完善的輔助科技、專業人員、豐富資源等優勢條件，因而具有足夠潛力成為地方等級的諮詢資源中心。

(二) 資源班

設置在融合教育環境，例如：視障重點學校。曾受過視障教育課程訓練的教師，提供抽離式服務，學生的部分課程至資源教室接受服務，其餘課程在原來班級與同儕一起上課。學生可透過輔助科技、適當的教材與教具，接受普通教育教師、資源班教師與視障巡迴輔導教師的服務。目前，臺北市、新北市與臺中市更挑選市內數所國小、國中與高中為視覺障礙教育服務重點學校，設立資源班為視覺障礙學生提供專業服務。

(三) 視障巡迴輔導教師

視障巡迴輔導教師往返於各個接納視障學生就讀的學校，以協助視障學生可就近就讀學區學校，不需離開家庭至住宿型學校就讀與生活。視障巡迴輔導教師可提供學生專業服務，並成為普通教育教師重要的教學諮詢者，協助學校教師與同儕瞭解視障學生的需求與學習挑戰。目前，在臺灣有很高比例的視覺障礙學生在融合教育環境接受巡迴輔導的服務。在臺灣，每個縣市皆有視覺障礙巡迴輔導教師，為視覺障礙學生提供服務。視覺障礙巡迴輔導教師提供直接服務與間接服務。直接服務包括點字教學、定向行動訓練、輔助科技與盲用電腦教學等；間接服務包括升學與轉銜輔導、生涯與職業探索、人際與社交技巧、課程教學策略諮詢等。表 1-1 呈現三項視障教育服務模式之比較。

◆表 1-1　視障教育服務模式之比較

	特殊教育學校	資源班	視障巡迴輔導教師
教育環境	特殊教育	融合教育	融合教育
非視障同儕相處	無	有，但部分課程到資源班進行學習	視障學生全天都在班級上課
適用學生	視覺多重障礙或適應能力較弱的學生	與視覺障礙程度無關，有意願在融合教育環境學習的學生	與視覺障礙程度無關、家庭支持度高，有意願在融合教育環境學習的學生
缺點	缺少與家庭成員或非視障同儕互動	學生不易及時收到適當的考卷或教材，需等待較多的時間	須配合視障巡迴輔導教師到校提供服務的時間，且服務的頻率與時間不一

透過這三種不同類型的服務模式，直接照顧者與教師應依據學生的需求，選擇最適當的安置，如此，視障學生才能獲得最合適的服務與支持。

三、評量調整的服務模式

《身心障礙學生考試服務辦法》（見附錄一），其中第 5 條至第 9 條，視障學生可獲得試場服務、輔具服務、試題（卷）調整服務、作答方式調整服務等。此外，本法第 10 條說明：「身心障礙學生參加校內學習評量，學校提供本辦法之各項服務，應載明於個別化教育計畫或個別化支持計畫。」鄭靜瑩（2018）指出，法條中既明言各項考試服務應載明於個別化教育計畫中，即表示最適合學生的評量方式已經由特教專業團隊評估後載明並執行，如此，在學生參與升學考試時，是否亦應比照辦理？許多案例皆顯示事實並非如此。以下分別從考試時間、考試內容與作答方式調整舉例說明。

(一) 考試時間調整

甲生以點字進行考試，個別化教育計畫中載明校內評量延長時間為 30 分鐘。然而，甲生參與升學考試時卻只能延長 20 分鐘，經極力爭取後仍未能比照個別化教育計畫辦理。

(二) 考試內容調整

乙生用 NVDA 盲用語音電腦參與校內評量，並可利用剩餘視力閱讀數學計算式、幾何圖形輔助思考，校內評量除提供電子檔外，還提供 NVDA 對應的題本與擴視機。乙生在升學考試時申請考試內容調整服務，但考試主辦單位卻認為提供對應題本顯失考試公平性。

(三) 作答方式調整

丙生參與某大學音樂系術科考試，由於丙生無法視譜進行樂曲分析，因此提出作答方式調整服務，請主考官彈奏題目後讓學生以盲用電腦回答問題，此調整方式被考試單位駁回；因而丙生再提出申請，期能將題目轉譯為音樂點字，但考試單位回應「沒有此項資源」，丙生依然未能得到個別化的服務。

上述案例皆說明學生在參與升學考試或其他校外考試時，未能比照個別化教育計畫來執行，學生無法獲得適性的調整。這也顯示詳盡的辦法未必能符合學生的需求，尚須執行者的智慧與彈性，才能落實法律並符合個別化精神（鄭靜瑩，2018）。

第二節 眼球結構與疾病

完整的視覺系統提供人類六項重要的功能，包括：(1) 感光與單眼成像；(2) 雙眼融像，同時發展立體視覺與深度知覺；(3) 物體辨識與視覺類化；(4) 空間、距離與動體速度之判斷；(5) 眼動、身體平衡與手眼協調；(6) 瞳孔反應與生理時鐘的調控（Leat, & Lovie-Kitchen, 2008）。以下透過眼球結構圖（圖 1-1）介紹眼球的重要部位，並說明常見的眼睛疾病。

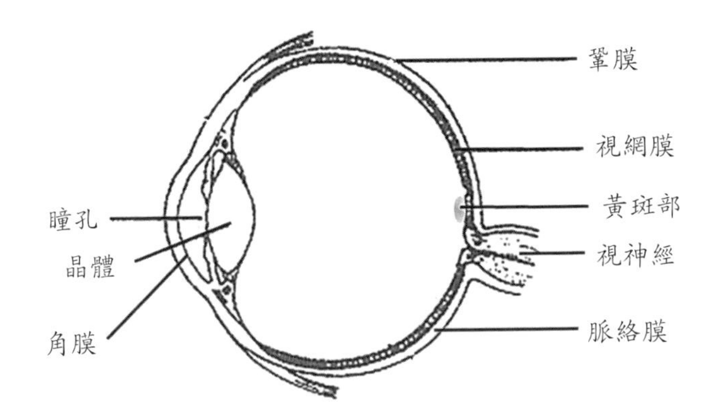

◆圖 1-1　眼球結構圖（蔡佳倫繪製）

一、視網膜

(一) 生理特點

視網膜是位於眼球最內層的膜狀構造，內有多層神經細胞，外層為感光細胞。光線經感光細胞接收後，產生神經衝動，從內層神經細胞與視神經傳導至大腦產生影像。視網膜正常狀況下會緊貼於脈絡膜上，具有豐富微血管組織之脈絡膜可供給視網膜感光細胞所需之養分。

(二) 疾病

視網膜剝離、閃光、視野缺損、色盲。

(三) 症狀

1. 視網膜剝離：視力減退或失明。

2. 閃光：視野周圍會見到如閃電或閃光燈般的閃光，有時一閃而過、有時持續數分鐘以上。

3. 視野缺損：黑影、影像扭曲、閃光、視力減退，閉眼仍可見此症狀。

4. 色盲：全色盲、紅色盲、綠色盲、藍黃色盲。

二、角膜

(一) 生理特點

角膜位於眼球前部，是外界光線進入眼內的視窗，也是眼球重要屈光介質之一。位於眼球的最前方，透過角膜可見虹膜的顏色，東方人因虹膜含色素多，所以呈現黑眼珠。我們常稱的「黑仁」、「黑眼珠」，就是指角膜。角膜本身無血管，但卻有豐富的感覺神經，所以一旦發炎或受傷，會有疼痛、畏光、流淚等症狀。

(二) 疾病

角膜炎症、角膜內皮失養症。

(三) 症狀

1. 角膜炎症：紅眼、疼痛，嚴重的角膜發炎引起潰瘍，甚至會導致失明。

2. 角膜內皮失養症：水腫、光暈、眩光。

三、鞏膜

(一) 生理特點

鞏膜與角膜緊密連接，就是所謂「眼白」的部分，為眼球壁最外一層。鞏膜很堅韌不透明，可保護眼球內部，並維持眼球的形狀。

(二) 疾病

鞏膜炎、鞏膜葡萄腫。

(三) 症狀

1. 鞏膜炎：疼痛、畏光、流淚。

2. 鞏膜葡萄腫：鞏膜與葡萄膜向外膨出，視力減退。

四、晶體

(一) 生理特點

被韌帶固定懸掛在虹膜之後、玻璃體之前，位於瞳孔後面的扁平橢圓形透明晶狀體。

(二) 疾病

老年性白內障、先天性白內障。

(三) 症狀

1. 老年性白內障：晶體混濁、硬化，影響視力。
2. 先天性白內障：斜視、眼球震顫、眼球不靈活。

五、脈絡膜

(一) 生理特點

呈暗褐色，為眼球壁中層的組織，主要由色素及血管組成，可供應眼球養分並運送廢物。脈絡膜、虹膜、睫狀體這三者，合稱為葡萄膜。

(二) 疾病

脈絡膜炎、脈絡膜黑色素瘤、中央暈輪狀脈絡膜萎縮。

(三) 症狀

1. 脈絡膜炎：黑影、閃光、視物變形、視力減退。
2. 脈絡膜黑色素瘤：視物變形（變小）、中心暗點、視野缺損。
3. 中央暈輪狀脈絡膜萎縮：暗適應功能下降、水腫。

六、視神經

(一) 生理特點

視神經是十二對腦神經中的第二對，始於眼球的視網膜，穿過視神經管入腦，傳導視覺衝動。

(二) 疾病

視神經炎、缺血性視神經病變。

(三) 症狀

1. 視神經炎：視力下降、中心視野缺損、色覺辨識異常。

2. 缺血性視神經病變：水腫、視神經萎縮。

七、黃斑部

(一) 生理特點

視網膜中心區域，稱為黃斑部。黃斑部含有大量的圓錐（錐狀）細胞，圓錐細胞與中心視力、色覺與形狀感覺功能有關。

(二) 疾病

老年性黃斑部病變、滲出型黃斑部退化。

(三) 症狀

1. 老年性黃斑部病變：視物變形、視覺中心暗點、中心視力喪失、視力嚴重衰退。

2. 滲出型黃斑部退化：水腫、出血、視覺快速消失。

由上述眼球的重要部位及常見的眼睛疾病，可以看出眼球的構造精密而複雜，常見疾病及症狀種類繁多，隨著高齡人口增加，因罹患眼疾致視覺損傷人口逐年升高，因此政府訂定相關法規鑑定視障的定義與服務人數。透過這些統計數據，政府才能有效進行資源分配，提供給具有特殊需求的視覺障礙者。

第三節　法規與鑑定

一、法規

(一)《身心障礙者權益保障法》

2007 年起《身心障礙者保護法》修正為《身心障礙者權益保障法》。《身心障礙者權益保障法》依據「國際健康功能與身心障礙分類」（International Classification of Functioning，簡稱 ICF）八大身心功能障礙類別為判別根據。視覺障礙的鑑定標準，主要以視力與視野為主要的判定（見表 1-2）。《身心障礙者鑑定作業辦法》（衛生福利部，2014）係依據《身心障礙者權益保障法》第 6 條第 3 項之規定訂定，該法第 5 條指出：「身心障礙鑑定報告（以下簡稱鑑定報告），應依據身心障礙類別、鑑定向度、程度分級與基準。」

◆表 1-2　視覺功能與分級鑑定標準

項目	分類	等級	鑑定標準
眼、耳及相關構造與感官功能及疼痛	視覺功能	0	未達下列基準
		1	1. 矯正後兩眼視力均看不到 0.3，或優眼視力爲 0.3，另眼視力小於 0.1（不含）時，或優眼視力 0.4，另眼視力小於 0.05（不含）者。 2. 兩眼視野各爲 20 度以內者。 3. 優眼自動視野計中心 30 度程式檢查，平均缺損大於 10 dB（不含）者。
		2	1. 矯正後兩眼視力均看不到 0.1 時，或優眼視力爲 0.1，另眼視力小於 0.05（不含）者。 2. 優眼自動視野計中心 30 度程式檢查，平均缺損大於 15 dB（不含）者。
		3	1. 矯正後兩眼視力均看不到 0.01（或小於 50 公分辨指數）者。 2. 優眼自動視野計中心 30 度程式檢查，平均缺損大於 20 dB（不含）者。

(二)《特殊教育法》

《身心障礙及資賦優異學生鑑定辦法》（教育部，2013）係依據《特殊教育法》第16條第2項之規定訂定。該法第4條指出：「本法第3條第2款所稱視覺障礙，指由於先天或後天原因，導致視覺器官之構造缺損，或機能發生部分或全部之障礙，經矯正後其視覺辨認仍有困難者。前項所定視覺障礙，其鑑定基準依下列各款規定之一：

一、視力經最佳矯正後，依萬國式視力表所測定優眼視力未達0.3或視野在20度以內。

二、視力無法以前款視力表測定時，以其他經醫學專業採認之檢查方式測定後認定。」

利用萬國式視力表測定優眼視力與眼科醫學利用E字母測定視力，有顯著不同。因此，鄭靜瑩（2018）建議《身心障礙及資賦優異學生鑑定辦法》應修改萬國式視力量表作為視障學生鑑定標準，因萬國式視力表並非常見的低視能評估工具，且臺灣目前使用情況不普遍，也不適用於嬰幼兒、認知功能障礙或視覺皮質損傷的學生。

此外，《身心障礙及資賦優異學生鑑定辦法》認為視覺障礙的成因為視覺器官構造缺損，但造成視障成因有多種可能，如視覺皮質損傷。視覺皮質損傷是腦部視覺處理中心與視覺通路受到干擾，而非視覺器官功能的損傷所導致的視覺障礙。也就是視覺皮質損傷是在成像與視覺訊息傳導均沒問題的情況下，依然無法辨識物件、人臉、距離或方向等訊息。美國哥倫比亞大學臨床神經醫學教授奧利佛·薩克斯（Oliver Sacks）在《看得見的盲人》一書，指出的個案即為此例。例如：一位鋼琴演奏家因視覺失認症而無法閱讀樂譜、一位小說家因視覺失認症僅能書寫文字而無法閱讀自己所寫的文字。而作者奧利佛·薩克斯教授本人也是一位看得見的盲人，當他在哥倫比亞大學行醫時，常因無法辨識熟識的病人臉孔而造成許多誤會與笑話。

二、鑑定原則

(一) 優眼視力值爲鑑定標準

無論是《特殊教育法》或是《身心障礙者權益保障法》，關於視覺障礙的鑑定準則，均規定視覺障礙的鑑定須以優眼視力值作為標準，也就是以視力較佳的一眼為準，倘若受測者一眼的視力值正常，另一眼為盲，仍無法取得身心障礙手冊。

(二) 盲與低視能

《特殊教育法》首次頒布時，將視覺障礙區分為盲與低視能。盲是指視力在 0.03 以下者，閱讀方式是以點字書籍、有聲書與螢幕報讀軟體為主，但仍有些許光覺。低視能是指視力在 0.3 至 0.03 之間者，閱讀方式是利用光學輔具閱讀印刷字體與放大書籍為主。

(三) 盲聾雙障與盲多障

學生是藉由視覺與聽覺兩個管道進行學習，所以當學生同時具有兩方面以上的障礙時，在學習上就會遭遇很大的困難，學習需求相對的也會更複雜。臺灣目前將盲聾雙重感官障礙列為多重障礙。然而美國許多州政府的法案、條例與學界，將盲聾界定為一類獨特的障礙類別，稱為雙重感官障礙（dual sensory impairment）或多重感官障礙（multiple sensory impairment）（陳麗如，2009）。

(四) 高危險學生的篩選

儘管視覺損傷的確切鑑定需要藉由醫療單位的協助，但教師仍可藉由觀察學生平時的學習行為與同儕互動，初步篩選出疑似視覺損傷的高危險學生。若發現疑似有視覺損傷的學生，教師應建議學生進一步尋求眼科醫師的協助，做更精細的鑑定，以提供學生更適切的學習服務。除了透過校內定期視力篩檢外，導師與任課教師與直接照顧者，可以透過學生的某些行為訊息，敏銳覺察學生可能存在的視覺損傷狀況。

當學生出現視力問題時，教師或直接照顧者可能會觀察到學生表現出以下的行為訊息：學生難以認讀較小字體的符號或文字、難以確認圖片中的細節、不易分辨字母的差異、近距離的書寫作業或閱讀等。在日常生活中，學生也可能出現以下的行為與行動方面之視覺損傷警訊：行動較為笨拙、容易碰撞到物品或是被物品絆倒、無法接球、扣鈕扣或綁鞋帶、閱讀時遮住一隻眼睛或常斜歪著頭、把物品拿到某隻眼睛相當近距離來看，或者在做完一項作業或工作後，抱怨頭昏眼花等，以上行為都可能是學生存在視力問題的警訊，教師或直接照顧者應敏銳的覺察並適時提供學生協助。

(五) 視多障學生鑑定

視多障學生可能合併認知功能障礙、語言障礙或視皮質損傷等，可能無法回應視力值與視野的測量，而無法進行鑑定。雖然有其他如非口語的視力量測方法、功能性視覺評估與視皮質損傷學生評估等可推估學生的視力值或視覺表現，但臺灣尚未將上述多元評估方式採納為鑑定依據，協助其接受特教服務。因此，針對視多障學生的鑑定應透過多元的評量資料來評估，醫學鑑定中的視覺誘發電位檢查（visual evoked potentials，簡稱 VEP）亦可提供學生視覺的科學證據，可作為視多障學生鑑定的參考依據之一（鄭靜瑩，2018）。

(六) 多元化的教育鑑定

視障學生的鑑定不應只著重於醫師的診斷，更應依據教師的教育鑑定，這些教育鑑定應包含：(1) 功能性視覺評估；(2) 生活自理能力檢核；(3) 認知能力檢核；(4) 讀寫媒介評量；(5) 輔助科技評量；(6) 定向行動評量。此外，教師進行視障學生教育鑑定時應注意：

1. 透過多元化的鑑定方式，界定服務的對象。
2. 多元化的鑑定應注意鑑定時的情境、方法與人員的專業。
3. 受試學生的醫學診斷資料，應為 6 個月內。
4. 視力值並非鑑定的唯一標準。

透過多元化的鑑定，教師能發現學生的需求並提供適當的服務。

(七) 迷思與反省

視力值與視野是判定視覺障礙的兩個重要標準，但功能性視覺並非僅考量視力值與視野。矯正後視力正常的學生，並不表示整體視覺系統運作穩定協調（陳振豪，2011）。舉相關案例說明，某一水腦症學生矯正後兩眼視力值均為 1.0，雙眼視野缺損均在右下側，右眼平均視野缺損為 8.17dB、左眼平均視野缺損為 9.42dB，未達視覺障礙鑑定標準，但此學生在進行躍視、調節、眼球運動、周邊融像、字距行距閱讀評估均表現出明顯的閱讀困擾，有鑑於此，視覺障礙教育鑑定是否仍應堅守醫學鑑定標準，則是有待商榷的問題（鄭靜瑩，2018）。

三、教師的角色

視障教育教師所扮演的角色相當多元化，而且是依據每個學生的個別需求提供服務。一般而言，視障教育教師不是學科領域課程的教師。當然，這取決於視障教育教師其個別的資格。舉例來說，除非視障教育教師服務於啟明學校，有數學證照，才能擔任數學課程的教師。在融合教育環境中，視障巡迴輔導教師不應該是主要的數學課程教師。換句話說，普通教育的數學教師應該負責教導班上所有學生的數學課程，視障學生也包括在內。

即便如此，視障教育教師確實在教導數學課程時也扮演相當重要的角色，如教學策略的提供者與輔導技巧的協助者，與各領域學科教師合作，分析視障學生可能面臨的任何挑戰，判斷是否存在與視覺訊息獲取相關的教學問題。例如：視障學生因無法獲取視覺訊息，難以理解數學課程中的幾何概念。遇此情況，視障巡迴輔導教師應提供視障學生幾何概念與觸覺立體圖形的直接教導。在其他領域課程的教學工作，視障巡迴輔導教師也扮演相同的角色。

在融合教育的環境，視障巡迴輔導教師的主要責任是透過與具有學科專門證照的普通教育教師緊密合作，為各領域學科課程的教師提供重要支持。視障巡迴輔導教師的工作是確保學生有良好的適應，並監督學生各領域課程學習的進展。

問題省思與討論

1. 請簡述三項視障教育服務模式。
2. 請列舉四項視網膜相關疾病的名稱及症狀。
3. 請說明黃斑部的生理特點。
4. 請說明視覺障礙的七項鑑定原則。

第二章

視覺障礙的特質與輔導

第一節　視障學生的特質與教學

第二節　低視能學生的特徵與輔導

第三節　視覺障礙對中途視障者的影響與輔導

問題省思與討論

前　言

視覺障礙是異質性極大的群體，每位視障者或學生皆具有個別的特質與特徵，因此，視障專業團隊應檢視每位視障者或學生的需求與面臨的挑戰，方能提供適切的輔導與服務，以提升個體的學習潛能，並貢獻專業知能於職場之中。

本章介紹視障學生的特質與教學、低視能學生的特徵與輔導，最後探究視覺障礙對中途視障者的影響與輔導。

第一節　視障學生的特質與教學

一、視障學生的特質

(一) 感官補償

一種普遍的印象是，視覺障礙者雖然有視覺的限制，但是他們可因此自然而然地從其他感官獲得補償（sensory compensation），例如：聽覺、觸覺與嗅覺等。其實，視覺障礙者的觸覺、聽覺與嗅覺等感官能力不比非視覺障礙者敏銳。實驗心理學者的研究證實，視覺障礙者並不是天生就擁有敏銳的感官能力，敏銳的感官能力是透過結構化的訓練習得的結果（Hallahan & Kauffman, 1997）。

(二) 固著行爲

在某些視覺障礙者身上，會看到反覆性肢體動作的固著行為，例如：搖擺身體、按壓眼睛、奇怪的手部運動等（McHugh & Lieberman, 2003）。重度視覺障礙者在幼年時期被發現容易產生固著行為。其實，並不是所有視覺障礙者皆會出現固著行為，甚至有些非視覺障礙者也常表現出固著行為。固著行為雖不會對視覺障礙者的日常生活造成太大影響，但因為表現出的動作甚為明顯，可能造成他人的負面觀感與想法，導致視覺障礙者在社交場合上遭受誤解或偏見。目前，固著行為的發生原因雖難以掌握（Bak, 1990），但是透過自我監控與改善不當行為等行為改變技術之介入，可協助視覺障礙者降低固著行為的發生機率（Woods, Himle, & Miltenberger, 2006）。

(三) 雙重殊異學生

許多視覺障礙者具有非凡的才能或潛能，即使身為視覺障礙者，在特殊才能與專業領域能力上，仍能有卓越表現，例如：清華大學名譽教授李家同的指導教授雷格博士，是一位毫無光覺的重度視覺障礙者；英國前教育大臣 David Blunkett 因視神經發育不完全，出生時即完全失明。可惜的是，雙重殊異學生難以被發掘，因為社會大眾與教育工作者容易受學生的障礙之表面效度負面影響，學生一旦伴隨視覺障礙，就容易降低對視障學生特殊才能與學習表現的期望，而忽略他們在學術能力與特殊才能擁有的天賦。

(四) 認知特質

視覺損傷學生有顯著的個別差異，影響原因來自失明時的年齡、視覺損傷的嚴重程度與入學時間的早晚。出生時即有重度視覺損傷的嬰兒，由於從來沒有視覺經驗，與曾有視覺經驗的視覺損傷兒童相較，在課程學習與社交技巧發展上，容易遭遇認知學習的困難。

一般而言，視障學生對巨大物體、色彩、自然景物、抽象語詞、動態現象與空間大小等六大認知項目，較難以掌握與理解。低視能學生則有遠距與近距視力均弱、對形狀與背景的界線掌握不明確、難以把握整體與部分的關係、知覺速度緩慢等四項特徵（劉信雄、王亦榮、林慶仁，2000）。賀夏梅（2011）指出並無直接證據顯示學習視覺化概念，是否會限制視覺障礙學生的潛能。但是，給予加強反覆練習的機會，並透過非視覺感官知覺直接連結概念的方式教學給予強化。

(五) 動作行爲特徵

視覺障礙者因視覺上之缺陷，在動作行為上有些與一般人相異；

「盲」與「低視能」又因視覺狀態不同，而略有不同。張千惠（2004）指出低視能學生因為視野狹窄的問題，走路時常撞到人或障礙物。低視能學生可能有：眼球震動、眨眼或斜視、畏光、皺眉、揉眼睛或前傾、瞇眼、視線無法正確對準目標物等行為特徵。視覺損傷兒童的動作發展比非視覺損傷兒童落後，其粗大動作技能，特別是平衡感方面較有限制，通常無法正確的模仿對方之動作，在手眼協調之作業或遊戲，表現拙劣；行走時，則過於小心翼翼（Bouchard & Tetreault, 2006）。

二、教學策略

視障學生教學策略的領域，包含概念發展、空間理解、溝通模式、口語與聽力技巧。每個策略對於視障學生瞭解世界、溝通、培養讀寫能力等，都是必須的。

(一) 概念發展

概念發展是個體瞭解項目特性與環境中其他事物的關係的過程。多數視障學生由於缺乏觀察及參與周圍世界的管道，錯失了許多學習機會，因此概念發展對於視障學生的重要性極高。

一般而言，在自然而然的情況下自動及不費力所學習到的資訊，奠定了大多數兒童概念發展的基礎。當一個小孩觀察她的母親在桌上擺設餐盤、餐巾與餐具，隨著時間過去，她漸漸瞭解這些動作代表食物將很快被送達，從而發展出用餐時間的概念。這個小孩可能永遠不會被正式傳授這些訊息，她會透過視覺觀察自然而然學習到。

然而，對於視障學生而言，偶然的學習很難發生，或者說這是一項挑戰性的過程，因為視覺損傷的學生往往無法得到完整的視覺訊息，因此，視障學生必須正式或刻意去接觸才能獲得非視障學生在視覺上或偶然間能接觸之訊息。視障學生需要直接照顧者解釋餐桌正被擺設，並讓她在視覺或觸覺上探索這些物品在桌上被擺放的位置。視障學生從這個與其他相似經驗中得到的訊息，讓她開始瞭解在用餐時間用到的物品與擺設餐桌的過程，從而幫助她建立用餐時間與其他相關的概念，如餐桌禮儀與社會及家庭的飲食文化方面。

Hall（1982）提出視障學生十種類型概念發展，包含身體意識、環境意識、對象特徵的認識、時間意識、空間意識、動作、數量、符號意識、情感與社會意識、推理。每個分類，有三個層次的概念理解是很重要的：具體、功能與抽象。第一層次為具體，著重於物品的物理屬性。例如：棒球是白色的，帶有紅色縫線，堅硬而圓潤，由光滑的皮革製成。第二個層次涉及項目的功能；棒球的功能，可以被拋出、擊打、翻滾與彈跳。第三層次的抽象理解，則可以從事物的具體與功能性來理解歸納推導出來。

一般而言，兒童透過察覺、與物品互動、標記物品、分類等四個步驟，發展對概念的理解（Fazzi & Petersmeyer, 2001）。對許多視障學生來說，抽象理解是困難的，因為他們可能常常無法觀察對象，且常沒有足夠的機會在具體與功能層面上體驗相關概念。例如：與情緒（愛、信任、誠實等）相關的抽象概念；或是太大如群山海洋、太小如螻蟻毫毛、太遠如宇宙星月或太危險如火山活動等。抽象概念應被教導，它們可以透過教學者的精心策劃與創造性的教學來被理解。

(二) 空間理解

Fazzi 與 Petersmeyer（2001）指出，空間概念讓學生「理解彼此相關的人或事物的位置、排列與間距」。教導視障學生空間概念時，方向與移動特性是關鍵組合條件。例如：平行與垂直的空間概念可以同時應用於數學內容和附近的街道移動路線。因此，與學生的運行及維護指導員協商有效的教學方法並加強空間概念，可能對教師特別有幫助。然而，重要的是，與移動相關的空間概念應由專業團隊具體執行，並由視障教育教師強化之。

兒童需要瞭解重要的空間概念，促使他們能發展良好的生活自理與行動能力。Hall（1982）利用身體意識（左側、右側、上方、下方等）與空間意識（平行、垂直、內側、外側等）的分類，幫助兒童認識空間概念。

兒童首先要能夠理解他們自己在空間中與他人的相對位置，以及與物體的相對位置。一般而言，兒童是以自己為中心逐漸向外的方式瞭解自己與物體的關係。換句話說，兒童在理解與其他個體與物品相關的概念之前，先要理解與自身相關的概念。身體經驗幫助兒童發展自我與外在關係的認知奠立了基礎。例如：兒童透過第一次感受他的頭頂與身體其他部位的頂部，開始發展出「頂部」的概念。一旦瞭解自己與空間的關係後，她就可以應用空間理解於事物上；例如：他現在可以開始理解一塊東西上還堆疊著一塊東西，或是物品放置於桌上的相對關係。

空間理解的視覺與觸覺探索，讓學生在視覺與觸覺上進行自我定位以及探索，例如：將頂部的概念進一步作探索，或者應用於透過視覺或觸覺定位書籍、圖形或球的頂部。在這一點上，學生才能開始有效地使用紙本資料和觸覺的二維材料。學生必須先具備強大的空間概念，才能面對閱讀和寫作活動中紙本資料與點字中字母的組成。在獨立使用日曆系統之前，有多重障礙的學生需要有一定程度的空間理解。學習與組織技能，如搜索與掃描文本或使用觸覺圖形，都依賴於書籍與圖表的空間定位。

理解空間與空間中的物體關係，對於如何在環境中安全有效的運動也是非常重要的。在培養社交技巧方面，學生首先必須瞭解周圍個體的相對位置，然後他們自我定位以順利進行對話。空間理解對視障者能獨立進行日常生活也很重要，必須有能力找到自己於房屋各空間的相對位置，才能進行清潔、梳理、烹飪、視聽休閒等活動，接著能組織、定位與使用日常活動的工具。

(三) 溝通模式

溝通模式是透過視覺、觸覺與聽覺接收及表達訊息的方法。紙本資料、點字、觸覺提示、選擇板與日曆盒，是視障學生最常用的交流方式。有效的溝通模式是透過專業評估來決定的，包括功能性視覺評估、學習媒介評估等。

1. 紙本資料

對於使用紙本資料溝通的視障學生，教師需要熟悉並參與他們閱讀及寫作學習歷程。視障學生通常需要個別化的方式，來進行紙本的閱讀與寫作；教師可以根據學生的需求提供建議。視障教學團隊可以分階段解決學生的適應問題，優先考慮最少侵入的適應與最小範圍的編排。首先提供視障學生與非視障同儕相同難度及分量的教材。例如：社會課上閱讀地圖時，應先提供所有學生如何使用地圖的探索。當視障學生無法獲取地圖的詳細訊息時，再提供放大設備等適應方式。而當學生仍無法藉由設備獲取地圖上所需的詳細訊息時，可再進一步提供大字體印刷資料或觸覺版本的地圖。

當視障學生無法有效率地閱讀一般紙本資料時，教育團隊須先仔細權衡其他方法的優缺點，例如：使用大字體、使用放大鏡或其他輔具。雖然學校能提供大字體教科書，但在校外並不容易獲得大字體印刷品，因此學生對大字體資料的依賴，可能導致他們在生活中其他地方獲得訊息的機會降低。團隊也必須教導學生能視環境狀態或使用時機，綜合判斷使用何種適應方式。如果學生無法有效地閱讀印刷紙本資料而感到吃力時，專業團隊可考慮點字教學的介入。

2. 觸覺提示

盲聾雙障學生通常使用手指語接收與表達訊息，其他的溝通方法包括：手語、指背點字。溝通輔具有點字溝通板、點字顯示器、盲聾溝通器（Deafblind Communicator, DBC）。除了使用上述的溝通法，也可以透過振動發聲法（Tadoma）學習用嘴巴說話。國外已有良好的經驗，不僅在溝通方法的使用，並且在溝通輔具的研發都值得臺灣學習（曾怡惇，2011）。

3. 選擇板與日曆盒

對於視障學生，建立可預測的慣例與鼓勵自主做選擇，是教學的兩項重要基準。事物的秩序感很重要，慣例與可預測性可以幫助他們在有限或缺乏感官刺激的情境下發展對環境的理解。選擇板與日曆盒是兩項可以有效幫助學生培養秩序感與控制感的溝通工具。這兩種工具都使用對學生有意義的視覺或觸覺符號，並根據學生的日常作息與環境來安排，例如：到了該上校車的時間，可以用安全帶帶扣符號來表示。

選擇板是在學生有機會做選擇時使用。選擇板上，會有兩個或更多選項提供學生做選擇，以便傳達他對活動的喜好（例如：想去電腦教室或藝術教室）或參與活動時的選擇（例如：休息時間想吃水果或蛋糕）。自己做選擇有助於學生培養因果關係，使他們感到自己能夠控制自己的生活，降低可能產生習得的無助感（Marks, 1998, p. 200）。習得的無助感會導致視障學生無助茫然，缺乏動力與成就動機。習得的無助感在視覺與多重障礙學生中經常可見，因這類學生常沒有機會在學校或家中做出選擇。

日曆盒為向過去、現在與未來事件的認知感到吃力的學生，傳達每日行程所使用的溝通工具。日曆盒通常由一系列的小盒子或容器組成，其中放置視覺或觸覺符號等標記物，代表著學校、家庭或社區中一天的各種活動或課程。標記物是與學生給定活動相關聯的物件，例如：湯匙象徵用餐時間；物件分別按照學生活動的發生順序呈現。學生第一次使用日曆盒時，日曆盒可能由簡單的兩個或三個箱子組成，包括一個「present」（現在正在發生什麼事？）箱子，與一個「finished」（已完成的工作）箱子。在每天早上學生到達教室前，標記物已由教師放置在適當的箱子中。學生先在早上預覽一整天的活動，然後逐一選擇一個活動的標記物放在 present 箱中（現在）；在活動完成後，再將該活動的標記物放置在 finished 箱中，以表示活動已結束（過去）。透過使用日曆盒，學生可以瞭解未來、現在與過去所發生的事件，從而取得時間序或行程的概念，獲得對時間的控制感與賦權感。

(四) 口語與聽力技巧

視障學生必須學會優化其他感官敏銳度的方法，以便盡可能獲得更多環境訊息。對於大多數視障學生來說，聽覺是非常重要的學習管道，因此聽力技巧的發展成為指導的重點（Barclay & Staples, 2012）。有效的聽力技巧在學校、工作與生活中是不可或缺的，也是社交技巧、獨立生活、動作技能等領域發展的先決條件。

1. 聽力技巧

聽力技巧指有效地聆聽，包括聽到、理解並解釋從人或發音設備獲取訊息的能力（Postello & Barclay, 2012）。聽力理解是有效傾聽最關鍵的一環，在聽取或感知訊息後，重要的是必須理解和解釋訊息。對於使用聽覺設備與工具的視覺障礙者，擁有快速的聆聽技巧，意味著可以在固定時間內得到並處理更多訊息。然而，聆聽速度與理解之間存在著重要關係，必須能配合理解的速度調整語音報讀軟體的語速。

2. 口語技能

與他人溝通的能力，深刻影響視障學生在學校、社區與家庭中的適應力。視障學生的口說語言技能可能以獨特的方式發展，教育團隊必須解決個別學生的發展差異。語言病理學的評估，可以確認視障學生是否存在著語音或語言障礙。教師可以協助單一視障學生發展的口語技能，這些技能包括說話時看著對話的對象、使用適當的音量等。部分視障學生可能會發展出模仿言語，模仿言語是指單純重複而不瞭解言語的概念或內容的一種說話方式。針對發展出模仿言語的視障學生，應確保他全面概念的發展。

3. 使用數位有聲書及設備

有聲書是一種內容已被錄音的書籍，讓讀者可以聽到或閱讀。隨著技術的進步，數位有聲書應用相當廣泛。數位有聲書籍可為那些已經被確定使用聽覺書籍比紙本資料或點字更有效的視障學生所使用。學生隨著年齡增長，在課業上的閱讀需求增加，他們可能將點字或紙本資料與數位有聲教科書的組合作彈性使用。數位有聲書籍的使用，應該根據學習媒體評估的結果由專業團隊決定。有各式各樣為視障者，播放數位有聲讀物的數位書籍播放器。當各種形式特性的設備被試用過並符合學生的需求時，則根據輔助科技評估的結果為學生選擇特定的播放設備。輔具的可攜帶性或操作便利性，也應視使用者的需求而定。

4. 使用報讀者與代抄筆記人員

某些情況下，視障學生可能需要依賴他人來完成特定任務。個人報讀者可幫學生報讀資料，例如：將白板上列出的家庭作業讀給視障學生，以確保所有作業都已被正確記錄。同樣地，當在黑板上的訊息或圖表太複雜，無法在遠處做解釋時，課堂中代抄筆記人員就可發揮作用。轉銜階段的視障學生可能需要報讀者，才能使用無法以無障礙形式提供的工作相關資料。此外，高等教育通常不提供點字書籍，也可能需要僱用報讀者來閱讀他們的教科書與資料。科學與數學這些科目常以圖表或抽象符號等視覺方式呈現，因此也需要僱用報讀者或代抄筆記人員。尋找報讀者、報讀者的使用安排與支付費用等技能，對於大學生及轉銜階段的視障學生相當重要。

第二節　低視能學生的特徵與輔導

一、低視能學生的特徵

(一) 行爲特徵

學校教師應充分瞭解低視能學生之特徵，進而能提供學生適當的協助、促進有效學習。以下是低視能學生常見的行為特徵，值得注意的是並非所有的低視能學生都同時具備這些行為與學習特徵，教師有足夠的敏感度才能及時提供協助。

1. 自我揭露動機薄弱

低視能者占視障人口的一半以上，為視障類別中的主要群體。在班級中，低視能學生並不易被發覺，許多低視能學生也不傾向揭露自己的需求，教師與同儕很容易忽略低視能學生的存在而及時提供協助。由於缺乏適當的輔助科技與協助策略，導致他們學習動機低落、學習成就不佳。

2. 視覺行為的特殊性

低視能學生由於視覺敏銳度較低，觀看事物時容易疲倦、閱讀印刷資料常有雙重影像、眼球震顫，成斜視狀態。在學校學習方面，不易完全閱讀到黑板的所有書寫內容，因此學習作業常有脫漏、錯誤。眼睛經常靠近書本、臉部側傾以單眼接近印刷資料；朗讀文章時速度較慢，經常跳行、跳字。對字體類似的文字或符號，常唸錯或混淆。

3. 人際互動受限

低視能學生受到視力影響，知覺速度緩慢，往往要等同儕走到眼前才能反應，人際互動不易；有時甚至連同儕走到眼前，還無法辨認，往往受到誤解，導致同儕互動、人際交流受到嚴重限制。

(二) 視知覺特徵

低視能學生的視知覺特性差異極大，以下說明學生的視知覺特性：

1. 立體感與遠近感受限

立體感是由形態、色彩、光線、陰影等組成；遠近感則由目的物之前、後、左、右各種事物之配置，亦即空間位置而產生。低視能學生對外界事物的觀察，缺乏明確的界線，遠近感及立體感也都很薄弱。

2. 難以區辨部分與全體之關係

低視能學生能夠觀看物體外觀輪廓，卻無法看清其細部；不容易把握物體部分形態之距離，因此，低視能學生也不易區辨事物全體與部分的關係，雖然視物時有一個模糊的物體的整體影像，但無法看清局部細節。例如：觀看一人，他知道是一個人，也知道頭髮與臉的部位，但看不清眉、眼、口、鼻等細節。可以看到黑板上寫了板書，但看不清每一個字的筆畫，這也就是低視能學生常寫錯字的原因。

3. 色彩辨識與選擇特殊

先天性白內障等低視能學生，由於水晶體混濁，光線無法透過水晶體折射到視網膜上，對物體、顏色的辨認有困難；部分低視能學生用色活潑，富有創意，用色選擇異於普遍慣用的配色。公布欄上的資訊或是海報，低視能學生通常所見模糊，分不清公布欄上各區塊訊息分配，遑論細節內容。倘若公告的紙張顏色與底色對比不強烈，低視能學生更是難以區別。

低視能學生有不少是取決於視覺機能障礙的情形，有的伴隨眼球震顫、有的斜視、視野異常、色覺不全、遠近不能適應、水晶體調節機能不良，或無法適應明暗變化。因此與非視障者比較，不只是視力的不良，亦會伴隨一些視覺機能上之障礙，視知覺困難因而產生（陳英三譯，1983）。

(三) 視野損傷的特徵

視覺障礙的定義除視力值外，亦包含視野。「視野」的定義是指所能看到的環境廣度，所能看到的寬廣程度就是視野範圍。一般而言，人類眼睛正常的視野範圍是水平 160-170 度（Centers for Disease Control and Prevention, CDC, 2005），每個人的視野廣度都不相同。視野損傷表示某範圍的視野，無法看見環境事物。

教師可透過以下簡易的方式，粗略的量測學生的視野。首先，請施測教師距離受試學生 60 公分，雙方眼睛同高度並相互面對面。請受試學生拿一紙片遮住非受測眼睛，施測教師則拿一紙片遮住自己的另一隻眼睛，並拿出一支筆作為目標物，位置在受試學生與施測教師間的中線地方，從周邊慢慢往眼睛位置移動。當受試學生看到目標物時，必須說「看到了」，此時也應是施測教師看到物體之處。當施測教師可看到目標物時，而受試學生卻無法看到，表示其視野有所缺失，應建議受試學生至醫療機構做更精確的視野檢查（陳麗如，2009）。視覺損傷學生須時常量測視力，以檢視並監督其視力維持或退化的狀況。

張千惠（2006）指出下列六項視野損傷的類別，界定視障學生在環境中遭遇的挑戰外，並提供輔導策略。

1. 上視野損傷

當看一張文字或圖片時，只能看到下半部分的範圍，而看不見上半部分內容，此即上視野損傷的狀況。年紀較小的幼兒發生上視野損傷時並不自知，直接照顧者藉由行為觀察，若發現孩子使用眼睛的行為異於他人，則應進一步瞭解其視覺方面的問題。

(1) 學習、生活的挑戰：上視野損傷學生在閱讀直式排列文字時，會比較有困難。為避免上視野損傷學生遺漏上方視野的訊息，主要學習的策略為抬頭。無論看黑板或書籍，一定要看到其最上端邊緣，確定是否獲得全部的訊息。

(2) 教學與輔導策略：教師指導學生抬頭，仰視黑板上半部位。教師在板書時，應儘量寫在較低處，同時以口語唸出，使學生能以聽覺輔助視野的不足。教室座位安排在中間靠近中後半部的區域，以減低過度仰頭的不適感。教師可提供書面資料，以減少學生抬頭次數過多所引起之頸部疲勞。教師引導學生以定向概念找出文章最上端邊緣的起始定位點，指導有順序、有方向性的閱讀技巧。直式文書的閱讀方向為由上而下、由右而左，橫式文書則由左而右、由上而下。在戶外行走時，要注意上方的障礙物，例如：凸出的廣告看板、公共電話、樹枝等。在遠方察覺障礙物時，教導學生預先估算遠近距離，並記住明顯之路標或線索，以免碰撞受傷。

2. 下視野損傷

通常患者自己並不知道下視野已消失，所以，其正前方近處地面的障礙物都不容易察覺。通常幼兒還沒有足夠的語言能力來表達，我們通常仍必須從行為中觀察得知。

(1) 學習、生活上挑戰：下視野損傷者從座位上站起來，除非低頭仔細看，否則就看不到面前的桌子，行走的時候容易跌倒、看不到水溝邊、樓梯等。事實上，愈是眼前的物品，愈不容易看到，遠方的反而看得到。因此，下視野損傷者若沒有學習有效的行走方式，很容易發生危險。閱讀時，直式文字的下半頁面會消失，橫式文字則比較沒有困難。

(2) 教學與輔導策略：下視野損傷者學習的策略，就是要將頭低下。教師可提醒學生低頭看到課本的下端邊緣，才能知道文字結束與否。若下視野損傷者行走時有可能發生危險，即需要接受定向行動訓練。至於需要學習的時數，則在評估學生的能力後決定。

3. 右（左）視野損傷

右視野損傷之患者，只能看到其左邊空間的景物；左視野損傷亦類似此狀況，只能看到右邊環境的景象。因此，右視野損傷患者身體右側很容易碰撞受傷，左視野損傷患者則容易碰撞到身體左側。

(1) 學習、生活上挑戰：右視野損傷在閱讀直式文字比較簡單，橫式文字則比較困難，因為左右視野損傷在閱讀橫排文字的時候，第一排閱讀完要找到第二排並不容易，所以其閱讀需要的時間更多。

(2) 教學與輔導策略：如果是右視野損傷，教師要教導學生使用轉頭策略，其左邊的視野一定要看到右邊的肩膀。相反的，如果是左視野損傷，則需轉頭使右邊的視野看到左肩膀，如此才能有足夠的寬廣度，閱讀時較不易漏行。在陌生環境中行走，也很容易發生危險。

4. 中心視野損傷（中央視野損傷）

視野除了分為上、下、左、右外，另一種分類是中心視野與外圍視野（或稱周圍視野）。臉頰的寬度，包括額頭到下巴、左耳到右耳，整個臉頰的面積大約就是中心視野可見區域。任何物品落在中心視野區域內，應該看得最清楚，尤其是在 6 公尺的距離之內。

(1) 學習、生活上挑戰：在教室裡學習時，學生注意看的時候都是使用中央視野。當中央視野有損傷時，患者就看不到其中央視野範圍內之物品。譬如一個直行裡面有幾個字──「今天下雨了」，若「下雨了」三個字剛好落在患者之損傷區內，他就沒有辦法讀到完整字句。我們在閱讀的時候，需要看清楚筆畫，而筆畫是精細的線條，所以中央視野損傷的學生，在閱讀時就會比較辛苦。因為他們有側邊的視野，所以在行走上比較沒有困難，除非障礙物在他們的正前方。

(2) 教學與輔導策略：教學目標物最好由學生的優勢視野方向及角度介入。教學內容若能夠敘述者，教師最好都要以口述方式輔助說明。教材內容可運用有聲書或電腦語音報讀軟體來加強學生聽覺學習。教師指導學生以轉動頭部來觀看目標物或閱讀文章，或以定向概念找出文章邊緣的起始定位點。指導依順序、有方向性的閱讀技巧，直式文書的閱讀方向為由上而下、由右而左，橫式文書則由左而右、由上而下。戶外行走時，教師可建議學生有方向性的轉動頭部，並輔以聽覺等其他感官知覺來觀察環境，或使用手杖來偵測行走動線內的障礙物。

5. 周圍視野損傷

周圍視野損傷的狀況，就像我們從一個小洞來看外面的世界。如此觀察環境時，頭要轉動的角度就比較大，如果視野愈小，要轉頭的幅度就愈大。所以周圍視野損傷區愈大的人，需要轉頭之角度就愈大。周圍視野損傷的程度是有差別的，有些患者之損傷可能是 10 度、20 度的損傷，有的患者可能只剩下 5 度、10 度看得到。因為損傷程度有別，所以表現出來的功能也會不一樣。

(1) 學習、生活上的需求或困難：周圍視野損傷者在閱讀的時候，讀完第一行，可能找不到第二行，除非有特別的策略（參閱下方教學輔導策略）。單純的周圍視野損傷者對於文字、筆畫還是看得很清楚，不需要使用大字體課本。因為當把文字放的非常大的時候，無法一眼看見字的全貌，反而降低閱讀的效率。

(2) 教學輔導策略：利用 word 軟體裡的編號功能，可以把每一行編入行碼，教師、直接照顧者可以很容易做到。如此可幫助學生在換行閱讀時，容易找到下一行。

6. 破碎視野

破碎視野主要是由青光眼所造成，因為眼部壓力太高，把視神經頭的部分擠壓破壞。這種青光眼造成的破碎視野，在看東西的時候會有一些黑色區塊產生（即視野有部分損傷）。有些部分可以看到，有些則有黑影。

(1) 學習、生活上的挑戰：破碎視野者在閱讀時，有些文字會被黑影遮住，文句前後連貫不易，對於文意的理解較有困難，影響整體認知學習與發展。因看不清楚完整實物，對於具體形象及環境配置的建構較為困難。

對視野損傷以及不同模糊程度的學生而言，立體感是一個問題，特別是視野損傷者。譬如前面的欄杆，其實還有一段距離，可是對視野損傷學生而言卻會覺得好像欄杆就在眼前。

(2) 教學與輔導策略：提供學生足夠的生活經驗，以具體實物觸摸教學來輔佐視覺觀察的不足，亦即，以多元感官學習之方式來輔助。教學內容若能夠敘述者，教師最好都要以口述方式輔助說明，教材內容可運用有聲書或電腦語音報讀軟體加強學生聽讀學習。教師可建議學生有方向性的轉動頭部，並輔以聽覺等其他感官知覺來察覺目標物或障礙物。教師經評估後可提供適度的定向行動教學課程，學習定向概念及使用手杖，以提升對環境變化之察覺與瞭解，確保獨立行動之安全。

從以上六項視野損傷的類型，教師可檢視學生在學習與生活環境遭遇的挑戰，並提供適當的學習與輔導策略。教師應檢視低視能學生的需求，以提供適當的服務。

二、低視能學生的輔導策略

為協助低視能學生順利學習並適應學校生活，下列提供一些輔導策略協助教師參考：(一) 邀請表現優異的低視能學生至課堂講演，分享人際互動、輔助科技運用與學習挑戰因應策略。(二) 邀請已在職場工作的低視能者至課堂講演，分享在職場工作時曾面臨的挑戰與因應策略。(三) 邀請視障巡迴輔導教師至學校與教師或學生，分享低視能學生視覺損傷狀況、功能性視力評估結果對學習與生活適應的協助策略。最後，低視能者本身最瞭解自己的需求，因此教師可鼓勵學生在適當的機會向同儕揭露自己的視覺狀況，以便及時尋求他人的理解與協助。

以下透過兩個案例，說明低視能學生的輔導策略：

案例一

個案從小被診斷為視網膜色素變性，有隧道型視野的損傷。視覺敏銳度為20/600（萬國視力值0.1）。服裝搭配得宜，對人溫和有禮，愛好運動，未配戴眼鏡，不需持手杖行動。因搬家緣故轉學至一所國中就讀，轉學兩個月後，從一位較為熟識同學口中得知，有一些同學認為個案待人冷漠、個性高傲，動作呆滯。個案才發覺同學常在校園遠處打招呼，這些動作超出個案的視野範圍，導致沒看到而無法作反應；體育課打球時，個案常發生傳球、接球失誤的狀況。在透過導師與視障巡迴輔導教師討論後，個案利用童軍宿營的營火晚會時間，向班上同學介紹視網膜色素變性的視覺狀況，並透過小組活動的方式，協助同學瞭解隧道型視野損傷的限制。個案告訴同學：「我常常無法看到你傳球的方向，因為我的眼睛會畏光或看到兩顆球的影像。」透過自我揭露與小組活動的體驗，促進同學對個案視覺狀況的認識與理解，也化解同學對個案個性高傲的誤解。

案例二

陳教師服務於某高中，兩眼有視神經萎縮，經矯正後優眼視力約0.07，需以望遠鏡才能看清3公尺以外的人臉與字體。陳教師經常面對的問題：學校召開校務會議時，陳教師於會場中，卻無法輕易辨識超出視力範圍外同事的臉，導致不方便打招呼。在會議進行中，也無法看清楚投影片的內容。陳教師苦惱的是該不該使用望遠鏡掃描會場的狀況、聚焦於發言者的動作與表情，並利用望遠鏡閱讀投影片的內容，以及利用攜帶型擴視機閱讀會議資料。在一次視障巡迴輔導教師到校介紹低視能學生運用輔助科技與視覺狀況的課程，陳教師上臺展示他的望遠鏡與攜帶式擴視機，藉此專業發展課程，也協助同事瞭解他的狀況與需求。

第三節 視覺障礙對中途視障者的影響與輔導

視覺是獲取資訊的主要感官，人類約有 80% 以上的資訊是透過視覺獲得。因此，對一位曾經依賴視覺取得主要資訊的中途視障者而言，視力損傷必然嚴重衝擊心理與生活。本節首先說明中途視障者在面對視力喪失的心理適應，進而探討中途視覺障礙對個體生活之影響。

一、適應歷程與影響因素

「中途視覺障礙」即個體因疾病或意外，導致其視覺器官構造或機能發生障礙，且經治療後仍對外界事物無法作完整視覺之辨識（萬明美，2000）。Carroll 指出中途視覺障礙瞬間剝奪了個體的一切，使人產生嚴重失落感，多數中途視障者會經歷多重的失落（王育瑜譯，1998）。以下先說明中途視障者的失落感受與適應歷程，進而探討心理適應相關因素。

(一) 中途視障者的適應歷程

中途視障是相當深刻的失落經驗，剎那間改變了個體過去至今的生活方式與習慣，帶來一連串的震驚、哀傷之失落感受。Parry（1990）指出，中途視障可能會造成個體在身體、未來、安全感、存在感與自我形象等五方面之失落感受：

1. **身體的失落**：中途視障可能會使個體無法像過去一樣行動自如，有時連最簡單的動作，都得重新學起。無法控制自己的身體，造成身體的失落感。

2. **未來的失落**：個體可能會對既定的生涯期望與夢想產生幻滅，對未來感到茫然不知所措。

3. **安全感的失落**：個體受到身體與行動上的變化與限制，可能影響其在許多行為上的安全感，造成安全感的失落。

4. **存在感的失落**：個體可能會對自我存在的意義產生質疑，不知道自己為何而活，生命的意義究竟何在。

5. **自我形象的失落**：中途視障可能會使個體改變對自我的看法，對自我產生質疑、喪失信心，造成低自尊。

中途視障者往往內心還懷抱一絲復明的期望，無法承認自己是視障者，成為遊走兩端的邊緣人。因此，中途視障者較先天視障者在心理調適方面，容易呈現不安之傾向，也不易認同障礙、接納障礙（戴銘怡，2001）。中途視障者剛開始可能會產生震驚、沮喪、哀傷、怨恨等情緒反應，而後個體在認清視力無法恢復之事實後，才開始產生適應的歷程。Tuttle（1984）將中途視障者的心理適應歷程區分為七個階段，分述如下：

1. **創傷期**：個體遭遇重大打擊，身心感到焦慮不安與混亂。

2. **震驚與否認期**：個體對視覺障礙感到震驚，無法接受事實，並採取否認態度。

3. **哀傷與退縮期**：個體心理尚未準備接受視障的事實，卻被迫接受，因此感到極度的失落、退縮、自卑與憤怒，選擇孤立自己。

4. **屈服與沮喪期**：個體感到沮喪、無望、無助、痛恨自己失去能力，甚至產生自殺念頭。

5. **重新評量與再肯定期**：此為心理調適之關鍵期，中途視障者能夠重新評估現況，檢視自我信念、價值觀，適度調整自己，逐漸認為生命是有意義的。

6. **因應與機動性期**：個體透過學習新技能及運用外在資源，調整因應困境的方式，重新建構生活秩序。

7. **自我接納與自我尊重期**：個體能自我接納，欣賞自己的優點與接受限制，認為自己即便有缺陷但仍是有價值的人。

(二) 中途視障者心理適應因素

許多因素可能影響中途視障者的適應情形。陳兆君（2002）認為中途視障者適應因素可歸納為個人心理因素與社會環境因素，前者包括中途視障者個人背景因素、人格特質、自我概念、自我接納障礙態度、適應策略分析；後者則分為家庭支持態度、重要人物、事件及社會接納障礙態度等。分述如下：

1. 個人心理因素

中途視障者因視覺障礙程度（全盲、低視能）、發生視障的階段與視障者人格特質等不同，個體在心理調適與壓力因應上有所差異。在視覺障礙程度對適應的影響方面，柯明期（2003）指出，中途視障者若為全盲者，其心理衝擊遠大於低視能者；然而低視能者卻可能因為抱著一絲復明的希望，而難以接納障礙。

在障礙發生階段對適應的影響方面，花敬凱（2004）指出視覺障礙若發生在小學低年級前，由於外顯行為與眾不同，容易受到同儕的嘲笑而影響人際互動，進而產生心情低落、沮喪等調適問題；若發生在小學高年級以後，有可能因為人格發展較成熟、具有獨立態度、或為了不使家人擔心，反而表現出較佳的適應行為。在視障者人格特質對適應的影響方面，Allen（1988）指出樂觀、獨立、情緒穩定、較高自我概念等特質，有助於個體對視障的接納與心理調適。

2. 社會環境因素

社會對中途視障者的態度，會直接、間接地影響中途視障者之心理適應。「生態系統理論」（ecological system theory）強調人類的發展，是個體與周遭環境互動的結果。從生態系統理論中的鉅觀角度檢視中途視障者心理適應問題，中途視障者過去一直活在以明眼主流社會為主之社會系統中，從互動中建構出某種看待障礙者的認知；突如其來的中途障礙，迫使他成為系統中的「非主流者」，在此之中，他必須面對過去對於障礙的偏見與誤解，如虛弱、病態、依賴、無能、可憐等刻板印象，複雜的情緒將左右其心理調適的發展。

從微觀系統來看，中途視障者的家人、教師與同儕等周遭他人的態度，亦是關係著中途視障者能否早日走出失落的重要因素。Tuttle（1984）指出重要他人對「視覺障礙」的知覺與反應，是影響中途視障者適應初期階段的重要因素。陳秀雅（1991）研究結果發現，家庭支持對成年中途視障者之心理適應具有決定性的影響。Jackson 與 Lawson（1995）指出，正向的家庭支持對中途視障者心理發展扮演重要的角色，協助他們能及早面對與接納視障的事實，轉而積極向外尋求援助。

二、生活適應的影響

人類對外界訊息的接收大多來自視覺，因此，對中途視障者而言，視障造成生活上的影響是直接而顯著的。以下詳細說明中途視覺障礙對個體獨立行動與人際互動，兩方面的影響：

(一) 獨立行動

Carroll 認為對於中途視障者而言，每一次的獨立行動往往充滿著焦慮與害怕（王育瑜譯，1998）。相較於從小接觸定向行動訓練的先天視障者，中途視障者失去了過去依賴行走的視覺能力，一時之間讓他們手足無措，無法活動自如，擔心四周是否充斥著各種危險。中途視障者由於保留過去的視覺經驗，因此在行動上較能意識到空間位置的存在，但也因為對於外在環境的感受，會透過過去既有之印象加以想像，因而增加其恐懼感，例如：走在街道上，想起過去車水馬龍的十字路口，造成心理壓力，因而寸步難行（吳純慧、河內清彥，2010）。

(二) 人際互動

視障者失去視覺線索，較難讀取人際互動中的非口語訊息，如臉部表情、肢體動作等，進而影響其人際關係。本身是中途視障者的 Baus（1999）指出，人際互動過程中，視障者往往受到視覺限制，難以讀取他人面部表情以及肢體動作，有形、無形之中影響其與他人之溝通與互動，使他人誤以為自己是冷漠、傲慢與難接近。視障者就如同一般人，多是透過親近建立互動友誼關係，然而受到視力及行動上的限制，對於社會經驗及視覺線索較難以像明眼人一般，有效地模仿、學習及運用肢體語言表達本身的看法，進而影響他們的人際關係（Schinazi, 2006）。Karlsson（1999）指出，部分視障學生因為缺乏與同儕相同的視覺經驗，致使共同話題減少，這也讓他們感受挫折、孤獨與焦慮，並認為他人很難瞭解自身處境與心情。此外，青少年視障者可能因為參與團體活動（例如：看電影、球類運動）的機會受限，進而影響人際關係，使得他們在團體中較易感到孤獨（Groff & Kleiber, 2001）。

總括上述，「中途視覺障礙」帶給個體既複雜又深刻的心理與生活衝擊，從明眼的身分，被迫進入「視覺障礙」的陌生世界中，在情緒上經歷震驚、恐懼、害怕、痛苦、絕望、不知所措；在生活上，日常行動與人際關係都會受到影響，許多事情都需要重新調整與學習。在這過程中，勢必不斷地衝擊著中途視障者過去所建構好的自我認同，進而產生新的認同危機，等待個體從中將之整合，重新面對「我是誰？」的問題。

三、輔導

中途視障者的輔導，可從社會支持、心理與職業重建兩方面著手。中途視障者占臺灣視障人口約九成以上，中途視障者必須獲得社會大眾的理解與支持，方能維繫原有的人際互動與社會網絡關係。

(一) 社會支持

吳純慧（2018）指出，家人的支持與視障者同儕團體支持的輔導介入，能協助中途視障者度過心理適應歷程。臺灣於 2011 年由視障團體設立黑暗對話工作坊，希望以企業經營的方式，推動以視障者為主體的社會服務。黑暗對話工作坊藉由完全黑暗的情境布置，協助活動參與者透過視覺以外的感官進行體驗活動。透過這些活動，期待活動參與者能在職場與人際互動上，改變對視障者的刻板印象並增進對視障者的社會支持。

(二) 心理與職業重建

在心理與職業重建方面，萬明美（2000）建議可透過下列七項做法協助中途視障者心理與職業重建：(1) 建立中途視障通報系統與諮詢輔導機構；(2) 增強社政與醫政人員的特教專業素養；(3) 加強宣傳職訓與社會福利訊息；(4) 促進社會團體與社工人員專業介入；(5) 規劃多元職業訓練；(6) 提供適性就業安置與輔導；(7) 建立無障礙的生活環境。

此外，許多中途視障者於壯年時期因故導致視覺損傷，無法繼續從事原有的專業工作，因此，專業團隊應協助中途視障者重返職場，繼續發揮其原有的專業知能，不應該因視覺障礙而只能從事社會大眾刻板印象中的職業，例如：按摩。吳純慧與河內清彥（2010）提出，對於中途視障者心理與社會適應之輔導，除應及早進行心理重建外，提升電腦技能、進行定向行動訓練與充分運用過去的視覺經驗，也都是相當重要的輔導面向。

問題省思與討論

1. 請說明視障學生的五項特質。
2. 請簡述視障學生的四項教學策略。
3. 請簡述六項視野損傷的類別、教學與輔導策略。
4. 請簡述低視能學生的四項輔導策略。
5. 請說明中途視覺障礙對個體日常行動與人際溝通兩方面的影響。

第三章

特殊教育社會學

前言

特殊教育在師資培育階段與教學場域重視課程設計與教學，卻極少思考影響特殊教育發展的因素，例如：障礙、歧視與隔離等概念。這些因素是影響特殊教育發展與障礙者權益的主要原因，從特殊教育發展的歷史脈絡來看，將這些社會因素納入特殊教育領域議題的討論。如此可以將特殊教育專業人員的目光，從目前聚焦於教室內的學生教學，連結到教學場域外更鉅觀的社會層面加以思考。

本章試圖從社會環境的文化面向，探討現今特殊教育可能的癥結或未來發展方向。先介紹醫學與心理學對特殊教育的影響，探究醫療與社會模式對障礙概念的界定，再從社會學觀點檢視特殊教育的議題，最後藉由障礙的普同經驗，重新思考障礙的意義。

第一節　醫學與心理學對特殊教育的影響

當代特殊教育深受醫學與心理學專業的影響。這些影響可以追溯至 1872 年查爾斯．達爾文（Charles Darwin）的「物種原始」（The Origin of Species）觀點。物競天擇、適者生存的理論震撼西方學界，隨後，法蘭西斯．高爾頓（Francis Galton）提出優生學的論點，並普遍為社會大眾所接受。他們的理論後來發展成社會達爾文主義（Social Darwinism）。社會達爾文主義促使醫學進入特殊教育的領域，藉由病理與疾病的診斷，醫學能專業地界定誰是特殊教育服務的對象。在第二次世界大戰期間，極端的優生主義者曾提出消滅所有的身心障礙者的計畫。納粹時代，被屠殺的不只是猶太人，還有成千上萬的身心障礙者。

一、醫學與心理學模式

Bailey（1998）指出：「醫學模式（the medical model）指的是一種專業的傾向；側重於病理學，側重於病狀；重視問題本身的病原學

（etiology），而非有此問題的整體個人（individual）；側重於以問題中心的方式處理病理問題，而非處理環繞在這個問題周圍的社會或生態系統（social or ecosystem）。此系統可能涵蓋社會價值、大眾態度或刻板印象等。」從醫學模式來看特殊教育，試圖找出哪些是屬於異常的、病理的個案，進而由專業人員介入，將學生行為或學習的問題，標定為疾病，專業人員可以一種醫療者的角度，試圖去減輕或治療這些病狀。

心理學領域中的教育心理學與發展心理學，對特殊教育領域的影響最為顯著。1905 年，法國發表比奈西蒙量表（Stanford-Binet Intelligence Scale），在歐洲大陸引起廣大迴響。標準化量表隨著心理學進入特殊教育領域。到了二十世紀中期，美國發展出魏氏兒童智力量表（Wechsler Intelligence Scale for Children）。智力量表能以數字檢驗人類智力，心理學家可快速根據智力常模將人分類，更鞏固心理測驗與智力量表在特殊教育中的地位。特殊教育的心理學模式，最受人批判的便是過度仰賴智力測驗或其他標準化測驗的結果；透過標準化測驗施測後將學生分類，很快地能以標準化測驗的結果作出安置。

優生學的醫學觀點與心理學的標準化測驗工具，席捲 1930 至 1940 年代的歐美大陸，並在特殊教育中扮演舉足輕重的角色。特殊教育就在這兩大模式的既得利益族群及其專業性中受到支配，而形成特殊教育以病人或個案為主的服務模式。心理學或醫學領域的專家開始合作或互相競爭，以維持他們在特殊教育中所獲得的既得利益。進一步地，他們開始運用不同的隔離措施，例如：鑑定與評量工具、分類與安置來主宰當代特殊教育發展。如何界定服務對象的人數、類別，會影響服務對象的整體人數與經費、資源分配。

第二節　視覺障礙的鑑定

障礙的認定隨著社會變遷，呈現出跨文化與時空的差異。邱大昕（2013）指出，「盲」在不同歷史時期並不是保持一致的穩定存在，日本治理臺灣時期，採用日本眼科醫師制定的分類方式，視障者被分為「絕對盲」、「比較盲」、「社會性盲人」、「弱視甲」及「弱視乙」五類。「絕對盲」指完全喪失光覺；「比較盲」是指視力 0.02 以下（1 公尺內指數以下）；「社會性盲人」是視力 0.03-0.04（2 公尺內指數）；「弱視甲」是視力 0.05-0.3（3 公尺指數以上）；「弱視乙」則是視力 0.4-0.9。

國民政府來臺後，萬國式視力表才正式成為教育體系篩選與鑑定的工具。1974 年教育部公布《特殊兒童鑑定及就學輔導標準》，將視覺障礙依其障礙程度分為盲及弱視兩大類。1987 年，教育部公布《特殊教育法施行細則》，「全盲」標準提高為優眼視力小於 0.03，「弱視」的視力標準則放寬為 0.03-0.3 之間。2006 年《身心障礙及資賦優異學生鑑定標準》則未區分弱視或全盲，僅以「視力經最佳矯正後，依萬國式視力表所測定優眼視力未達 0.3 或視野在 20 度以內者」定義視覺障礙。

視覺障礙標準的放寬，可能因素有很多。在現代化的過程中，人類的遠距離視力愈來愈差是不爭的事實。都市生活增加人類對細節的掌握，但卻失去察覺較大格局的能力。草原的遊牧民族與叢林的狩獵民族等的視力，都比現代都市人佳。當學生視力愈來愈差，但視覺障礙的標準卻放寬時，其結果就是需要接受特殊教育的學生增加。

1980 年《殘障福利法》公布後，臺灣開始發放殘障手冊。其鑑定標準是以公立醫療院所或復健機構診斷書為依據。1981 年初內政部會同教育部、衛生署聯合舉辦臺灣地區殘障複查與鑑定工作，作為核發殘障手冊依據。同年發布之《殘障福利法施行細則》對「視覺障礙」定義如下：係指由於先天或後天原因，導致視覺器官（眼球視覺神經、大腦視覺中心）之構造或機能發生部分或全部之障礙，經治療仍對外界事物無法（或甚難）作視覺之辨識而言。一級：雙眼失明或矯正後之最佳視力在 0.02 以下或其視野受損程度在 80% 以上者。二級：雙眼矯正後之最佳視力在 0.05 以下或其視野受損程度在 70% 以上者。三級：雙眼矯正後之最佳視力在 0.1 以下或其視野受損程度在 50% 以上者。上列視覺障礙之鑑定，係指萬國式視力表為鑑定標準。

1991 年之「身心障礙者鑑定表」將視力等級改稱為輕、中、重度，視野標準也更為詳細。重度：兩眼視力優眼在 0.01（不含）以下者。中度：(1) 兩眼視力優眼在 0.1（不含）以下者；(2) 優眼自動視野計中心 24

度程式檢查，平均缺損大於 40 dB（不含）者；(3) 單眼全盲（無光覺）而另眼視力 0.2 以下（不含）者。輕度：(1) 兩眼視力優眼在 0.1（含）至 0.2（含）者；(2) 兩眼視野各為 20 度以內者；(3) 優眼自動視野計中心 24 度程式檢查，平均缺損大於 25dB（不含）者；(4) 單眼全盲（無光覺）而另眼視力在 0.2（含）至 0.4（不含）者。

臺灣於 2002 年「身心障礙者鑑定表」的視野標準與檢查方式略有調整。重度：(1) 兩眼視力優眼在 0.01（不含）以下者；(2) 優眼自動視野計中心 30 度程式檢查，平均缺損大於 20 dB（不含）者。中度：(1) 兩眼視力優眼在 0.1（不含）以下者；(2) 優眼自動視野計中心 30 度程式檢查，平均缺損大於 15 dB（不含）者；(3) 單眼全盲（無光覺）而另眼視力 0.2 以下（不含）者。輕度：(1) 兩眼視力優眼在 0.1（含）至 0.2（含）者；(2) 兩眼視野各為 20 度以內者；(3) 優眼自動視野計中心 30 度程式檢查，平均缺損大於 10 dB（不含）者；(4) 單眼全盲（無光覺）而另眼視力在 0.2（含）至 0.4（不含）者。

比較 1981 年到 2002 年間「視覺障礙」最低門檻的改變來看，福利提供的視障標準是逐漸放寬的。視力標準由 0.1 以下放寬至 0.2 以下，視野由受損程度在 50% 以上者改為「優眼自動視野計中心 24 度程式檢查，平均缺損大於 25dB（不含）者」，再改為「優眼自動視野計中心 30 度程式檢查，平均缺損大於 10dB（不含）者」。

視障的鑑定是隨時處於辯證的動態演化過程。鑑定所產生相關知識、技術、專家與制度，構造出被鑑定群體的客觀實在性；在這演變的迴路中，最常改變的是鑑定工具與被鑑定的群體。專業人員為了特定的目的操弄鑑定工具，以致鑑定工具必須不斷推陳出新（邱大昕，2013）。隨著不同制度，鑑定工具與流程會出現不同的視障實體。現代社會的視障者，則是國家制度與專業團體所共同決定。然而，這新構成的實體任何時候都不是以單一實體存在，而是因教育體系、職場文化、醫療與社會福利等不同制度的分類標準，而同時有多重實體的存在。這些現代視障者呈現的多重實體，包含擁有社會福利的視障者、接受特殊教育的視障學生與難以進入競爭性職場工作的視障者，這些都是不同的視障者實體（邱大昕，2013）。

第三節　醫療模式

Llewellyn 與 Hogan（2000）認為：「醫療模式將障礙視為生理損傷或疾病過程後的一種結果。」醫療模式源自醫學中的疾病模式（disease model），醫療從業人員將障礙視為一種「狀況」，需要治療。障礙者依賴醫師專業知識建議，決定生活與治療方式；障礙者是病人，需要治療、處置等各種醫療措施，協助恢復或維持障礙狀態不再惡化。英國 Wood 醫師於 1970 年代向世界衛生組織建議，障礙的分類應該與疾病分類系統互相連接，如此可以檢視不同身體疾病後果對人類生理系統的影響。他將「功能限制」與「活動受限」兩個概念納入對障礙概念的討論。他對疾病與障礙之間的解釋觀點，大大影響到醫療模式（medical model of disability）的發展。

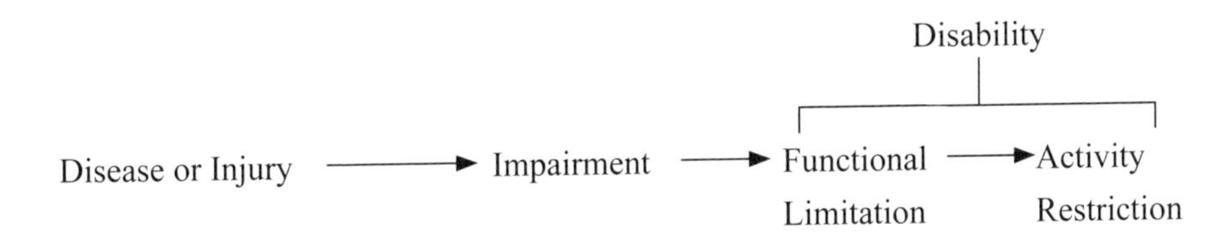

◆ 圖 3-1　醫療模式中的障礙概念

圖 3-1 呈現障礙經驗與疾病之間的關係，將損傷（impairment）、功能限制（functional limitation）、活動受限（activity restriction）三個狀態納入對障礙（disability）的概念中（王國羽，2012）。從醫療模式的觀點舉例，某個體因視神經發炎，造成視覺功能的限制與損傷，以及行動不便。因此，為改變個體的障礙處境，可用藥物治療眼疾、可以從復健管道進行生理與心理的舒緩訓練、可以從教育輔導單位，加強定向行動訓練等。利用種種「處方」、「對策」回應與治療，協助個體克服損傷帶來的障礙，從而參與「正常」的日常活動。

醫療模式雖依據疾病處遇的結果，界定障礙的概念與群體，並提供社會福利，但仍受許多學者與倡議團體的質疑。以疾病結果檢視障礙經驗，無法回應損傷者在不同國家、社會所呈現出「障礙」狀況的真實差異。舉例來說，罹患漸凍人疾病的霍金（Stephen Hawking）在英國能接受良好的教育，並能在世界知名劍橋大學任教，獲得充分支持進行研究，成為世界知名學者。試想，霍金若身處於早期的臺灣、非洲或南亞的國家，我們有可能發現他大腦內蘊藏廣義相對論的智慧嗎？人們應該只會注意到他重度生理損傷的軀體，而不會注意到他能透過輔助科技，娓娓道出黑洞祕密的學術創建。霍金在某些國家人們的眼中，不過是一位需要他人協助、無法自理的重度障礙者而已。

由此可知一位生理損傷者之所以成為障礙者，決定的因素並不是此個體的生理損傷程度，而是來自大眾的態度與社會的支持等外部結構因素。醫療模式將有生理損傷的個人視為有障礙的病患，由各種醫療措施協助恢復或維持損傷狀態不再惡化，生理損傷者依賴醫師的專業知識決定如何生活與治療。臺灣的《身心障礙者權益保障法》與《特殊教育法》，依據個案的視力值與視野損傷狀況，界定其視覺損傷程度，如同醫療模式對障礙的定義。

Rauscher 與 McClintock（1997）指出，「障礙」屬於醫療體系的界定方式，生理損傷者每天面對生活、工作與行動各方面的難題，是障礙者本身的損傷所導致，代表個人身體能力無法「正常」處理環境問題。這種將障礙者歸類為病患，以疾病損傷程度論斷其障礙經驗，並無法全面解釋生理損傷者總是在社會中處於弱勢地位的根本原因。

第四節 社會模式

一、損傷與障礙

第二次世界大戰結束後，戰後各國都努力恢復並重建國家、百廢待興，加上世界各地出現廣大的戰後嬰兒潮（the baby boom），結構功能論概念中講求社會共識並達到社會平衡的觀念由此興盛。70 年代身心障礙權力運動風起雲湧，最早出現於英國的「社會模式」（social model），將損傷與障礙區分開來。

「損傷」指肢體、器官組織或身體機能有缺陷的狀況；「障礙」則指社會制度或組織所造成的限制或不利地位。英國肢體障礙者反隔離聯盟（The Union of the Physically Impaired Against Segregation，簡稱UPIAS）反對世界衛生組織將障礙與疾病分類系統連接的取向，他們將世界衛生組織的定義系統解釋為醫療模式。UPIAS 主張用社會結構角度解釋障礙經驗，被稱為障礙的社會模式。

UPIAS（1976）定義：(1) 障礙（disability）：是指個人無法或不能完全執行某些動作、事情或與同年齡他人相比的各種社會、職業、生活等各種功能，以致於損傷者處於社會不利地位或造成他們社會參與機會受到限制，促使損傷者被社會隔離與排除。從個體與環境互動狀態的方面，障礙概念探究個體的損傷（impairment）、個體活動限制（activity limitations）、個體社會參與受限（participation restrictions）的狀態。(2) 損傷（impairment）：是指個體的身體器官功能因疾病、受傷、先天遺傳限制等，無法或不能完全的發揮應有的功能。

社會結構使生理損傷者成為貧窮者。1970 年代英國健康與社會福利部深入瞭解英國障礙者的所得收入狀態，企圖解決障礙者的貧窮問題。UPIAS 認為英國障礙者的貧窮問題，並非來自於障礙者的生理損傷，而是社會結構與外部組織長期以來對障礙者公民權利的忽視、冷漠與壓迫。不完整的無障礙環境與社會支持，限制損傷者活動參與的機會。是「社會外部結構」造成損傷者的障礙，外部環境不能針對他們的需要，在環境與制度設計上予以適當的回應，促使損傷者成為障礙者。Finkelstein 於1976 年提出社會模式的概念，他是此概念最早的倡議者，亦是 UPIAS 研擬障礙概念與模式的主要倡導者。來自南非的他認為障礙者無法順利進入受薪市場工作，問題在於障礙者長期處於教育不足、社會參與不足及外部環境不友善的設計等因素，對他而言，黑人與障礙者的身分，促使他成為雙重弱勢（double minority）的群體。

Finkelstein 致力於改善外部制度、社會結構、降低或減輕障礙者被社會排除。如乘坐輪椅的肢體損傷者，在無障礙設施（例如：斜坡道與升降梯）的環境中，雖然身體的損傷仍在但並不構成通行的障礙。筆者在紐約求學期間，恰逢 911 攻擊事件，紐約當地的媒體曾報導一則新聞，在即將倒塌的雙子星大樓中，許多人在停電一片漆黑又煙霧迷濛的大樓中受困，此時一名視障者帶領大家逃離現場。在一片漆黑環境中，非視障者無法辨識出口方向，導致逃生障礙，但在此環境中對視障者而言，並不構成任何環境辨識的障礙。從這個案例我們可以明瞭損傷與障礙是相對的概念，而不是絕對的關係。

障礙者無法順利進出公共場所、百貨公司購物或參與博物館展覽，是社會外部結構的障礙所致，視覺損傷的程度是個體的生理特質，但「障礙」的經驗是來自社會外部結構的因素，不是個體生理損傷的問題。去除這些社會結構的障礙，需要透過國家立法與社會大眾凝聚共識。例如：火車站、捷運站、大樓都設有點字地圖，然而卻沒有任何指引讓視障者知道點字地圖的位置，反而失去點字地圖設置的美意；再者，導盲磚雖然能提供行進方向的導引，但卻無法具體協助視障者要到達的目的地，例如：視障者依循著導盲磚的指引到達廁所的位置，但卻無法得知哪邊是男廁？哪邊是女廁？

二、社會文化與障礙

社會模式的障礙觀點以及障礙社會建構的歷史分析，基本上將障礙視為變動的分類過程，應該更重視障礙的社會文化的意涵。Barnes（1996）指出，有損傷（impairment）的人所遭受的文化壓迫（cultural oppression）可以追溯到古希臘文化。例如：在古希臘與羅馬時期，弒嬰（infanticide）的行為常常發生，這些幾乎都是發生在身體病弱或肢體損傷的嬰兒身上。障礙概念的形成不僅來自於國家，更與文化因素有關，社會學與特教研究者應該更進一步去檢視障礙的社會文化背後的因素。

McHatton 與 Correa 研究墨西哥與波多黎各特殊需求孩童的單親媽媽對於歧視之觀點，結果發現她們與專家的互動是她們受到歧視的最大來源之一。這些單親媽媽與專家的互動經驗是：在子女未被正式診斷前，她們的直覺被忽視，被認為是反應過度；診斷結果使她們感到挫折，嘗試尋求援助時，許多專家只是安撫，無人真正傾聽。當她們欲證明子女能做到比期望的更多時，又容易招來服務提供者質疑的眼光。

同樣的狀況也發生在臺灣。近年來臺灣學術界推動學術倫理審查，其目的在保障研究參與者的人權。但研究參與者只要是視障者，就被列為易受傷害族群。此思維邏輯隱喻視障者為無行為能力者，似乎也形塑出另一種對視障者的歧視。然而視障者並不等同於無行為能力者，學術倫理審查制度雖為良法美意，但應以更開闊或多元方式確保視覺損傷個體在參與研究過程中的權利，而應儘量避免以標籤的方式將無行為能力貼在視障者與其相關研究之上。

電視節目或文學作品中，也能反映社會大眾對女性障礙者的態度。Zola（1985）針對美國電視節目進行內容分析的研究中指出，主流媒體中，身心障礙者不是不存在，就是扮演不重要的角色。而身心障礙者的角色也往往是單面向的：依賴、沒有生產力。Fine 與 Asch（1988b）指出，在文學作品中，女性的障礙者的意象呈現兩極化，女性的特質往往因為障礙的關係而被壓制。

張恆豪（2007）針對戰後臺灣國小教科書中的障礙者意象進行內容分析，指出教科書中展現的多為身體功能健全者（able-bodied people）的觀點，缺乏聾人文化（deaf culture）與以障礙者為主體的多元文化觀點。Erevelles（2005）也指出，在當代的課程理論中，缺乏障礙研究的觀點以及正常化的論述。

三、障礙的社會層面

社會模式的障礙並不否認功能損傷（impairment）在身心障礙者生命經驗中的顯著性，而是著重在生理的損傷之外，各種經濟、政治、社會建構的阻礙。也就是說，社會模式的障礙不認為「障礙」是一種個人的缺陷，而是社會建構出來的。在社會組織、結構上，我們可以看到各種對身心障礙者的限制。社會模式的障礙不把生理上的障礙視為一種個人的限制，而把社會性的障礙視為問題的所在，尋找根本的政治與文化的改變以提供解決的方法。

社會模式倡議者認為身心障礙經驗是社會所建構的經驗，障礙經驗與生命過程，必須納入社會層面的討論才較完整。社會模式要區分的是損傷（impairment）與障礙（disability）的差別。損傷是客觀生理損傷的事實，障礙是因為社會外在環境與制度對損傷者造成的障礙與限制。美國學者 Nagi（1967）則提出功能限制（functional limitation）的概念，討論因為身體損傷所帶來的個人角色功能限制。也就是說，生物醫學的觀點只能討論身體損傷 / 障礙的原因，社會模式的觀點則是著重身體損傷對個人產生的社會文化結果。社會模式的障礙典範，對身心障礙者個人的認同、支持體系以及障礙者權利論述都有深遠的影響。

首先，扭轉將身心障礙定義為個人的醫療問題的觀點，認為身心障礙是社會建構的，社會環境的障礙使得身體損傷的人無法享有平等的公民權利。再者，社會模式的障礙典範指出，因為社會、文化對身心障礙者的壓迫的存在，身心障礙者應該有特殊權利才能享有一般公民該有的權利。從早期的教育權、就業權，到後來討論的融入社會生活、生活品質等權利，也就是積極公民權的概念。而在社會政策的制定與執行上，社會模式的障礙也在醫療診斷之外，提供一個以社會支持個人不同需求的可能。

第五節　社會學觀點的特殊教育

英國的兩位學者 Michael Oliver 與 Sally Tomlinson 於 1980 年代，借用社會學挑戰醫學與心理學在特殊教育的霸權（hegemony）觀點，提出兩項重點：第一，在特殊教育與障礙領域中，被視為理所當然的傳統醫學與心理學觀點，必須接受辯論（Barton & Tomlinson, 1981; Tomlinson, 1982）。第二，社會學的功能之一是對社會過程進行探究，並且去除神祕面紗。因此他們重新檢視社會中的權力本質，以及權力如何被操作。由於他們持續的倡議，英國的教育法案（1981 Education Act）正式立法將「障礙」一詞從法令中移除，以「特殊教育需求（special educational needs）」取代，正式賦予「特殊教育需求」一詞合法性（張嘉雯，2008）。

Michael Oliver 在 80 年代為障礙的定義提出三個觀點：(一) 個人悲劇觀點（personal tragedy perspective）；(二) 社會建構論者觀點（social constructionist perspective）；(三) 社會創造論觀點（social creation perspective）。

第一個觀點比較容易被教師、醫療人員、心理學家與相關專業人員所接受，將障礙視為先天生理或心理條件造成的觀點，與醫學模式的看法十分雷同。第二個觀點認為障礙是被建構出來的，是根據我們依附在不同生理或心理異常（deviation）的意義上來作出定義的。我們根據社會的價值與信念來詮釋所謂的異常，並進一步在字面上建構出障礙的意義。經由改變人們對障礙的想法，來重新看待所謂的障礙議題。這個觀點最常被學術界與研究人員所接納。第三個觀點認為「這個社會藉由它對待與回應那些有損傷（impairments）者的方式，使那些有損傷的人變得障礙（Oliver, 1988）。」這種觀點非常受到障礙者們的支持。

早期的特殊教育發展過程中，認為障礙出自於個人問題的看法是時常被採用的（張嘉文，2008）。可能原因：第一，它滿足了不同的既得利益族群的需求，例如：決策者、教師、醫師、心理師等人。第二，它將障礙的問題簡化為個人問題，如此一來可規避障礙一詞背後更深層的社會層面；簡單地將問題推諉個人後，既得利益族群便可繼續行使與操控其既得利益，並且有更大的空間與時間與其他利益族群進行利益的妥協。第三，人們採用個人問題的觀點，可能是因為他們並不認為整個學校是一個大社會的小縮影（microcosm），他們認為學校的運作與學校中的互動是獨立於社會的，他們忽略障礙的社會觀點。

Tomlinson 於 1982 年發表《特殊教育社會學》（*A Sociology of Special Education*）一書後，Oliver（1988）進一步地為特殊教育發展提出四種解釋面向，分別為 (一) 人道主義（The Humanitarian）觀點；(二) 社會投資功能論（The Social Investment and Functionalist）觀點；(三) 衝突論（Conflict Theories）觀點；(四) 既得利益與社會控制（The Vested Interests and Social Control）觀點。

一、人道主義觀點

最初起源於一般大眾、神職人員基於關懷、同情的出發點，對身心障礙者採取救濟、收容或施以職業訓練的方式，協助身心障礙者得到生活與職業自立。此時內容也不屬於特殊教育，僅僅是出於一種人道的關懷。

二、社會投資功能論觀點

工業革命後，資本主義出現影響障礙人口與資源分配的政策，塑造了社會對學校成就優劣的詮釋（Tomlinson, 1982）。資本主義的生產模式，需要大量受過教育、擁有閱讀能力、可以接受工作場所裡的規訓與異化的工人；為了滿足這個需求，國民教育因此興起。那些不符合資本主義生產模式所需要勞工能力與心理狀態的人，因此排除在教育體系之外，成為特殊教育的對象。

從專業壟斷的角度來看，特殊教育專家的介入，建構出愈來愈多的特殊需求學生。特殊教育相關的專業人員的膨脹，新的特殊教育領域不斷的被建構出來。愈來愈多的障礙分類，不見得使身心障礙學生有更好的學習環境；也就是說，當特殊教育制度鑑定出愈來愈多特殊需求的學生，應該反省的也許是當社會對「正常」的標準愈來愈嚴格，特殊需求的標籤到底是否有助於學生的學習。

三、衝突論觀點

Longmore, P. K. 與 Umansky, L.（2001）指出，在美國的發展歷史中有色人種與身心障礙者被認為是次等的、能力不足的。障礙研究的學者認為這樣的意識型態的延續，使得障礙成為教育體制中排除少數族群的工具（Reid and Knight, 2006）。特殊教育不僅複製了階級結構，特殊教育的制定過程也常常隱含了種族主義與國族主義。特殊教育體制的運作雖然在名義上提供障礙者教育機會，卻忽略了障礙與特教的社會文化意涵。特殊教育需求（special educational needs）不僅隱含了社會的偏見與階層概念，接受特殊教育的學生被社會認為是次一等的群體。

特殊教育作為國民義務教育的一環，扮演了類似正規教育的再製功能。特殊教育的擴張與勞力市場的轉型有關，特殊教育的擴張是為了處理許多被定義為無法或是不願意參與普通教育的學生。Carrier（1986）指出，特殊教育是學校複製階級結構的一種方式。特殊教育將學生分配到不同的教育途徑，而使得他們有不均等的教育機會。舉例來說，社會大眾認為按摩是視障者最適合的工作，因此，啟明學校或重建機構，優先將按摩列為主要的職業訓練課程。當按摩成為多數視障者從事的主要工作時，按摩似乎是被視障群體所壟斷的一項職業類別，按摩也成為某些團體宰制視障者從事按摩並藉此分配資源的工具。障礙通常是一種標誌，讓身心障礙學生被納入特殊教育體系，最後往往是被排斥在初級勞力市場之外，即不是失業，就是只能從事次級勞力市場的工作。

四、既得利益與社會控制觀點

Sally Tomlinson 於 1980 年代對醫學與心理學觀點下的特殊教育進行挑戰，她認為特殊教育並非僅止於為這些所謂的問題找到合理的答案或解套方式，而是應該進入社會議題的層次來討論。Tomlinson 認為，早期教育發展中將所謂的缺陷的（defective）或異常的（deviant）兒童隔離，目的是在讓普通主流教育可以更順暢地運作，扮演的是社會控制的功能，以特殊教育作為社會控制的手段，排除影響課堂規訓的學生。特殊教育會不斷地使用分類方法將學生鑑定分類，或將學生安置在非主流的特教機構或場域中（如教養院、特殊學校、特教班級、資源班等）達到控制的目的。特殊教育的功能在減少社會成本，投資在特殊教育可以減少未來的社會成本。

衝突論觀點認為特殊教育擴大的原因，是源自既得利益團體間的互相衝突；社會控制觀點更極端地認為，特殊教育的目的除了滿足某些既得利益階層的專家群體之外，更進一步可以達到社會控制的功能。透過社會學的檢視，學者不斷地挑戰許多障礙與特殊教育的觀點，試圖促進教育的發展。

第六節 普同經驗的障礙概念

一、社會的多元文化

於 1990 年代，身心障礙研究的學者倡議障礙者文化，許多身心障礙團體以障礙者認同與自立生活運動作為呼應，他們認為障礙者已經形成群體的認同，他們以身為障礙者為榮。雖然每個個體的障礙經驗都不盡相同，身心障礙者可能經歷類似的社會壓迫，藉由障礙文化形成身心障礙者社群。障礙者不應該被認為是被社會排除或是救濟的對象，而應該被認為是社會多元文化的一部分。如清華大學榮譽教授李家同博士的盲人恩師雷格教授、英國盲人教育大臣 David Blunkett 與義大利盲人歌手 Andrea Bocelli，在學術、政治及音樂領域展現的專業能力，盲只是他們的諸多特質之一，就如你我也具有不同的特質、需求與偏好一樣。

障礙研究在現今政治與學術等公共場域發展，讓人們逐漸看見「障礙」的複雜性。Bonnie G. Smith（2004）指出，「障礙」（disability）是一個滲透進入所有文化的觀點：建構社會認同、文化實踐、政治位置、歷史社群，以及具體化人類經驗。如同「性別」（gender）文化意義的建構一般，當社會環境在工作、政治與社交對於障礙者不友善時，如女性按摩師在職場工作時，容易因女性與視障雙重特質，成為雙重弱勢群體。而女性主義在身體研究上指出，所謂正常與不正常身體之間權力與支配的模式，不只在文化象徵、社會意識上演出，更是「空間區隔」的直接表徵（McDowell, 2006），無論是家庭、學校、工作場所或社會場域，無論是凝視、歧視或汙名的處境，身體的實踐展現在社會文化與人際互動中，也反映著活生生的社會關係。這不只是女性的經驗，也同樣是障礙者身體所承受的難題。

障礙研究者開始將「障礙」定義為多樣性與多元文化的一部分。文化觀點的障礙試著建立以障礙者為主體的障礙者認同，並挑戰身體能力主義的霸權。而障礙研究、障礙者的身體經驗與文化，也逐漸被帶入主流的教育機制與特殊教育體系，試著將障礙經驗成為學校多元文化教育的一部分，在教材中加入身心障礙者與身心障礙者的經驗。

二、普同經驗的障礙概念

社會模式無法真正的解決障礙者在社會遇到的歧視與排除的問題，因為正常人會認為自己與障礙者是截然不同的身體與生命經驗，因此，唯有社會都接受或意識到障礙經驗會發生在自己身上，才能真正解決對障礙者的歧視與偏見（蘇怡帆、黃國晏、畢恆達，2012）。

著重障礙權利的普同性，針對障礙者設計的社會支持體系對一般大眾也有利，這樣的觀點開始受到重視。障礙可以被認為是一種普同經驗，只是在個人發生的時間點不同。許多無障礙的空間設計並不是針對身心障礙者，如輪椅坡道，其對小孩、嬰兒推車、銀髮族也具有很大便利性。也就是說，特殊權利並不特殊，只是改變社會結構中被認為理所當然的障礙。美國醫療社會學者 Zola（1989）從社會政策的角度討論障礙經驗，他認為未來社會在整體人口老化的趨勢下，障礙經驗已經不再屬於特殊或少數人口的經驗。也就是說，每一個人在生命的過程當中，都有可能遭遇到障礙的經驗，只是有人在早期，且終身如此，而有人則發生在人生晚期。

當採取社會模式時，對推動身心障礙者的人權與平等參與運動有助益，但是無法真正的解決障礙者在社會遇到的歧視與排除的問題。社會模式的解釋，是採取對立的觀點，將障礙者與社會大眾的身體經驗區分成「你們障礙者」、「我們正常人」，對真正消除與降低社會對障礙者的歧視並沒有幫助。唯有社會中多數人都接受或意識到障礙經驗會發生在自己身上，才能真正解決社會對障礙者的歧視與偏見（王國羽，2012）。社會大眾應將障礙經驗朝向普同人生經驗與風險角度作詮釋，才能破除社會對障礙人口的歧視與偏見，進而促進障礙者公平機會與社會參與。

世界衛生組織於 2011 年發表全球障礙者處境報告（World Report on Disability），可看出世界衛生組織對未來人口老化引發的各種老年期障礙與疾病、照顧與保障之間的連動關係做分析與討論。這份報告不再將身心障礙經驗侷限在特殊人口的少數經驗處理，而以整體人口老化趨勢作為焦點。由此可以看出世界衛生組織從醫療健康的角度，說明社會整體人口發展趨勢逐漸朝向慢性疾病與老化為主，而疾病型態也逐漸朝向慢性疾病之際，代表社會中需要長期照顧人口的負擔增加與醫療照顧方式也需改變。

因此，臺灣應重新思考障礙的經驗，障礙已不再屬於少數群體的經驗，而是現代社會中每位公民可能遭遇的共同經驗。未來社會人口老化與因為老年導致障礙者的人口數量將大於終身障礙者。臺灣應瞭解障礙人口的數量與所需使用的醫療照顧資源，如此，國家主政者才能擬定適當的政策，促進社會的多元融合與資源的有效整合。

在教育方面，張恆豪（2007）採用障礙的互惠模型或普同概念，建議融合教育的實施應該從根本改變教學設計與方法，協助身心障礙學生與其他同儕都能在融合班中正常的學習。Banks 主張，學校整體環境的改革應包括：

1. 學校的政策以及權利的結構與運用要能消除種族偏見與歧視，反映多元文化的價值。

2. 學校的文化與潛在課程應反映民族及文化的多樣性，並將之合法化。

3. 學校教職人員應具備尊重不同民族文化的素養。

4. 學校正式課程與教學科目，要能提供適當的各民族文化教育與學習的機會。

5. 教材的編製要呈現不同民族與文化團體對概念、議題與問題的觀點。

6. 教學型態與策略採用對不同民族學生最有效的方式進行。

7. 各民族語言在學校裡，應視為等同價值且同時孕育。

8. 評鑑與測驗的程序要能促進社會階層與民族間的平等。

9. 提供跨文化的諮商方案。

10. 促進社區對學校教育的參與及投入，以免學校文化及教學與社區及家庭脫節。

障礙的標籤帶來負面的汙名，但卻同時也是特殊權利的依據。Ho（2004）指出，在「標籤」與「認可」（recognition）的兩難中，將障礙正常化（normalizing），促使社會大眾認為身心障礙是一種社會必然的常態，可以視為解決這個兩難的方案。也就是說「每個學生都有特殊需求」，身心障礙學生的需求並不特殊。

視覺功能受限並不是視障者最大的挑戰，最大的障礙其實來自社會外部結構如大眾的誤解與不接納的態度。現代社會應創造一個多元且開放的環境，在環境與制度設計上提供充分的支持，以去除外部結構禁錮於視障者身上的障礙。

問題省思與討論

1. 請簡述醫學與心理學的發展與其對特殊教育的影響。
2. 請舉例說明不同類別的障礙者無法共同分享的經驗與需求（例如：導盲磚對輪椅族與視障者）。
3. 請舉例說明障礙與損傷的概念。
4. 請指出特殊教育中呈現結構功能論與衝突理論的意涵及具體實例。
5. 請簡述普同經驗中的障礙概念。

第二部分：教育階段的服務

第四章

融合教育

前言

融合教育的基本目標是期待整合普通教育以及特殊教育，協助視障學生進入普通班級就讀；在與其他班級同儕共同學習的過程中，教師必須提供適當的教學策略、課程內容與評量方式的調整，有效協助視障學生能在融合教育環境下順利求學與生活，並達到適性的教學目標。視障學生在融合教育環境接受教育，學校應建立一個跨領域專業團隊，此團隊應包括視障教育教師、普通教育教師、特殊教育教師、直接照顧者、學校行政人員與特殊教育專業人員等，以提供視障學生所需的個別化專業服務。

本章從融合教育的發展、視障教育教師的專業知能與專業團隊的建立，最後檢視臺北市融合教育實施現況與教育領導者的角色。

第一節　融合教育的發展

一、視障學生的傳統安置

法國慈善家 Valentin Hauy 於 1784 年創建第一所教導視障者的學校；Samuel Howe 於 1821 年，創立第一所美國盲人中心學校，為波士頓柏金斯盲校前身；紐約與賓州於 1832 年相繼設立私立視覺損傷學生住宿學校；蘇格蘭於 1872 年首度嘗試安置視障學生與非視障學生同班上課。

臺灣視障教育起源於 1891 年英國長老會牧師甘為霖成立的訓瞽堂；日本治臺總督於 1915 年撥款給訓瞽堂，改為私立臺南盲啞學校；1968 年，因為盲聾分校制度，將臺南盲聾學校的視障學生與豐原盲啞學校的視障學生合併，設立省立臺中啟明學校，為現在國立臺中啟明學校。基督教兒童福利基金會於 1956 年創立盲童育幼院，並於 1972 年定名為私立惠明盲校，是臺灣最早招收視多障的學校。日本人本村僅吾於 1971 年創立臺北盲啞學校；盲科部於 1975 年獨立命名為臺北市立啟明學校。

二、融合教育的興起

Kirk 與 Gallagher（1983）對於社會大眾對身心障礙者的態度演進進行分析，發現在基督教興起之前，身心障礙者常受到社會漠視、虐待或被摒棄。在基督教興起後，因受到基督教精神的影響，身心障礙者受到教會的保護與憐憫。到了十八、十九世紀時，出現了一些特殊學校及對身心障礙者提供養護的機構，開始有隔離式的教育。二十世紀中期，身心障礙者的權益與受教權皆受到重視。二十世紀末所提倡的融合教育，努力讓身心障礙者能夠回歸到普通教育體系中學習與生活，並接受適當的服務與支持。

伊利諾盲人學校校長 Frank Hall 於 1900 年，提出讓芝加哥盲校學生進入公立學校與非視障學生一起學習。在聯合國教育科學文化組織的贊助下，臺灣於 1967 年開始針對視覺障礙學生推行回歸主流教育，也為國小視覺障礙學生設立了混合教育課程，是國內特殊需求學生最早推動回歸主流的開始。1968 年臺灣開始實施九年國民義務教育，於此同時，視覺障礙學生之混合教育課程也推展至國中教育階段的學生。

在融合教育中，巡迴輔導教師扮演提供專業服務的重要角色。視覺障礙巡迴輔導教師的服務對象，其年齡範圍涵蓋學齡前幼童到教育階段之視覺障礙學生；服務對象的障礙程度包含單一視覺損傷學生、視多障學生。巡迴輔導教師提供的服務，包括點字教學、定向行動訓練、輔助科技、升學與轉銜輔導、生涯與職業探索等。

視障重點學校設立資源班，提供視覺障礙學生在融合教育中學習的支持。目前，臺北市、新北市與臺中市挑選市內數所學校為視覺障礙教育服務重點學校，設立資源班，這些視障重點學校從國小、國中到高中階段皆有。教師在資源設備充足的固定地點，利用視覺障礙學生在校的部分時間提供專業服務。

第二節 視障教育教師的專業知能

影響視障學生融合教育的眾多因素中，以視障學生的班級導師與巡迴輔導教師，對視障學生的接納度與所具備的視障專業知能與否，最具關鍵性。一位視障學生的教師所面臨的困難是多向度的，如果教師本身調適良好，則會增加其對視障學生的接納度，再進一步尋求專業的協助與支持，能較有效的解決所面臨的困難。

無論視障學生安置在什麼地方，理想狀況是應該有一位專業人員（通常是普通班教師或具有特殊技能的教師來教導視障學生）扮演個案管理者的角色（或服務統合者）。這些人會把所有有關學生的資訊（例如：完整評量）蒐集在一起，而且領導一個有直接照顧者參與的專業小組來為學生發展個別化教育計畫（個別化教育方案）。如果要寫出個別化教育方案並執行的話，來自不同專業背景與技能所形成的小組是相當重要的。

視障教育教師包含視障巡迴輔導教師、視障資源班教師。在融合教育體系中，視障教育教師的角色主要為提供視障學生在普通學校、普通班學習的支持與服務，也扮演普通班教師與直接照顧者、學生間的重要溝通橋梁。

視障教育教師為視障學生提供的服務，可分為直接服務與間接服務。直接服務包含學科個別指導、協助視障學生與同儕一同進行活動、協助視障學生選用合適的視障科技輔具、提供視障學生社交技巧訓練課程等；間接服務包含營造優良的融合學習環境、提供普通班教師諮詢服務及視障教育專業知能課程建議、進行校內特教宣導等。

視障教育教師提供視障學生課前、課後的個別教學，依視障學生的需求調整課程及教材，例如：使用點字教材、放大字體的教材，或提供學生適合的輔具。因此，視障教育教師亦須提供學生點字讀寫訓練課程、輔助科技教學、光學輔具使用指導等。在視障學生評量工作上，視障教育教師可透過功能性視覺評估，依據評量結果進行課程教學之調整。此外，視障教育教師須參與視障學生個別化教育計畫會議，在會議上提供相關資訊，並與其他專業人員共同討論出完整的個別化教育計畫，以利學生在融合教育環境下，擁有適當的學習情境及學習成效。

視障學生的心理輔導，也是視障教育教師重要的工作之一。視障教育教師協助視障學生培養良好的人際關係，輔導視障學生心理調適、情緒、行為。對於視障學生而言，是否能夠有良好的個人適應與社會適應，同儕的接納是重要的因素。教師可透過下列方法，促進視障學生與同儕互動，例如：鼓勵視障學生向同學表達正面的感覺、鼓勵視障學生在遊戲或學業功課上選擇夥伴、鼓勵視障學生幫助視力正常的同儕、與視障學生討論友誼，幫助他瞭解其他人的感覺。

教師對於視障學生的態度，對同儕與視障學生的互動意願有一定的影響力。在融合教育，因視障學生是少數分子，非視障學生對於視障學生的接納程度受到教師態度的影響（黃崑發，2001）。視障教育教師心理輔導的對象，也擴及直接照顧者、普通班教師、視障學生之同儕等，並主動提供直接照顧者、普通班教師、相關專業人員關於學生的資訊，協助學生在融合教育環境中適應校園與學習生活，協助學生發展正面的自我概念與價值觀。

視障教育師資之培訓從早期的臺南師範專科學校的單一培訓，到1994年《師資培育法》的開放培訓，目前，凡修習特殊教育學分者，即具有資格擔任視障教育教師。何世芸（2006）依據莊素貞對於視障教育教師應具備的專業知能列出十項指標，簡述如下：

一、特殊教育哲學與法律

瞭解視障學生在特殊教育上的定義、鑑定標準與出現率。熟悉目前視障教育關注的議題與未來發展趨勢。

二、視障學習者的特性

瞭解視覺系統結構與功能、視覺系統的疾病與醫療效果；發展其他的感官知覺的方式，如聽覺與觸覺等。

三、診斷評量

能分析學生的評量結果，並與專業團隊進行討論，提供有關教師參考。依據專業團隊的討論結果，能提供視障學生適當的學習策略以協助學生有效學習。蒐集學生教育史、醫療史與家庭背景等資料，實施功能性視覺評估、定向行動評量、學習媒介評量與輔助科技評量。

四、教材教法

發展聽覺與觸覺等感官訓練、點字閱讀與書寫的教學策略、低視能學生的書寫與傾聽技巧的教學策略、使用視障學生的獨特技能教學策略，發展視覺與非視覺的教學設計。

五、教學情境規劃與經營

設計多重感官的學習環境，鼓勵視障學生多參與各項學習活動。點字與放大字體教材製作、畫線、增加照明度。

六、輔導諮商

培養學生正向的社會態度與行為。學校教師的態度、行為，會影響視障學生的行為。

七、溝通合作

針對學生評量結果與學習表現，能與專業團隊成員進行專業對話。提供視障學生所需服務，如報讀、點字翻譯、輔助科技。

八、專業倫理

閱讀視障教育出版品與期刊、參與專業機構活動。

九、親職教育

協助直接照顧者瞭解相關福利措施；提供直接照顧者各類獎助學金申請、復健醫療、育樂活動、親職講座等資訊。

十、職業訓練

提供視障者職前的訓練與輔導，聯合社會機構共同輔導視障者職前訓練與就業。

根據這十項指標，師資培育機構與學校能夠檢視師培或教師是否已具備視障教育領域重要知能。藉此，師培機構或學校可作為師培課程或專業發展課程設計之參考。

第三節 建立專業團隊

為順利推動視障學生融合教育，學校應建立跨領域的專業團隊。除了視障教育教師外，此跨領域專業團隊應包含視障學生主要照顧者、普通教育教師、相關專業人員，分別敘述如下。

一、視障學生主要照顧者

視障學生主要照顧者（例如：雙親、家人或監護人）在融合教育體系中，扮演重要之角色。主要照顧者是最瞭解視障學生的人，擁有視障學生最重要的資訊，知道視障學生的視覺功能、身心特質等。因此，主要照顧者可提供教師及相關專業人員關於視障學生的詳細資訊，以作為教學及相關訓練設計的參考依據。融合教育體系中，教師須針對視障學生的視覺功能及特質，作個別化的教學調整，例如：上課方式、作業調整、考試方式等，以上的調整工作，均仰賴視障學生主要照顧者所提供有關學生的訊息，才能設計出符合視障學生需求之課程或訓練活動，並符合主要照顧者之期待。

由此可知，主要照顧者扮演著重要的角色，不僅提供視障學生在教育上所需的支持，例如：接送視障學生上下課、課後作業指導、協助視障學生選擇適當的教育安置方式及專業訓練課程等，亦須與視障學生的教師、相關專業人員等保持密切之聯繫。此外，主要照顧者本身也要向教師及相關專業人員請教，充實更多視障教育專業知識，如此才有能力提供視障學生良好的家庭教育。

二、普通教育教師

在融合教育的環境中，視障學生大部分時間都在普通班學習。因此，普通教育教師扮演視障學生融合教育之重要角色。普通教育教師包含班級導師與科任教師。班級導師尤為重要，如何建立良好的班級氣氛是普通教育教師的一大課題。在融合教育環境中，同儕的態度影響視障學生適應融合環境的情況甚鉅。班級導師扮演溝通協調的重要角色，應透過各項活動之設計、教育引導等，營造良好的班級氣氛，並提升學生的情意態度能力，培養學生尊重他人的正向態度。

由於刻板印象或誤解，普通教育教師對視障學生可能會有過度保護的狀況，因此限制視障學生參與班級活動，減少許多與同儕一同學習活動的機會，無法達成融合教育之目的。普通教育教師應充分與視障教育教師、視障學生主要照顧者、相關專業人員討論，瞭解視障學生身心特質與能力，提供適當的課程調整與服務，藉此避免過度保護，促進同儕與視障學生共同學習及互動的機會。

三、相關專業人員

視障學生在融合教育體系下，相關專業人員扮演重要之角色。相關專業人員包含職能治療師、物理治療師、語言治療師、定向行動師等。

職能治療師提供視障學生手部精細動作及日常活動的訓練。透過晤談、觀察、測驗等方式，蒐集視障學生在生活情境中的表現。依據所蒐集之資料，進一步評估與分析，並與視障學生主要照顧者及其他專業人員共同擬定治療計畫，以提供視障學生完善的支持與服務。職能治療師依據視障學生的興趣與能力設計各種活動，協助視障學生進行優勢學習，提升各方面的能力。此外，職能治療師在面對視障學生主要照顧者或教師的諮詢時，亦須提供專業意見及建議。

由於視覺損傷的限制，視障學生的動作發展普遍落後於同儕，特別是平衡感方面。物理治療師協助視障學生透過多種活動，誘發肢體動作，改善肌肉張力，訓練肌力、耐力、平衡及協調能力，提升視障學生的動作技能及獨立行動的能力。物理治療師亦提供視障學生主要照顧者、教師專業意見及建議，避免主要照顧者或教師對於視障學生過度保護，而減少其身體探索與活動之機會。

語言治療師針對視障學生的口語、語言、社會溝通，進行評估、診斷與治療。由於缺少視覺資訊以瞭解語言發生情境，因此視障學生在語言的習得及使用上較為困難。再者，因缺少眼神接觸與觀察，視障學生在社交溝通時少了重要的非語言線索，影響視障學生與他人有效溝通的機會。語言治療師提供視障學生專業的個別治療或團體治療，亦提供視障學生主要照顧者與教師必要的諮詢服務。

定向行動師透過定向與行動訓練，協助視障學生運用各種感官能力、運動知覺，建立心理地圖，進行安全且有效率的行動。定向行動的訓練課程包括運杖技巧、人導法、導盲犬，協助視障學生培養獨立行動的能力。如此，有助於視障學生在融合教育的環境中，增加與同儕一同活動之機會，提升自信心，奠定正向的人格發展基礎。

第四節 臺北市融合教育實施現況

一、統合性全面服務模式

統合性全面服務模式（integrated comprehensive service, ICS Model）（Capper, Frattura, & Keyes, 2000），提供了推動融合教育的五項標準，可用以檢視、評估融合教育環境中的優缺點，並針對實施融合教育過程中需要改進的部分提出建議。圖 4-1 呈現了統合性全面服務（ICS）模式中的五大標準，用以檢驗特殊需求學生在融合教育中是否獲得適切的服務。

首先，統合性全面服務的核心原則，就是要能符合視障學生的需求，不僅能避免學生遭受挫敗，更能滿足學生的個別需要。在融合教育的地點方面，此模式建議視障學生接受社區學校的服務，並能夠自行選擇學區學校就讀。教育環境中的分組方式應該要有彈性，不需為特殊需求學生另設隔離式班級或學校，且應根據受教權平等的原則，提供文化、差異化的課程與指導；課程應該適才適性以符合視障學生需求，不需額外開發課程。此外，學生應不需經過資格審查或任何認定手續，就能接受符合個人需求的教育。在教育者的角色方面，教師與教職員應能互相分享知識與專業，並培養教育各類型不同需求學生的能力；學校專業人員亦應根據各個學習者的需求加以編制。最後，此模式建議學校統整經費與資源，培養教師統合系統資源的能力，以避免學生遭遇困境，校方對學習者的主動支持也應反映在經費政策上。

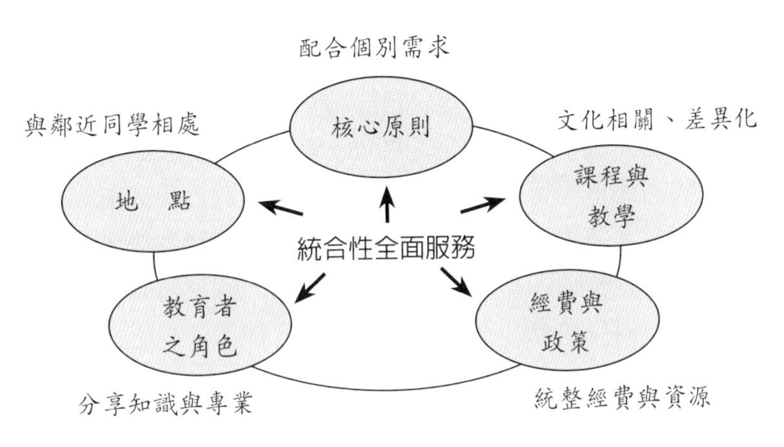

◆ 圖 4-1　統合性全面服務（ICS）模式

資料來源：Capper et al., 2005.

ICS 模式可用以檢視臺灣實施融合教育的現況，雖然目前臺灣許多縣市推動融合教育仍在發展階段，無法以 ICS 模式中所有的標準加以檢視，但此模式仍可作為檢視視障學生在融合教育接受適當支持與服務的重要依據。

二、臺北市融合教育實施現況

黃國晏（2007）針對臺北市視障重點學校進行研究，從教育領導者、普教與特教教師的觀點，以 ICS 模式檢視視障重點學校融合教育實施現況。

(一) 融合教育的障礙

此研究發現實施融合教育所面臨的障礙有以下三點：規劃與訓練時間有限、缺乏實施融合教育的概念與能力、不健全的特殊教育專業團隊，分述如下：

1. 規劃與訓練時間有限

教學策略未因應非障礙學生與特殊需求學生的學習差距；花費在協同教學與同儕教學策略的時間也嫌不足，教師的工作負擔很重。要求普通教育教師與特殊教育教師自行撥出時間討論協同教學的課程規劃，在執行面上非常困難。普教教師與特教教師鮮少有交換教學經驗、激盪新想法的機會，因此在協同教學上難以達成共識。資源教室的教師對特殊需求學生的個別需求較為注重，普通教育教師則較重視整體教學的流暢與大多數學生的學習進度。普通教育教師關心的是班上多數非特殊需求學生的學習狀況，因此普通教育教師容易忽略特殊需求學生的個別需求及學習上遭遇的困境。普教教師與特教教師在課程設計與教育理念上缺乏共識，大大影響融合教育的實施。

2. 缺乏實施融合教育的概念與能力

所有的受訪者一致指出，普教教師與特教教師缺乏融合教育的經驗與觀念，且教師亦未試圖從彼此身上學習相關知識；在推動融合教育過程中，普教教師與特教教師所接受的專業訓練亦嫌不足。特教教師未接受足夠的專業訓練，擔心自己因為沒有特定學科領域的必備知識，而沒有足夠能力與普通教育教師進行協同教學、提供有效的支持系統。普通教育教師在得知班上有特殊需求學生時，會感到焦慮、擔心並且抱持負面態度，主要原因也是擔心自己沒有受過足夠的專業訓練，而無法提供特殊需求學生適切的協助。此外，普教教師在遭遇問題時，較少向他人尋求協助，因尋求他人協助可能是一種缺乏專業技能的表現，導致普教教師不願意向特教教師尋求協助。

3. 不健全的特殊教育專業團隊

目前特殊教育專業團隊無法為學生提供適當的協助，主要是在團隊的組成、學校經費與受過專業訓練的人員等方面仍有待改進。特殊教育專業團隊的人數不足，定向與行動專家、諮商人員與社工人員的人力都有短缺現象。經費不足，學校無法僱用或訓練足夠的專業人士，也往往導致教學助理的人數縮減，使教師在教學上困難重重。學校教師指出，視障學生絕對需要定向與行動專家的協助，然而政府卻無法提供學校足夠的經費以僱用定向行動專家與特殊教育專業人士，大專院校在特教專業與相關領域

（例如：職能治療或物理治療）招收到的學生人數也偏低。受過訓練的專業人才稀少，使學校僱用人員的困難度更高。

(二) 融合教育的支持

特殊教育推行委員會與校長對融合教育的支持，是推動融合教育的重大力量。校長的支持不僅能營造正向的氣氛，對教師的態度也會有正面的影響。

1. 特殊教育推行委員會

在推廣特教觀念、協助教育領導者與教師建立融合教育的共識這兩方面，各校的特殊教育推行委員會與政府教育機關扮演著重要的角色。委員會可促進經驗交流、資源整合及融合教育的政策推動，例如：學校明定政策，減少融合教育教師的工作量，此政策建議根據班上特殊需求學生人數及學生的障礙程度，將部分非障礙學生轉至其他班級，因班上特殊需求學生人數而轉班的非障礙學生人數從 1-5 人不等，這樣的措施也有助於學校達到小班制的目標。

2. 校長的態度

校長的態度可說是推動融合教育的重要力量。校長支持特殊教育，鼓勵教師與直接照顧者互相溝通合作，並協助教師發展融合教育專業能力。校長的態度不僅會影響教師與直接照顧者的互動情形，更能促進教師的專業成長。

(三) 教育領導者的角色

為加強實施融合教育的教育領導者角色，應繼續努力的三大方向：第一，教育領導者要扮演推動融合教育角色；第二，加強教師的專業能力；第三，組織特殊教育專業團隊。

1. 推動融合教育

教育領導者應推行融合教育，減少教師瞭解特殊需求學生時所面臨的阻礙。在融合教育實施過程中，領導者應尋求教師的意見並予以重視，因為教師是推動融合教育、瞭解學生需求之重要角色。教育領導者應營造正面的氣氛，以推動融合教育。鼓勵教師自願性地教導特殊需求學生，以創造融合教育的學習環境。教育領導者的行為、態度與想法都需一致，以便教師向領導者借鏡，並開始在各自的教室中實施融合教育。此外，領導者可以邀請具有成功實施融合教育經驗的教師來分享他們的看法，透過實際的案例學習，教師能更深入瞭解融合教育及其執行面。教育領導者應多方參與並舉辦特殊教育相關活動，以協助教師與一般學生瞭解特殊需求學生的感受與其遭遇的困難，亦可透過在學校讀書會與出版刊物中表示其對融合教育的興趣，協助教師、直接照顧者與其他社區人士進一步瞭解融合教育。

2. 加強教師的專業能力

教育領導者應致力加強教師的能力，協助教師增進融合教育的相關專業知識。專業發展訓練包括普通教育與特殊教育教師的職前與在職訓練。在提供訓練之前，教育領導者應評估教師的期待及在職訓練的需求，以設計出符合教師需求的專業發展課程。教師必須學習不同的技巧及課程設計的方法，方能教導不同障礙類別的學生，並且規劃出適合非障礙學生與特殊需求學生的學習活動。此外，教師亦應具備評量的專業能力，以瞭解學生的學習狀況。專業發展課程能減低教師因專業技能生疏或缺乏專業技巧，所產生的疑慮與不安。

3. 健全特殊教育專業團隊

教育領導者有責任決定團隊由哪些領域的專業人士組成，以及團隊所應執行的任務。除了普教與特教教師、學生直接照顧者外，特殊教育專業團隊由物理治療師、職能治療師、定向與行動專家等專業人員組成。這些合格的專業人員能運用其專業技能協助學生，並在個別化教育計畫的會議中提供建言，以協助直接照顧者與特教教師在學生的需求上取得共識。此外，增加專業人員駐校的時間，將能協助更多特殊需求學生。

檢視視障重點學校實施融合教育的支持、障礙與教育領導者應扮演的角色，發現學校實施融合教育的現況，雖不能完全符合 ICS 模式的標準，但仍可利用 ICS 模式為架構，分析學校推動融合教育時仍需改進的方向與目標。

三、融合教育實施現況與 ICS 模式之比較

ICS 模式所提供的標準，能促進全體學生的成功融合，並可用以評估融合教育的優缺點，針對目前實施融合教育過程中需要改進的部分提出見解。黃國晏（2007）針對視障重點學校實施融合教育所有現況與 ICS 模式，作一比較。

ICS 模式首先討論的是核心原則。隔離式安置計畫的核心原則就是，學生的挫敗必須歸咎於學生自己，因為學生必須要自我調整以適應教育系統。視障重點學校亦反應出臺北市融合教育的現況，雖然融合教育廣為實施，但實施的方法卻偏重協調學生的問題，而非改變教育系統來順應學生需求。同樣地，ICS 模式也指出隔離式安置計畫中，學生只有在失敗後才會獲得協助。最後，從 ICS 模式可知學生的個別需求未能獲得解決，而是被預先安置在計畫中。

顯然，教師缺乏專業知識是使融合教育無法達到 ICS 模式目標的主因。尤其是普通教育教師，都很關心特殊需求學生的個別需要是否被滿足，並且認為自身專業知識的缺乏是主要障礙之一。多數教師認為應由教育領導者提供專業訓練機會，以解決專業知識缺乏的問題，並提升教學能力。學校教師相信，專業知識能給予他們在融合教育環境下所需的自信與教學技巧。

ICS 模式的第二個項目是地點，也就是學生在學校中所處的位置。視障重點學校採用抽離式服務，利用部分時間將特殊需求學生安置在資源教室，但是 ICS 模式主張不應設置資源教室，因為抽離式的資源教室也是隔離式安置的一種。

ICS 模式的第三個項目是教育者的角色。ICS 模式探討了教職員的角色，根據 ICS 模式，普通教育教師必須是融合教育的專家，並發揮特殊教育教師的功能。例如：定向與行動專家必須訓練普通教育教師與特殊教育教師，使其具有帶領定向與行動活動的能力，而非全然交由定向與行動專家帶領。

普通教育教師相當關切自己在融合教育中扮演的角色，以及自己與特殊教育教師之間的專業關係。這些學校教師均認為，唯有合作、分享的關係，才能讓全體教師達到 ICS 模式的目標。此外，有時教室中的志工家

長會使教學無法有效進行，反而成為障礙。

ICS 模式中的最後一項，探討了課程與教學。臺北市視障重點學校面臨的障礙是教學策略有所侷限，教師瞭解融合教育的執行需配合不同的教學策略，但卻沒有足夠的時間與技巧來發展教學策略，以致未能符合 ICS 模式的目標。

基於此研究分析與 ICS 模式的比較，視障重點學校在融合教育遭遇的部分障礙及支持與 ICS 模式並沒有直接的關係。此外，校長本身缺乏融合教育專業知識而產生的障礙，會間接影響教師能力的發展。因此，教育領導者的態度對於 ICS 模式的目標是否能順利達成，具有關鍵的影響力（黃國晏，2007）。

第五節 教育領導者的角色

黃國晏（2007）建議教育領導者應扮演重要的角色，從凝聚團隊共識、學校教育資源分配與政策擬定等層面，協助學校順利推動融合教育。

首先，教育領導者必須向教師、直接照顧者與教育團體推廣並傳達融合教育的理念，以評估實施融合教育的優點，並取得各方推動融合教育的共識。校長與教育官員為教師、直接照顧者和教育團體舉辦說明會，說明融合教育對學生的好處、推動之相關人員、實施融合教育政策的確切時間、導師角色的改變，以及如何因應融合教育所帶來的挑戰（McLeskey & Waldron, 2000a）。教育領導者必須協助教師發展合作關係與協同教學策略，以因應融合教育。Odden 與 Archibald（2001）指出，若策略的時程訂定上讓教師有充分的時間合作，則教師可討論課程設計或參與融合教育的相關專業發展訓練。以下提供六項策略（黃國晏，2010），以期能提供教師更充分的時間。

第一種策略是將導師分組並安排相同的空堂時間，同組的教師即可在學生上其他科目時互相討論。此一分組策略，便於同組教師能一起參與各式課程規劃與專業發展活動。

第二種策略是重新安排上課時間，學校可以將一週前四天的上課時數增加 30 分鐘，而第五天則減少 2 小時，使學生能提早放學。此策略可讓教師們每週有 2 小時不受干擾的課程規劃時間，亦不需負擔額外的經費支出。

第三種策略是運用導師不在班上指導學生的時間。許多學校原本就有安排學生的自習時間，教師不需監督班級自習，因此可利用學生自習時間從事專業發展或討論課程設計。

第四種策略是運用兼職教學助理到班監督學生的時間。教學助理會擔任為時 2 小時的監督工作，因此導師可有較充裕的時間發展專業。

第五個策略是在教師午休前後，規劃常態性的規劃時間。教師的午休時間可增長至 90 分鐘，使教師可以一邊用餐、一邊合作討論。然而，教師必須有意願將個人的午休時間作為課程規劃之用。

第六個策略是安排各年級學生的午餐時間、下課時間或其他科目的上課時間，使教師有 90 分鐘的空檔。例如：美國中西部的一所小學，就安排幼稚園與一年級學生在 11:05 到 11:45 進行午餐，接著在 11:50 到 12:35 安排下課時間或特殊課程。午休時間的延長，使教師能有時間規劃活動並發展專業。

除了重新安排教師的課程規劃時間外，教育領導者亦應要求現任教師接受短期訓練，並取得特殊教育的相關證書。教育領導者可將有類似訓練需求的教師分為一組，並為各組發展特定的訓練計畫，計畫包含訓練成果的評量辦法。接下來，決定訓練的提供方式、尋找教師訓練機構現有的培訓課程或講座。若無此類課程，教育領導者必須自行在學校舉辦講座或訓練課程。

教育領導者應以法規加以規範，促使融合教育體系能服務各種障礙類別的學生，而不需另外安排抽離式服務或資源教室。未實施融合教育，學校職員必須增進職能，以便協助普通教室中的視障學生與不同類型的特殊需求學生。

實施融合教育時所面臨的障礙，可能包括不健全的特殊教育專業團隊、班級人數過多、學校總人數過多等。推動融合教育的學校，均應採取聘任更多課輔教師或教學助理的方法，來增加班級人數並減低導師的需求人數。此外，為增加能勝任融合教育的教師人數，教育領導者應鼓勵導師取得特殊教育與普通教育的雙證照。學校可減低雙證照導師的總授課時數，使其有充分的時間與其他班上有特殊需求學生的普通教育教師進行討論。

教育領導者必須評估學校需要哪些領域的專任教師，並調整聘任狀況。Odden 與 Archibald（2001）即舉例說明，某校將原本聘用美術教師的經費改聘任一位社會科教師，因為該校大多數的學生來自貧困家庭，在社會技巧方面遭遇困難。此外，教育領導者亦可鼓勵專任教師取得雙證照，使其具有特殊教育與普通教育的教學能力，以便與導師合作，共同服務特殊需求學生。

教學助理通常負責協助導師或科任教師，提供學生一對一的輔導或監督非課堂活動，例如：學生在遊戲場、餐廳活動或進行課外活動時。教育領導者可考慮縮編這方面的人力或減少其工作時數。「某所學校曾縮減四個教學助理的職位，以便多聘任兩位普通教育教師來降低班級人數。」該校將每位教學助理與管理人員的每週工作時數減少 4 小時，一年下來即有多餘的經費可運用在其他計畫或服務，例如：僱用定向與行動專家（Odden & Archibald, 2001）。

教育局與學校應審視並調整聘任的政策，在教師與校長的遴選過程中，將融合教育的經驗與正式教育一併納入考量。正式教育可能包括特殊教育的學分班或學位。此外，教育領導者應以師資培育機構合作，規定所有師資培育生修習特殊教育課程，使學生在將來能勝任教職。簡而言之，教育領導者應檢視各個類別的人力資源，以確保學校在各方面的需求均獲得滿足。融合教育的領導者可運用各種策略重新分配資源，以便聘任跨領域專業團隊成員，使團隊的功能得以確實發揮。

許多研究均指出，小班制較有利於融合教育。例如：Odden 與 Archibald（2001）即列舉縮減班級人數以配合實施融合教育的實證。位於美國中西部的 Farnham 小學的校長決定解聘所有抽離式服務的教師，以聘用更多導師來因應融合教育，他的做法使班級人數減少至每班 16 人。Achilles（1999）亦在田納西進行實驗，選擇幼稚園到三年級的班級作為樣本，結果證明班級學生人數在 13-16 人之間的學習效果，比班級人數 22-26 人之間的學習效果佳。教育領導者在推行融合教育的同時，應體認縮減班級人數之重要性。

為確實瞭解融合教育及縮減班級人數的優點，教育領導者應採取三項策略（黃國晏，2011）。第一項策略是撤除所有抽離式服務，如此一來資源便可用以聘用職員，以經濟又有效的方式達到降低師生比之目的。當學校實施融合教育時，就不再需要抽離式服務。因此，融合教育的領導者可將人力與經費移作減少班級人數之用，以便融合教育的實施。第二項策略是重新分配教師的人力與學校經費，以減低特定科目之班級人數。針對此策略，Odden 與 Archibald（2001）亦舉出實例：「我們研究的其他學校僅針對特定科目進行班級人數的縮減，通常是閱讀課。其中有一所學校就為有閱讀困難的學生，增設一門僅有 10-12 人的閱讀課。」（p. 34）這個實例中運用了類似的概念。因此，教育領導者可以針對特定學科組成小型讀書會並減少班級人數。在班級人數較少的情況下，特殊需求學生能得到教師充分的關注，學習效果也得以提升。第三項減少班級人數的策略，則是鼓勵專科授課教師到各個教室上課，而不是在特定教室授課。Odden 與 Archibald（2001）發現某些學校的教室利用率只有 65%，學校可將利用率提升到百分之百，以便縮減班級人數（p. 34）。Odden 與 Archibald（2001）指出，「如果讓美術與音樂教師到各班上課，空出來的美術與音樂教室便可移作他用。」根據這些研究發現，推動融合教育的領導者應運用部分專任教師的教室，以促進教室有效的利用率，並配合班級人數的縮減。

為了順利推動融合教育，教育領導者能夠從 (1) 凝聚融合教育的共識；(2) 學校教育資源重新分配；(3) 政策擬定等三個方向，進行融合教育的改革。在教育領導者的支持之下，專業團隊才能為全體學生提供完整的服務。

普通教育與特殊教育教師的合作，首要需考量的是學生的個別需求與適性的教學目標。因此，教師在進行教學策略、課程內容與評量方式的調整時，需具備彈性，以協助視障學生順利學習。此外，學校領導者，如校長，應提供教師專業知能，建立一個包容並支持的融合教育團隊。在融合教育中的專業團隊，應該要有面對各種不同挑戰的精神，並努力去除社會大眾對視障學生的誤解與迷思。

問題省思與討論

1. 請簡述視障教育教師的十項專業知能。
2. 請簡述融合教育專業團隊的成員與職責。
3. 請指出統合性全面服務模式（integrated comprehensive service, ICS Model）的五項要素。
4. 請簡述臺北市實施融合教育的現況，如障礙與支持。
5. 請指出教育領導者在融合教育中應扮演的角色。

第五章

早期療育

前　言

視覺是探索環境資訊的重要途徑，是生活與學習上重要的感覺器官；視覺與幼兒發展有密切的關係。「家」是幼兒主要的生活環境，照顧者與家庭場域及幼兒的身心發展有密切關係，在各項發展上影響深遠。「以家庭為本位」的早期療育，一方面促進幼兒潛力，一方面支持視障幼兒家庭，重視兒童發展問題與家庭關注的事項。

臺灣依《兒童及少年福利與權益保障法》第 31 條規定：「政府應建立 6 歲以下兒童發展之評估機制，對發展遲緩兒童，應按其需要，提供早期療育、醫療、就學及家庭支持方面之特殊照顧。」透過衛生、教育、社福三個單位提供早期療育服務。本章將說明視障幼兒發展的影響與特質、相關法規與專業團隊，並介紹早療機構的服務模式與內容。

第一節　視障對幼兒發展的影響

一、幼兒層面

環境中的探索與感官動作技能的學習，是幼兒階段發展的重點；視障減少了觀察、增強、即時的學習複製、模仿他人動作等隨機學習的機會，間接形成視障幼兒接近環境的限制（劉盛男，2007）。視障幼兒長大後的情況以及其視力狀態，以其視覺功能受損的程度而定。因眼部問題所造成的視覺損傷，如及早接受治療，可使視覺功能有所改善；因腦部受損所致，則可透過持續訓練以提升其視覺功能。透過專業人士引導其感官學習的方式，教導幼兒動作、認知、社會發展，如物體恆存及語言的運用，引導並鼓勵探索，可協助視障幼兒發展學前概念與能力。

幼兒視力的發展，在 4-8 週大時只能看到空間中模糊輪廓，僅能分辨黑色與白色；接著 12-24 週大時可區別細部線條，更可辨認主要照顧者的臉；這表示能藉由視覺刺激增進知覺能力。David 與 Torsten 發現，大腦視覺區的發展非常的複雜，敏感於環境中的刺激（廖月娟，2012）。早期階段倘若失去了關鍵的視覺經驗，會影響大腦神經網絡的連結（省立桃園醫院兒童復健治療中心暨聯評中心，2015）。視覺於兒童發展階段有其重要性。

(一) 認知

依據皮亞傑認知發展階段，出生到 2 歲為感覺動作期，幼兒是以各種感官經驗去認知外在環境。因此，視覺經驗的限制使得視障幼兒在圖形認知、形狀與背景界線區辨、物體恆常性、空間大小關係的理解，基於與環境的互動貧乏，知覺資訊處理速度易造成偏差與概念內化落後（萬明美，2017）。

(二) 動作

幼兒感覺運動發展是從頭到腳、從身體軀幹到四肢、從粗動作到細動作；沿著抬頭、翻身、坐、站、行走，由上至下、近到遠的順序漸次成熟。感覺運動發展遵循條件與規律（吳安安，2009）。

Prechtl、Cioni、Einspieler、Bos 與 Ferrari（2001）針對 14 名先天失明幼兒進行研究，其發現視覺損傷幼兒在動作協調與姿勢控制上出現明顯的延遲和異常；視障幼兒受限於視覺，相較於非視障幼兒在移位動作表現上有遲緩現象。也因視覺刺激的匱乏，缺乏主動動作的動機；也因缺乏自發性的爬行運動，肌肉的發育與下肢力量受到影響（Brambring, 2007）。

(三) 語言

視障幼兒的語言發展，詞彙意義較非視障幼兒來的有限，且不易瞭解語言符號代表的意義，常有誤解；使用語言方面多為自我導向。視障幼兒易過度使用模仿言語，意即重複他人說的話而不是自己想表達的想法；原因在於視障幼兒沒辦法將聽到的話與實際情境連結，少了直接的感官經驗（李淑娥，2005）。視障幼兒無法看見環境中的物理狀態與互動表情、動作，缺乏視覺參考對象；直接照顧者在與視障幼兒互動上提供的聽覺或觸覺訊息不足時，使得視障幼兒在非語言溝通上不足，更導致語言的侷限性（Brambring, 2005）。因缺乏視覺線索的提示，視障幼兒容易產生語意不合現象，使得主題不易維持，造成敘事內容與現實不符等現象（曾文慧，2013）。隨著年齡的增長，大多數的視障幼兒到了學齡階段，可以正常的使用語言。

(四) 社會

社會依附行為的發展，從出生至 12 週時，嬰兒會以注視、微笑回應照顧者；12-18 週對於直接照顧者有較多的反應；18-36 週會尋求與親近對象的身體接觸；36-48 週嬰兒對陌生人不安，有分離焦慮；48 週以後，會以各種行為主動與照顧者、家人建立關係，滿足安全與親近的需求。

視覺損傷會影響視障幼兒與照顧者、家人間的互動，例如：微笑、眼神接觸等。非語言溝通方式的不足，會導致視障幼兒人際互動的特殊問題。由於獲取視覺訊息的限制，導致視障幼兒只能被動與家人或同儕互動。視障幼兒早期身體知覺的剝奪，依附行為與神經心理的發展受到影響，導致視障幼兒常伴有自我中心及自己與他人混淆的傾向（劉盛男，2007）。

視覺損傷導致視障幼兒在動作、認知、語言與社會發展上的遲緩現象；然而，視覺並非是影響發展的絕對因素。幼兒時期是身心發展與大腦可塑性的最佳階段，如何在學齡前階段誘發或引導視障幼兒利用其他的感官進行學習與環境互動，便是視障幼兒直接照顧者首要面臨的課題。

二、直接照顧者層面

家庭有位視障幼兒，常導致直接照顧者情緒的震驚、失望、沮喪與罪惡感，進而影響與家中其他成員的關係（吳安安，2009）。幼兒早期生活環境對日後的人格發展有高度相關，透過早期療育服務，提供直接照顧者必要的心理支持、協助直接照顧者瞭解幼兒需求，經由家庭促進視障幼兒發展的正向效果。

(一) 正向的互動方式

當直接照顧者瞭解並建立與視障幼兒的正向關係時，互動會讓視障幼兒產生滿足感及安全感，此時視障幼兒學習新事物的動機較高。以下是幾種能啟發視障幼兒溝通潛能的正向互動方式：

◆表 5-1　0-3 歲非視障幼兒與視障幼兒發展概要表

發展領域	非視障幼兒	視障幼兒
認知	1. 非視障幼兒運用視覺追視照顧者以及物品；使用視覺探索、發現、拿取玩具，建立身體動作與環境互動。 2. 物體恆存概念；精確界定物體的特性、類化概念。	1. 缺乏視覺追視移動的人與物，僅透過語言與觸覺及環境中的人與物建立關係。 2. 自我知覺、環境知覺、身體意象與非視障幼兒相較有所落差。
動作	1. 8-9 個月非視障幼兒能夠肚子離地四處爬行；12 個月大時，扶著家裡的家具支撐著走動。19-24 個月大有跳躍的動作出現，能以成熟且獨立的步態跑步。 2. 視動協調：會模仿畫圈圈、能用剪刀剪紙。	1. 受限於視覺自發性動作探索動機少，爬行與大動作上遲於非視障幼兒。 2. 玩具限定於固定空間，探索動作上無法有良好的協調。 3. 以聽覺與觸覺爲主，未能發展出手眼協調能力，延緩精細動作發展。
語言	1. 12 個月大時，有意義的叫爸爸、媽媽；24 個月能說單詞。 2. 瞭解他人非口語與口語訊息，瞭解動作名稱，並可做出動作。 3. 指物命名。	1. 能瞭解他人口語訊息，囿於視覺經驗不足，視障幼兒無法瞭解普通語詞意義，如「爬」、「跳」這個動作。 2. 聽覺記憶似乎優於語言推理能力。
社會	1. 12 個月時，在遊戲中模仿成人動作。 2. 24 個月參與角色扮演的遊戲、24-36 個月參與團體活動。	伴有自我中心及自己與他人混淆的傾向。

資料來源：黃纖絢，2015。

1. 協助視障幼兒做決定

讓幼兒有主導探索與學習的機會，才能建立幼兒的自信心與主動學習的動機，也讓直接照顧者更加認識幼兒的能力。直接照顧者應該做到：(1) 觀察：由幼兒臉部表情與肢體動作觀察其感受，或對什麼有興趣；(2)

等待：耐心的等待幼兒的反應後再適時地給予指導，等待幼兒自己表達意見，不要迫不及待幫他做決定；(3) 聆聽：仔細聆聽幼兒所說的話，不正確時幫他把話正確說出來、不完整時幫他把話說完整、太簡單時幫他擴展豐富、想說而不會說時幫他把感覺說出來，如此可提升幼兒的理解能力與表達能力。

2. 共同分享

直接照顧者應與視障幼兒有共同興趣及共同經驗分享的機會。共同分享的互動方式有：(1) 面對面：坐下來或躺下來，與低視能幼兒視線相對，讓幼兒看到你在做什麼？與幼兒說一樣的話、與幼兒做一樣的動作。與重度視障幼兒面對面，讓幼兒練習與人面對面的互動。(2) 模仿：先模仿視障幼兒的動作與聲音，當視障幼兒注意到你時，再適時的做變換，引導視障幼兒模仿他人的動機；(3) 說明：說出視障幼兒心裡想說的話，讓視障幼兒學習；(4) 解說原因：試著用視障幼兒能理解的話，解說他不懂的現象，包括認知學習、社會規範等。禁止視障幼兒的行為之前，要先予以說明後再堅持，如視障幼兒對喜愛但不適合購買的東西吵著要買，應試著以表情、視障幼兒懂的話與動作，讓視障幼兒理解為何不可以購買；(5) 發問：適當有趣的發問，可以讓彼此的對話一直延續下去；(6) 輪流參與：訓練視障幼兒培養聆聽他人說話的習慣及輪流等待的概念，這樣進入團體生活會比較快與同儕有正向的互動，增加視障幼兒的學習機會。例如：協助視障幼兒訓練口腔動作靈活度時，讓其他非視障幼兒一同參與，大家輪流做，能增強視障幼兒練習的動機。

3. 增加新經驗與詞彙

所有環境、所有活動，都可以幫助幼兒增加新的經驗。新的經驗能提供新的詞彙；新經驗的累積能幫助幼兒更認識這個世界。讓幼兒有機會到各種場合，參與各種活動。當幼兒的社會經驗愈豐富時，幼兒到新環境較不會因害怕而出現情緒問題。每到一處新的情境或場合，一定先帶幼兒瞭解整體的情境內容，再看相關細節。幼兒所用的詞彙是由經驗中親自體會得來，如此才能真正瞭解詞彙的意思。增加新詞彙的方法有：(1) 使用動作：將新詞彙與動作一起學習，如當娃娃在睡覺時，則可以用手指頭在視障幼兒的脣邊比「噓」的動作，表示「安靜」；(2) 指稱事物：先讓幼兒從聽名稱指物開始，再來聽片語，進而聽簡單句子，最後是複雜句與複合句；(3) 模仿後擴展詞彙或動作：如幼兒把「花花」說成ㄨㄚㄨㄚ，可先模仿他說ㄨㄚㄨㄚ後，再說出正確的「花花」，並可將詞彙擴展為「漂亮的花花」；(4) 強調重要的詞彙：將新的詞彙加大音量或拉長聲音來引起注意。如湯匙「掉了」、湯匙「掉下去了」；(5) 不斷重複：將新的詞彙反覆的練習，直到幼兒記住並學會使用。如「脫」衣服、「脫」褲褲、「脫」襪襪；(6) 增加新的概念：藉由指稱事物、解釋、假裝、談論感受、描述正在發生的事情、談論未來等方式增加幼兒的新概念，建立幼兒的新詞彙。如當幼兒在「玩辦家家酒」時，可以跟幼兒說「這是蘋果、紅紅圓圓的、把蘋果洗一洗削皮切一切、我最愛吃脆脆甜甜的蘋果、請媽媽吃、再拿一片給爸爸吃⋯⋯」。

直接照顧者與幼兒建立正向的互動方式與關係，對幼兒做適切的引導，能夠協助幼兒探索環境，更有助於培養幼兒主動學習的動機。

(二) 協助視障幼兒須注意事項

直接照顧者與視障幼兒互動時，應注意下列九項原則：

1. 直接照顧者走近視障幼兒或離開他時，務必告訴他，讓他知道你的來去。

2. 直接照顧者開始某一教學活動時，例如：教幼兒如何自己進食時，請讓幼兒使用相同的餐具。

3. 直接照顧者要變化活動時，請提供各種方式的提示，以便讓幼兒能事先預知。

4. 直接照顧者呈現某一例行性活動時，請以相同的方式來進行。

5. 直接照顧者在忙碌於某事而須將視障幼兒放置於一旁時，請告訴視障幼兒你在做什麼。

6. 請於移動視障幼兒前，先行告訴他。

7. 於活動開始前，請先告訴視障幼兒現在要進行什麼。

8. 當視障幼兒已熟悉環境，請勿隨意改變其物品擺放位置。

9. 要移走視障幼兒身邊的物品時，請記得告知幼兒。

透過這九項原則，直接照顧者能與視障幼兒維繫良好的正向關係。

第二節　視障幼兒特質

本節從知覺、語言、行為、心理特質等四方面，探究視障幼兒的身心特質。

一、知覺特質

視障幼兒在質地、重量與聲音的知覺辨識與非視障幼兒能力相當；在形狀鑑別、空間關係、知覺動作統合等複雜的知覺作業，則較非視障幼兒差。視障幼兒常給人「耳朵靈敏」、「以手代目」的刻板印象，但使用聽覺與觸覺代償視覺作用有所侷限（萬明美，2017），有視覺經驗者（低視能）與無視覺經驗者（先天全盲）在發展表現上也有所差異。知識與觀念理解是經由感官經驗與認知過程的結合，重度視障者其感知經驗多來自觸覺、聽覺，由他人的口語描述、觸摸而推論，無法提供完整正確的訊息。非經由自身感官精確的經驗，對於知識的理解只能是一概略性的描述，不具有情境性的理解，而是固定與刻板的理解形式（Jindal-Snape, 2005）。

二、語言特質

視障幼兒的語言特質，包含：(1) 語言理解困難：視障幼兒無法將聽到的話與實際情境相結合，常誤解真正的意思，尤其與視覺相關的抽象詞彙更難體會，如月光、雲朵等。(2) 語彙量有限：視障幼兒理解語彙較困難，也較無法將語彙類推到其他情境使用，有些語彙只能死背，如物品的顏色。幼兒較少命名或要求他們無法碰觸或遙控的物品。通常都是使用具體的語彙，如名詞（物品、人物的名稱）、動詞（動作的名稱），例如：我要喝牛奶、我要拿杯子等，這些是比較容易學的；而形容詞、副詞等抽象的用語就學得很慢。(3) 語法不完整：視障幼兒的語句發展比同儕慢，句長也普遍比同儕短。少用疑問句或因果關係的表達語句。(4) 語言互動技巧不足：視障幼兒無法判斷與他人的距離，所以常說話較大聲。多數幼兒常低頭說話，未能面對與他對話的人。有時會自己一直說，很少中途停下來與別人輪流發言。(5) 仿說情境與代名詞錯用：與自閉兒類似，有時是立即仿說，有時是過些時候的延宕仿說。有時與情境有關，有時是不合情境，也會有代名詞錯用的情形。

早療專業人員可透過下列七項策略，提升視障幼兒的語言能力：(1) 藉由多感覺管道教導新詞彙，尤其觸覺最重要。帶幼兒觸摸所有物品的形狀及質地，並盡可能讓幼兒練習操作，語意的學習才能落實。(2) 請幼兒跟隨簡單指令做動作，增進理解能力，如拿玩具、穿衣服。(3) 讓幼兒學習辨識環境中常聽到的聲音，如動物叫聲、電話聲。經由環境中先聽過，再用錄音筆或 CD 練習。(4) 尚無口語能力的幼兒，先學擬聲詞建立發音技巧，如小狗汪汪、小貓喵喵、電話鈴鈴等；再來仿說詞彙、片語，才會自動表達需求、回答問題及敘述事件。(5) 當幼兒說出不合情境的句子時，應以簡單易懂的句子示範正確的說法。(6) 充實幼兒生活經驗，才能發展認知、學習相關的語彙。如百貨公司、動物園、超級市場等幼兒常去的場合。同時，在情境中學習，較容易理解不同語彙的意義，學習效果較佳。(7) 閱讀繪本故事，共讀圖畫書，既能豐富幼兒的生活經驗，又能與視障幼兒一起討論故事內容，共讀繪本故事能提供更多的情感分享、語言交流機會，所以親子關係會更加和諧親密。開始時可選擇觸覺書、嗅覺書，幼兒較易理解；平面書可將圖中外形輪廓加邊，讓幼兒觸摸感受其中意思。直接照顧者配合教師與相關專業人員的建議，透過專業的語言訓練可以幫助視障幼兒的語言學習。

三、行為特質

(一) 動作發展

在幼兒發展的最初幾個月，視障幼兒漸漸能夠控制頭部、直坐、翻身，與一般嬰兒無明顯差異。但當幼兒開始移轉為動態的行動技能時，視障幼兒就明顯較同齡幼兒落後。原因可能是缺乏引發其移動的視覺刺激，或由於視力損傷，導致身體對空間位置的知覺較差。此外，直接照顧者的過度保護，使視障幼兒缺少活動機會，也是視障幼兒發展落後的原因。

(二) 盲行爲與習僻動作

嚴重視障幼兒常伴隨自我刺激行為，例如：用手擠、揉、壓眼睛、轉圈圈、搖晃身體、在臉前不斷揮舞手指（郭為藩，2007），久而久之形成習癖動作。王金香、陳瑋婷、蕭金土（2008）研究中，針對視障習癖動作成因，認為視障幼兒缺乏適當的管教、缺乏安全感、愛與隸屬的親子關係，視障幼兒在發展期間所面臨的挫敗經驗可能導致不當行為的產生。

自我刺激行為常造成視障幼兒姿勢不良與特殊的行走姿態，由於幼兒缺乏視覺模仿動作，故從小必須學習良好姿勢，避免養成垂頭或屈曲背部的坐姿，多以口頭提示幼兒抬高頭及挺直腰站立或坐立，藉由早期的訓練與矯正，協助幼兒發展正確的精細動作與大肌肉動作。當視障幼兒身心成熟與環境中提供足夠的刺激時，習癖行為可能會消失。

(三) 遊戲行爲

視障幼兒少有自發性、自然的遊戲；林聖曦、林慶仁（2003）發現，視障幼兒的遊戲行為都以單獨探索自己的身體與物體的特性為主。視障幼兒獨自遊戲時常進行重複性的動作，例如：反覆的開關玩具屋的門、把玩具放入口中、重複的拍打玩具等，以刻板的方式把玩玩具。

遊戲行為對視障幼兒社交技能發展相當重要。早期的互動技能是日後融入社群的基礎，在遊戲中互動行為的建立是非常重要的。由於視障幼兒無法經由視覺經驗知覺周圍環境與觀察，模仿其他幼兒的進行。因此，遊戲時與之互動的成人必須有意識地引導視障幼兒，例如：如何玩積木。

四、心理特質

視障幼兒雖然存有其他感官知覺，但缺乏了最主要的視覺經驗，大幅減少了訊息與刺激來源。常見心理特質包括（劉佑星，2005）：

(一) 依賴性高、動機不足

受限於視覺經驗，無法覺知行為結果，在行動上缺乏安全感，變得被動或是膽怯、害羞，例如：害怕迷路。從小可能有過度保護，也造成視障幼兒缺乏生活自理訓練的機會。

(二) 自我中心

在社群、團體與他人的態度上，表現出自私、漠不關心，有自我中心的傾向。

(三) 自我評價過低或缺乏自信心

有些低視能幼兒無法接受自己是視障者。由於行動不便，與外界他人的互動少，形成性格較為內向，且容易產生自卑心理。

Warren（1994）指出，視障者自我概念與非視障者無差異，兩者之所以有差異是源自於他人對視障者的差別態度，以致於影響視障者低自我概念與自我接納（方瑜，2011）。萬明美（2017）研究顯示，視障幼兒的自我概念及對視障的接受程度是社會適應的關鍵因素，而視障幼兒的社會適應又與直接照顧者的接納程度相關。

視覺功能的限制，可能導致各項發展適應上的問題，其中也包含社會互動。但視障幼兒的異質性極大，如果直接照顧者或相關教育、社福工作者瞭解其發展特質與學習限制，在視障幼兒早期階段提供豐富且適宜的環境刺激，以及給予瞭解周遭環境資訊的管道和適應能力的培養，充實他們的感知經驗與內心世界，則有利於克服及避免視障所伴隨的不利影響。

第三節　法規與專業團隊

一、相關法規

(一)《兒童及少年福利與權益保障法》

臺灣於 1993 年展開早期療育服務，並修訂通過了《兒童福利法》，該法將發展遲緩兒童與其家庭的早期療育服務納入保障。2003 年《兒童福利法》及《少年福利法》合併為《兒童及少年福利法》，2011 年該法進行修正為《兒童及少年福利與權益保障法》，該法第 7 條、23 條、31

條、32 條、75 條以及《兒童及少年福利與權益保障法施行細則》第 8 條明定了早期療育「發現與篩檢」、「通報與轉介」、「發展評估」、「療育服務」相關規定。

《兒童及少年福利與權益保障法施行細則》第 8 條規定，本法所稱早期療育，指由社會福利、衛生、教育等專業人員以團隊合作方式，依未滿 6 歲之發展遲緩兒童及其家庭之個別需求，提供必要之治療、教育、諮詢、轉介、安置與其他服務及照顧。經早期療育後仍不能改善者，輔導其依身心障礙者權益保障法相關規定申請身心障礙鑑定。

(二)《特殊教育法》

《特殊教育法》第 23 條明定早期療育之實施，該條文第 2 項界定身心障礙兒童之早期療育，其特殊教育之實施，應自 2 歲開始。

(三)《身心障礙者權益保障法》

2005 年《身心障礙者權益保障法》採行 ICF「國際健康功能與身心障礙分類」之八大身心功能障礙類別為判別依據，並自 2012 年起開始實施以 ICF 編碼方式換取身心障礙證明；該法第 23 條、27 條、28 條、32 條、46 條、60 條、69 條明定視障醫療、復健、就學、就業、環境等相關權益保障。

(四)《幼兒教育及照顧法》

2013 年修正通過《幼兒教育及照顧法》第 13 條，直轄市、縣（市）主管機關應依相關法律規定，對接受教保服務之身心障礙幼兒，主動提供專業團隊，加強早期療育及學前特殊教育相關服務，並依相關規定補助其費用。

二、早期療育專業團隊

透過評估後，幼兒有某方面發展遲緩的問題，即應配合醫師等相關專業人員的建議，並參加家長團體，以獲得充分的訊息與支持，對直接照顧者與幼兒都是很重要的資源。以下介紹相關專業人員的角色與功能，協助直接照顧者在與專業人員合作時，能分享更多的專業技巧來協助視障幼兒。

(一) 各科專業醫師

負責發展遲緩的鑑定、各種疾病的診斷、開立各類檢查與治療的處方、或直接執行手術、檢查、輔具選配等工作。

(二) 社會工作師

負責發展遲緩兒童的管理與追蹤、相關問題之轉介、家庭協談、協助提供社會資源之資訊或協助申請社會福利補助等。

(三) 護理師

執行發展遲緩兒童在住院中與出院後之護理評估及護理計畫，例如：餵食、翻身、拍背、抽痰。公共衛生護士可以協助發展指標之檢核。

(四) 營養師

依據幼兒的年齡、飲食習慣與障礙程度，提供幼兒飲食的設計原則及注意事項，並調配適合的餐飲，以維持幼兒足夠的營養與健康。

(五) 物理治療師

主要進行以粗大動作功能為主之復健。協助幼兒解決在行走、移動、身體平衡、動作協調、關節活動度、體適能、行動與擺位輔具的使用等問題。

(六) 職能治療師

主要進行以精細動作、技術性功能為主之復健。協助幼兒解決在生活及參與活動的問題，包括手部功能、手眼協調、日常活動，或感覺統合、生活輔具的使用等。

(七) 語言治療師

主要進行說話與溝通能力為主之復健。協助幼兒解決在口腔功能、進食、吞嚥、發音、口吃、語言聽覺理解、口語表達與溝通輔具的使用等問題。

(八) 臨床心理師

負責幼兒綜合發展狀況、認知能力、活動度、社會適應、人格特質等狀況之評估，協助幼兒解決在認知、情緒與行為的問題。

(九) 特教與幼教教師

負責生活中各種知識的教學。協助幼兒解決在認知、生活自理及相關功能的障礙，並涵蓋生活規範與學習能力之相關問題。

視障幼兒透過專業團隊跨領域的服務，能為學齡教育奠定良好的發展基石。

第四節　服務模式與機構

一、服務模式

早期療育目標在幫助幼兒的同時，也必須協助其家庭適應因為兒童特殊需求而受到的衝擊。王亦榮（1997）曾就視障教育的觀點，將早期療育服務分為家庭本位、中心本位、混合式（見表 5-2）。

二、療育機構

1981 年開始有少數醫院成立復健醫學或兒童心智科，提供發展遲緩的幼兒鑑定與醫療復健服務（黃惠滿，2006）。1991 年臺北市政府委託心路文教基金會成立「心愛兒童發展中心」，主要服務 0-3 歲的幼兒，以心智障礙的幼兒為多數。

◆表 5-2 視障幼兒早期療育服務模式

早期療育服務模式	內容
家庭本位（home-based）	由社工、視障教育、幼稚教育、醫療等專業人員，前往視覺損傷幼兒家中作學前輔導及生活自理之訓練；透過定期訪視，示範教學，教導直接照顧者如何協助視覺損傷兒童成長及提供家庭支援服務與諮詢。
中心本位（center-based）	視覺損傷兒童到固定場所接受療育服務，其早療方案內容以一般幼兒的生活經驗及各種能力發展爲範疇，進行個別化教學，增進視覺損傷兒童之生活自理、社交技能、知動能力、認知發展及提供職能治療、物理治療、復健等必要訓練。
混合式（combination home -and-center base）	結合家庭中心與中心本位的方式，提供彈性的服務，例如：視障幼兒療育期間，某一個期間或時段是直接照顧者帶幼兒到機構進行課程，另一個期間或時段則是由專業人員到家中進行。

資料來源：黃纖絢，2015。

1994 年政府開始試辦早期療育服務，內政部社會司委託伊甸基金會推動 0-6 歲發展遲緩幼兒職能評估及個案管理。行政院衛生署於 1997 年成立「發展兒童聯合鑑定中心」，1999 年內政部兒童局成立，發展遲緩兒童早期療育業務原屬內政部社會司自此轉由內政部兒童局負責。2013 年因政府組織改造，將業務移撥於「衛生福利部社會及家庭署」，針對兒童的身心發展狀態、功能及身心特質，作為評估診斷及擬定未來療育服務計畫。

特殊學校中，臺北市立啟明學校、國立臺中啟明學校，分別於 1991 年、1994 年設置幼稚部，依據當時的法規規定幼稚教育，係指 4 歲至入國民小學前之兒童，在幼兒園所受之教育。2012 年《幼兒教育及照顧法》施行，整合托兒所與幼稚園，統稱幼兒園，依照《幼兒教育及照顧法》有關幼兒定義：係指 2 歲以上至入國民小學前之幼兒。目前臺北市立啟明學校、國立臺中啟明學校幼兒部招收2歲以上之幼兒，二所學校各成立一班。

因融合教育興起，1987 年臺北市立師範學院附屬實驗小學設置「視障幼兒教學實驗班」，此為視障生學前階段的特殊教育，該實驗班的設立，使視覺障礙學生從幼稚教育、小學、國中、高中（職），得以銜接。

非視障幼兒在 6 歲入學前通常有一至三年的學前教育，而重度視障幼兒則較可能滯留家中。整體而言，0-3 歲的視覺損傷幼兒似乎只能在家中。2002 年臺北市視障者家長協會結合民間資源開辦視障幼兒早期療育服務。爾後，2005 年陸續有財團法人愛盲基金會、財團法人伊甸基金會附設愛明發展中心開始提供視障幼兒早期療育相關的諮詢與協助等服務。表 5-3 說明此三個機構的服務對象與內容。

◆表 5-3　視障幼兒療育服務機構

機構	服務對象	服務據點	服務內容
財團法人愛盲基金會	全國 0-6 歲視覺損傷兒童，需持有視障手冊、多障含視障或發展遲緩證明及眼科疾病診斷證明任一項，經本會早療服務團隊評估確認有需求者。	北區縣市、中區縣市與南區縣市 目前：中南區部分以資源諮詢介紹、轉介服務爲主。	早療到宅服務
財團法人伊甸社會福利基金會附設愛明發展中心	設籍新北市 0-6 歲領有身心障礙手冊之視覺障礙者或發展遲緩證明者。	新北市板橋區	1. 早期療育服務 2. 學前特殊教育日托
社團法人臺北市視障者家長協會	全國學齡前疑似視障幼兒，經本會早療服務團隊評估確認有需求者。	臺北教室、臺中教室	1. 早期發展訓練方案（時段制） 2. 家庭服務方案

資料來源：黃纖絢，2015。

由表 5-3 可知，視障幼兒療育服務對幼兒早期療育的重要性。然而，可由表中發現，目前臺灣南部地區雖然也有機構提供視障幼兒療育服務，但資源少於臺灣北部與中部，僅以資源諮詢與轉介服務為主；此外，臺灣東部地區尚未有提供視障幼兒早期療育之服務機構。

第五節 服務內容

視覺發展的初期，大腦視覺皮質區具有高度可塑性，神經生物學理論也支援早期療育可以改善視覺功能。視障幼兒早期療育服務內容，包括視覺障礙的早期篩檢、診斷、視覺功能評估、低視能訓練、視覺動作處理，視障的早期治療與復健，以及早期教育與訓練（Fazzi et al., 2005）。

戴淑娟（2011）指出，早期療育從著重在幼兒本身，近幾年來開始強調家庭的重要性。直接照顧者是幼兒成長中最初的帶領者，家庭亦是生活的場域，欲達到早期療育預期之效果，服務計畫應以家庭為服務的中心。早期療育服務成功與否的關鍵在於家庭（林惠芳、周文麗、鄭麗珍，2000）。視障幼兒早期療育服務應該建立在其早期發現與早期的診斷上，提供視障幼兒家庭支持性的服務。

Fazzi（2005）等提到視障幼兒的早期介入應包含三部分：第一部分是眼科病理診斷、基本的視覺功能、視覺敏銳度、視覺注意力；第二部分是幼兒發展與環境評估；第三部分為復健計畫。萬明美（2017）認為視障幼兒需求較為廣泛，在教育與訓練上應評量涵蓋下列領域：(一) 視覺功能；(二) 智能、性向與認知發展；(三) 學業技能與概念發展：如讀寫、算、數學等概念、研究技能、語言發展、觸覺閱讀技能、傾聽技能；(四) 知覺動作技能：如知覺學習、大肌肉發展、精細動作發展；(五) 社交與情感：如適應行為、行為控制、社會學習、休閒技能；(六) 功能的生活技能：如日常生活技能、定向行動技能、社區獨走技能等；意即包括生理機能的復健、認知學習活動、正確的社交技巧、環境調適能力等。幼兒認知發展、觸覺技能、精細與大肌肉動作技能、語言與保留技能、生活自理技能與社交技能為早期階段的訓練重點。為了使學習潛能完全發揮，完整的視覺能力評估是重要的；瞭解幼兒能看見什麼，幫助幼兒利用現有視覺。

由上述內容可知，如何協助視障幼兒探索學習並加強視覺能力，成為視障幼兒早期療育的重要課題。教師或主要照顧者可透過以下方法，加強視障幼兒的視覺能力：(1) 引導幼兒有效運用視覺，鼓勵幼兒注視物件。當確定幼兒對光有反應後，便可循序漸進的進行視覺訓練。先注視物件，再進行追視訓練。(2) 協助幼兒學習追視物件，例如：在桌上或地面上放置幼兒喜歡的玩具吸引幼兒注視，之後移動玩具，引導幼兒追視及伸手拾起物件。(3) 讓幼兒以視力觀察並且模仿動作，可搭配兒歌引發幼兒的注意力。(4) 與幼兒玩一些配合視力運用的體能遊戲，如踢球、拋球遊戲。此外，教師或主要照顧者對視障幼兒進行視覺訓練時，可使用黑布以簡化背景，讓幼兒可集中視力於教具上，並需注意減低其他方面的刺激，如聲音及味覺。

朱貽莊（2010）借鏡澳洲對視障者的服務。澳洲針對視障者生涯發展的不同階段，提出了生活技能模型（National Unified Life Skills Model），實踐讓視障幼兒可以達到最大限度獨立生活的可能性。該模型先針對有 0-5 歲視障幼兒的家庭在獲取訊息、資源、支持與訓練上，提供了一個互相連貫與全面的系統。

黃纖絢（2015）指出，九項視障幼兒早期療育服務內容如下：

一、功能性視覺評估（functional vision evaluation）

評估幼兒於日常生活情境中，如何利用剩餘視覺來完成活動。

二、直接照顧者支持服務（family support services）

早期療育的諮詢與支持服務，同理直接照顧者複雜的心理狀態，減緩不安的情緒、親職教養知能等，並協助直接照顧者學習多型式的評估及瞭解眼科醫師的評估結果解釋。

三、知覺訓練（perception training）

針對聽覺、觸覺、嗅覺、味覺及剩餘視覺等感官功能，進行有計畫的復健訓練。

四、運動技能（motor skills）

大動作技能，包括坐、爬、站、蹲、走、變換體位等基本動作發展，以及身體運動協調、平衡能力與手部大肌肉的訓練。引導合宜的姿勢，減少習癖行為的產生。精細動作，包括手部功能發展、手指對捏、拾取、揉搓等動作。

五、認知發展（cognitive development）

運用聽覺與觸覺等非視覺化方式具體建構認知概念，聲音是需加以善用的學習媒介，可促進語言的發展、提升認知能力。透過反覆不斷累積的生活經驗，增進對物體與環境認知，提升語言能力。盡可能讓幼兒理解詞語所表達的意義以及感受說話氣流的運動，鼓勵幼兒與直接照顧者進行交流、增加詞語。

六、定向與行動訓練（orientation & mobility）

包含手杖技能、身體知覺、空間方向等概念。幼兒均需要透過適當的訓練和學習，理解相應的概念，運用剩餘視覺，統整心理地圖，提升定向行動的技能。

七、自我照顧與社交技能（self-care and social skills）

日常生活能力包括吃飯、穿衣等，經由簡單家務處理，建立成就感。人際互動能力養成，在與直接照顧者互動間建立彼此良好的信賴關係，再延伸到同儕；透過家庭生活與遊戲，奠定學習社會化的基礎。

八、輔助科技（assistive technology skills）

因應視覺上的需求，提供予教導低視能光學輔具與視障輔助科技。此外，視障幼兒的早期療育服務也應包括培養幼兒學習點字的先備能力與觸覺敏銳度訓練。

九、點字學習（Braille learning）

(1) 手指觸覺敏銳度：分辨材質、摸讀點字、形狀區分（例如：教師拿圓柱體、正方體或橢圓體的盒子，讓視障幼兒辨別）、手指追跡能力（例如：教師點寫ㄅㄅㄆㄅㄅㄅ……然後請幼兒告訴教師哪一個字跟別人長的不一樣）。(2) 方位概念：上、下、左、右要能夠分清楚。要有數字的概念，進而記點位。

透過這九項早期療育服務內容，視障幼兒亦能克服生活與學習環境遭遇的挑戰。

問題省思與討論

1. 請簡述視障幼兒在四個發展領域所受到的影響。
2. 請說明與視障幼兒建立正向關係的三項原則。
3. 請簡述視障幼兒的五項語言特質。
4. 請簡述三項視障幼兒早期療育服務模式。
5. 請簡述九項視障幼兒早期療育服務內容。

第六章

大學資源教室服務

前　言

彰化師範大學於1981年創設資源教室，是臺灣最早於高等教育階段提供身心障礙學生專業服務的學校（林寶貴，1997）。臺灣的頂尖大學中，清華大學是最早招收視覺障礙學生就讀的學校。清華大學於1992年開始招生視障、聽障學生就讀，並於1994年設立資源教室，提供校內身心障礙學生各類服務，校內八個學院皆有身心障礙學生就讀。

本章將介紹資源教室的意涵、發展沿革以及輔導人員聘任與角色，進而介紹清華大學特殊教育推行委員會的組織以及提供身心障礙學生的服務模式，最後針對大學資源教室服務提出建議。透過每位學生的個別化支持計畫，資源教室從建立輔導網絡、生活輔導、學習輔導、輔助科技設備與生涯輔導，這五個方面提供身心障礙學生多元的服務模式，並透過特殊教育推行委員會，達到校內水平與垂直面向的資源整合與行政支持，協助身心障礙學生能更順利的生活適應與學習發展。

第一節　資源教室的意涵

完整的資源教室方案，應該針對校內需要資源服務的學生之需求，設計與執行學生所需的服務（張蓓莉，1998）。利用各項資源（人力、物力、時間、空間）成為普通教育師生與特殊教育學生間的橋梁，幫助充實學生各方面的能力並瞭解特殊教育學生，營造一個舒適的學習環境，以達到融合教育的目的。

彰化師範大學在1981年創設資源教室，是臺灣最早設立高等教育資源教室的學校，協助視障與聽障學生可以與非身心障礙學生共同學習，達到最少隔離與限制的環境學習及能在普通環境達到最好的學習效果。輔導組織需校內行政單位，例如：教務處、訓導處等，與相關專業人員如輔導小組、特殊教育中心等，一同研商身心障礙學生輔導相關事宜。輔導方式則包括下列六項主要工作：

一、始業輔導

應於開學兩週內安排輔導教師、工讀同學（或由資源教室專業人員負責），並舉行座談實施生活輔導及學業輔導。

二、個別與團體輔導

學校應提供場地，聘請輔導、心理諮商人員或任課教師排定輪值表，依學生個別差異、實際需求和問題類別，採定時或不定時之個別與團體輔導方式，提供必要之協助。

三、社團與志工制度

選派專人輔導身心障礙學生（如手語、翻譯、點字、報讀、錄音等工作）或成立志工制度，協助身心障礙學生克服課業及生活上之問題。

四、研習與團體活動

可安排參加各類成長營等研習活動，協助拓展一技之長。

五、座談

藉由師生、直接照顧者、畢業校友等座談，溝通觀念、瞭解問題，以達解決困難之目的。

六、個案與輔導紀錄

除建立身心障礙學生完整之基本資料外，於每次輔導過後，應詳載個案或輔導紀錄，以提供進一步協助與適切輔導之依據。

第二節 資源教室的發展沿革

一、視障與聽障

由於視覺與聽覺的感官限制，視障與聽障學生需面臨許多學習與生活的挑戰，所以教育部最初提供就學服務方面也以視障、聽障生服務為主。教育部在1981年委託臺灣教育學院（現為彰化師範大學）特殊教育學系辦理「輔導就讀大專盲（聾）學生專案」（見表6-1）。同年在該院成立特殊教育中心，該專案遂由特殊教育學系轉移至特殊教育中心持續辦理，至1984年底結束為止，前後歷經三年半餘（林寶貴，1997）。

◆表6-1 「輔導就讀大專盲（聾）學生專案」實施

階段（時期）	實施流程
1981年（第一年）	建立輔導模式（資源教室、巡迴輔導、個別輔導、諮詢輔導等方式）。
1982年（第二年）	協助視、聽障生人數較多的淡江大學、文化大學、國立藝術專科學校、實踐家政經濟專科學校、國立屏東農業專科學校等五所大專校院設立資源教室，並擴大輔導對象至就讀普通高中、高職、五專的視、聽障生。
1983年（第三年）	除加強專業輔導（資源教室輔導教師與巡迴輔導教師的輔導）外，並鼓勵視、聽障生就讀大專校院學生社團（啓明社、啓聰社、老幼社等），積極參與輔導，爲視障生提供報讀、錄音、蒐集資料，爲聽障生提供手語翻譯、筆記抄寫、個別輔導等服務。
1984年（第四年）	促進視、聽障生間，以及視、聽障生與一般學生間的交流，並獎勵服務視、聽障生績優的社團，實施「大專校院視、聽障生輔導制度成效」之研究。

該輔導專案至1984年底告一段落，歷時三年半，其後建議各大專校院自行輔導。雖然過程中視障與聽障學生的學習與就業部分仍有許多問題，但因為此方案的實施與研究，之後在教育部大力的支持及經費補助之

下，於 2000 年公布了「大專校院輔導身心障礙學生實施要點」，開啟了特殊教育的服務擴及到高等教育。因此大學開始設立資源教室，以作為各大專校院對校內身心障礙學生服務的專責單位。

目前身心障礙學生進入大專校院就讀有三個管道：第一個管道為學測與指考。第二個管道為「身心障礙學生升學大專校院甄試」，此管道源於 1963 年頒訂的「盲聾學生升學大專院校保送制度」。一開始保障的障別為視障與聽障學生，自 1997 年起，甄試的對象擴及到腦性麻痺障礙類別，1999 年加入「其他障礙類別」，2001 年起加入了「自閉症」類別，2009 年加入了學習障礙類別，使得可以用甄試管道入學的學生日益增加。第三個管道則是從 2006 年開始的「大專校院單獨招收身心障礙學生處理原則」，各大學可以自行決定是否辦理獨立招生，來招收身心障礙學生就讀。由上述這三個入學管道，開拓身心障礙學生進入大專校院入學的機會。

第三節 資源教室輔導人員聘任

2000 年臺灣公布了「大專校院輔導身心障礙學生實施要點」，此要點要求各大學設立資源教室作為服務大專校院身心障礙學生的專責單位，並聘任專職輔導人員以從事此工作（教育部，2000）。依據 2012 年最新頒訂的「教育部補助大專校院招收及輔導身心障礙學生實施要點」中說明：一校有 8 位以上身心障礙學生，得設有專職輔導員，如果學校身心障礙學生數在 7 人以下，且該 7 人中有重度視障、聽障或腦性麻痺者，也可專案申請輔導人員 1 人，最多可以申請 4 位輔導人員。

關於資源教室輔導人員薪資福利部分，依實施要點規定：輔導人員由學校進用之，輔導人員之費用，本部係採定額補助方式。學校聘用輔導人員時，應依學校同級輔導人員、約聘僱人員或參考科技部專題研究計畫專任助理人員標準進用規定辦理，其薪資及各類費用（如勞保費、健保費、勞工退休金、加班費、其他津貼等），不足之部分學校應以自籌款補足。輔導人員之進用管理，應依各該校人事相關規定管理之。

由此可知，資源教室輔導人員薪資與福利部分是由各校去規定的。

目前資源教室輔導人員大都是依計畫約聘，一旦計畫結案就可能失業；也有些學校的輔導人員是學校正式職員，薪資部分也是看各校規定而有所不同。

第四節　資源教室輔導人員的角色

洪儷瑜（1997）指出，大專校院要靠資源教室僅有的人力來達到資源服務的目標，應將資源教室輔導人員的角色定位為個案管理的角色更為貼切，資源教室輔導人員可依功能在個案管理的工作中，分別需要扮演下列五種角色。

一、評量的角色

資源教室輔導人員應以校園環境為評量背景的生態評量模式，評量學生在此環境中的適應狀況與特殊需求。依據此評量結果，發展出學生需要的輔導計畫。評量標準的訂定除了參考校園環境外，也可以參考未來工作環境之要求或大學畢業之基本條件，考量學生離開校園或就業，需要具備哪些獨立工作生活的能力來決定。因此，從學生畢業後的進路考量來決定有哪些必備能力，再根據生態評量表來評量學生有哪些待充實之知能？哪些方面需要特殊協助或長期的復健？資源教室輔導人員需能整體評量，協助學生發展出適合的個別化教育計畫。資源教室輔導人員也必須先熟悉校園環境與各科系的學習要求，以及學生畢業後的可能工作方向等相關資訊。

二、諮詢的角色

在融合教育的安置環境中，提供給身心障礙學生的特殊教育不應只限於學生本人，服務對象應擴及以學生為核心所發展出去的人際網絡，包括教師、同學、直接照顧者、職員或校內外有關人士，與學生在校園生活有關的所有人，都應是資源教室輔導人員主動提供諮詢的對象。諮詢服務可包括書面、口頭，甚至是資訊電子板。資源教室輔導人員必須具備有良好的各種諮詢技能。

三、協調的角色

大學資源教室輔導人員，並非實際擔任課業的教學，資源教室輔導人員需根據校內學生的需求設計，協調有關專業人員或校內專業服務單位提供服務。因此資源教室輔導人員像個案管理員，協調各項特殊教育的服務，整合各方的資源、人力，確實達到服務的目標。

四、計畫擬定的角色

此角色需與評量的角色相配合，有完整的評量，才可能有良善的工作計畫。但資源教室面對各式各樣的學生需求，資源教室輔導人員需能統整各項需求，擬定完整的學年工作計畫，否則容易會有應接不暇與盲目忙碌的感覺。事實上，資源教室輔導人員如能有短、中、長程的計畫擬定，資源教室的工作目標或項目不一定每年都一樣，應有日益精進的氣象。

五、資源開發的角色

資源教室輔導人員也需能創造性的開發各種所需的資源，因為學生的服務需求是五花八門的，要利用合作、整合或轉介等方式，將各種人力、資源納入計畫中，以發揮最大的服務成效。因此，資源教室輔導人員對校園及社會需要應主動瞭解，並主動邀請與整合。

此外，張明璇（2011）研究指出，從身心障礙學生剛入學到完成學業順利畢業這段歷程，資源教室輔導人員要在不同時空適時地扮演不同的角色，提供符合需求的協助。依照目前身心障礙學生輔導工作計畫中的各項業務中，資源教室輔導人員扮演的角色有：

一、仲介者的角色（broker role）

視不同障礙學生的特殊需求，連結整合所需要的資源，例如：申請手語翻譯員、筆記抄寫員、就業服務轉介。

二、教育者的角色（educator role）

提供機會讓障礙學生加強生活適應力、學習人際互動及特定社交技巧，豐富其生活體驗。

三、協調者的角色（mediate role）

定期召開工作會報、協調與障礙學生有關的周邊系統之間的事務與衝突。例如：與任課教師、班上同學、校內行政單位、陪讀學伴等。

四、臨床者的角色（clinical role）

面對突發壓力事件時，提供心理諮商服務，協助障礙學生調適內心所受到的影響與衝擊。

五、諮詢者的角色（consultant role）

提供障礙學生周邊支持系統（如直接照顧者、授課教師、陪讀學伴等），並在協助過程中提供需要的特教相關資訊。

六、行政者的角色（administrator role）

透過行政事務處理的流程，協助障礙學生辦理各項福利措施。例如：課程教室調整、安排課業加強輔導、獎助學金申請、無障礙校園的推動等。

七、計畫者的角色（planner role）

瞭解身心障礙學生生活適應與課業學習的特殊需求，擬定個別教育計畫。

大專校院資源教室所提供的服務種類、範圍甚多，需與科系任課教師、相關學校行政人員、校內外相關專業人員等共同協調合作，方能提供身心障礙學生較為完善的支持服務。由此可見，資源教室輔導人員在資源教室運作中扮演重要且關鍵的角色，極大影響資源教室的經營與運作。

第五節 特殊教育推行委員會

清華大學為臺灣最早招收視障學生就讀之頂尖大學，為協助特殊教育學生學習輔導，整合相關資源，規劃發展特殊教育方案，並完備無障礙環境之軟硬體建置，以推展清華大學特殊教育工作，爰依據《特殊教育法》第 45 條第 2 項規定設置清華大學特殊教育推行委員會。而為辦理學生學習及輔導工作，並落實各項支持性服務，特殊教育推行委員會任務如下：

一、審議本校身心障礙學生特殊教育方案或年度工作計畫。

二、審議特殊教育經費編列、運用與執行情形。

三、施行本校無障礙學習環境之宣導及規劃。

四、協調各處室、院、系（所）行政分工合作，並整合校內外特殊教育資源。

五、研議提供身心障礙學生甄試名額。

六、其他特殊教育相關業務。

特殊教育推行委員會置委員 7-13 人，置主任委員 1 人，由校長指派副校長或一級主管擔任；委員之組成人員，由教務長、學務長、總務長、諮商中心主任、學生住宿組主任、教師發展與助教培訓組組長、生活輔導組組長、由主任委員邀請具有身心障礙學生之系所，遴選熱心關懷學生之教師 3 人及身心障礙學生代表 2 人組成之。

特殊教育推行委員會委員任期一年，依學年制產生，於每學年第一學期初由校長聘任之。特殊教育推行委員會召開時，主任委員不克主持會議時，由主任委員指定委員代理之。原則上，每學期召開會議一次，必要時得召開臨時會議。特殊教育推行委員會應有委員人數過半之出席，始得召開；應有達出席委員過半數之同意，始得決議。目前臺灣各大學，特教推行委員會委任方式有所不同。以臺北大學為例，該校身心障礙學生代表是透過發表政見，由全校身心障礙學生投票所產生。

第六節　資源教室服務模式

資源教室從建立緊密的輔導網絡、生活輔導、學習輔導、輔助科技設備與生涯輔導等方面，提供學生適性且個別化的服務。

一、建立緊密的輔導網絡

大學教授及相關行政人員需對身心障礙學生有所瞭解，才能提供符合學生需要之教學與服務理念。資源教室教師藉助下述機制與活動，建立緊密且良好的輔導網絡：

(一) 建立學院輔導人員機制

林月先與何明珠（2013）指出建立學院輔導制度，資源教室教師各自負責不同學院之身心障礙學生輔導工作；有了專責之負責學院，能更便於與學院內各專（兼）任教師建立熟悉的關係，更瞭解各系生態、資源與特色，除利於身心障礙學生的輔導，亦可更熟悉各系學程安排規定，提供身心障礙學生更適性之選課與課後輔導安排。

(二) 與任課教師密切聯繫

每學期選課確定後，資源教室教師整理身心障礙學生修課資料，向任課教師說明身心障礙學生之特殊教育需求，並與任課教師保持密切聯繫。

(三) 召開工作會報暨個別化支持計畫會議

資源教室每學期召開工作會報暨個別化支持計畫會議。會中針對身心障礙學生的選課情形及個別化支持計畫進行座談，期初於會議中討論與決議該提供哪些輔導與支持服務，期末就身心障礙學生的期中考成績及任課教師填寫的「身心障礙學生學習評估問卷」作為座談的內容，並討論期初所訂之個別化支持計畫是否需要調整，以確保身心障礙學生能獲得適性輔導及支持服務。

二、生活輔導

在學校生活適應方面，資源教室舉辦學生會談、期初與期末座談，並提供獎助學金資訊，期待學生能夠適應學校的生活與學習。

(一) 資源教室辦理期初與期末座談

資源教室教師與身心障礙學生面對面溝通，使資源教室提供更適切的輔導與協助。

(二) 資源教室舉辦團體聯誼活動、講座

資源教室不定期舉辦身心障礙學生與志工、工讀生等進行團體聯誼或戶外活動等，加強與同學間之聯繫與拓展生活視野。

(三) 資源教室辦理學生會談

資源教室教師關懷學生日常生活，協助處理重大疾病與危機處理，並於必要時提供轉介服務。

(四) 資源教室協助獎助學金申請

資源教室提供校內外獎助學金申請資訊，除能鼓勵學生奮發向學外，亦能透過獎助學金的資助，減輕學生的經濟負擔。

(五) 定向行動訓練

資源教室邀請定向行動專業人士，協助視覺損傷學生認識校園環境、學校建築物動線，與學校外社區定向行動訓練。

(六) 辦理團體活動

資源教室辦理團體活動，身心障礙學生可以邀請家人或同學陪同參加，一起出外踏青。起初由資源教室輔導人員徵詢身心障礙學生的看法與意見規劃行程及辦理活動，逐步引導身心障礙學生自行規劃與辦理團體活動，培養身心障礙學生組織規劃與執行能力。

(七) 辦理校際參訪與聯誼活動

為促進身心障礙學生校際交流，身心障礙學生可透過參訪其他學校增廣見聞，而主辦學校之身心障礙學生則從中培養規劃及辦理活動能力，藉此建立跨校友誼，讓各校身心障礙學生有更多的機會交流與學習。

以下是在資源教室中，**生活輔導**的具體服務內容以及項目（表6-2）。

◆表 6-2　生活輔導服務項目

面向	類型	具體服務內容
生活輔導	環境支援	教室安排：有電梯、無障礙坡道、鄰近無障礙廁所。 座位調整：方便輪椅進出、座位加大、減少干擾刺激等。 寢室安排：考慮個案障礙狀況，安排合適之寢室，並與室友取得合作及理解。 交通安排：如申請復康巴士協助上下學。 改善校園無障礙環境：包括充實硬體設備與師生對身心障礙者的接納度。
	人力支援	工讀生服務：協助教室移動、用餐服務、圖書館借書等。 申請工讀：提供身心障礙學生在校內或校外工讀的機會，以增進其服務他人的能力，培養正向能量。 專業人員服務：物理治療師、職能治療師、語言治療師等。 建立朋友圈或社交團體：身心障礙學生能透過朋友圈或社交團體，學習人際互動技能。

資料來源：引自王瓊珠，2015。

三、學習輔導

在學習輔導方面，資源教室提供學生多項服務，協助身心障礙學生能順利達成學習目標，這些服務內容簡述如下：

(一) 課業加強班

資源教室教師視學生需求針對該學期修習科目，聘請專業科目的課輔教師，於課後進行輔導加強教學以及針對身心障礙學生設計教學策略，例如：安排專（兼）任教師給予身心障礙學生小班課後輔導，加強其因身心障礙限制於大班教學未能透徹理解部分。

1. 同儕協助：安排志工或工讀生提供課堂協助、教材轉換、課業討論、生活協助、資料協尋報讀等。

2. 口述影像服務。

(二) 開設替代課程

學校資源中心或是其他教學單位，開設替代課程。例如：語言中心針對聽覺損傷學生開設「英文文法與閱讀」，取代「英語聽講與練習」課程。以小班上課方式取代大班外語課程，藉此讓聽覺損傷學生能獲得外語任課教師更多的注意與教導，提升其學習外語動機與成效。體育室開設「適應體育班」，聘請學有專精之體育教師授課，提供行動不便及身體病弱學生體能訓練，減緩其生理功能退化。

(三) 輔具申請

資源教室教師會協助與輔具中心負責的教師聯絡，評估輔具及申請流程。

(四) 考試協助並調整評量方式

針對不同障礙類別學生調整評量方式，例如：提供視覺損傷學生放大試卷、身體病弱與提出需求之聽覺損傷學生延長考試時間、安排特殊考場讓身心障礙學生能專心作答。資源教室將與任課教師協調與考量學生狀況，協助學生完成考試。

(五) 教材轉換

1. 有聲書：連結彰化師範大學盲人圖書館及清華大學盲友會的資源。

2. **點字教科書製作**：由教育部委託淡江大學視障資源中心，製作點字教科書。各校資源教室則依照學生之個別需求，製作教材或課堂補充資料之掃描檔、數位或點字資料。

(六) 圖書及影片申請 / 借閱。

在資源教室中，**學習輔導**的具體服務內容以及項目，請參見表 6-3。

◆表 6-3　學習輔導服務項目

面向	類型	具體服務內容
學習輔導	考試服務	調整呈現方式：如報讀試題、提供點字試卷、放大或調整試卷之字距 / 行距。 調整作答方式：如以實作或口試取代紙筆測驗、電腦作答、代填答案等。 調整評量場所：如獨立考場。 調整評量時間：如延長考試時間、分段考試。
	學習協助	代抄筆記：協助聽寫困難與書寫困難之個案。 教材轉換：如將教材轉成有聲書、點字書、放大字體。 輔具借用：如錄音筆、助聽器、盲用電腦等。 課業輔導：提供基礎科目補救教學。 即時手語翻譯：協助較嚴重的聽覺障礙個案。 學習策略指導：教導做筆記、考試、做摘要報告等策略。
	選課輔導	修課負荷：與個案討論課業負荷程度之適度性。 學分檢視：如檢視個案學分數與必修課之完成度，提醒需重修之課程規劃。 課程調整：如適應體育或體育特別班、英語加強班 / 專門班等。 豁免要求：如因個案障礙之故，造成難以通過畢業門檻（像是英檢中級），可於特推會討論如何變通畢業要求。

資料來源：引自王瓊珠，2015。

四、輔助科技設備

輔助科技能提升身心障礙學生生活的自主性與便利性，而適當的輔具運用可協助身心障礙學生於課業活動、日常生活活動中發揮最大的程度，進而達到教育均等的理想。

資源教室能提供的輔助科技如下：

(一) 觸摸顯示器

(二) 語音報讀軟體

(三) 擴視機

(四) 立體影印機

(五) 掃描機

五、生涯輔導

在生涯探索與輔導方面，資源教室會利用各種機會，以協助學生探索職業性向與媒合適合的職業類型，試圖協助學生能順利從學校階段轉銜至職場。資源教室提供的生涯輔導服務項目如下：

(一) 資源教室辦理生涯相關活動

資源教室舉辦身心障礙校友返校座談會，邀請擔任公職及私人企業的校友，回學校與學弟妹分享他們求職過程、準備公職考試的策略、就業上遭遇的困難與成長經驗等，以協助身心障礙學生職涯的探索。企業參訪也是重要的生涯輔導活動，為了讓身心障礙學生瞭解產業界實務運作情形，資源教室輔導人員聯繫私人企業或國營事業單位，安排參訪活動。另外，資源教室辦理生涯探索測驗、生涯輔導活動、職業講座等，讓身心障礙學生有機會探索職業性向，瞭解就業市場趨勢與產業界實務運作情形。

(二) 資源教室辦理成長團體活動

每學期由資源教室教師帶領成長團體活動，主題包括生涯規劃、性別關係及生命教育等議題，其中生涯規劃主題著重協助身心障礙學生找出自己的興趣與優勢能力，以及未來可能從事的工作所需之專業能力。

(三) 資源教室提供轉銜通報服務

資源教室針對畢業生進行轉銜服務及辦理轉銜會議。資源教室教師邀請應屆身心障礙畢業生、直接照顧者、系主任、導師、地方政府勞工局/處、社會局/處、勞委會職訓局所屬之就業服務站身心障礙者就業服務人員，參加「身心障礙應屆畢業生就業轉銜會議」，於會議中就身心障礙者就業權益，以及地方政府、就業服務站所提供的就業服務相關議題進行座談，讓身心障礙學生瞭解畢業後就業服務資源與支持系統，能善加應用以獲得適性協助、順利就業。並於學生畢業前，資源教室教師將學生資料轉到社會局與勞工局，相關機構將會有就業服務員協助身心障礙學生選擇適合的職業。

第七節　建議

臺灣各大學為身心障礙學生提供資源教室，建立身心障礙學生在大專校院學習的支持系統，但此支持系統仍遭遇許多挑戰，例如：資源教室教師待遇與福利的問題、資源教室教師缺乏在職進修的機會、資源教室教師層級有待提升等。為提升資源教室服務效能，王敏軒（2017）針對高等教育主管機關、資源教室教師與視覺損傷學生提出下列建議：

一、高等教育主管機關方面

(一) 提供資源教室教師專業發展的機會

不同背景領域包含特殊教育學系、心理學系、社會工作學系等的資源教室教師，對於協助資源教室多元化的工作，難免有些限制與不足。因此，教育部規定資源教室教師在職期間應參加特教相關專業知能研習，而一天或半天的知能研習，在課程安排上無法完整與連貫。若能以專業發展課程的方式，以系統化的課程規劃，提供更多元的進修管道，可讓不同領域背景的資源教室教師，增進大專特殊教育工作所需之專業。

(二) 薪資福利與獎勵制度

通過前述因進修後取得相關專業證照或學歷後，薪資福利能否跟著提升勢必會影響資源教室教師的工作滿意程度。若能在薪資福利標準與進修管道兩方面都能完善，一定能鼓勵更多教師接受專業發展課程，提升整體大專特殊教育工作的品質。另外，教育部或各大專校院能對資源教室教師訂立獎勵制度，也可以給予資源教室教師額外的鼓勵。

(三) 提升資源教室校內單位層級

資源教室的層級大多是隸屬於校內的諮商中心，舉例來說，清華大學諮商中心是屬於組織層級的二級單位，但資源教室則是處於三級單位，因此在校內的能見度低。但在特殊教育輔導工作上，許多業務是需要跨處室的溝通與協調。若能將原屬二級單位的諮商中心提升至一級單位，可藉此提升資源教室的能見度。因此，學校可直接提升資源教室成二級單位，使得資源教室教師的意見在校內行政運作中，能更加受到重視。

二、資源教室教師方面

為促進資源教室教師工作效能，考量同事間的團隊合作、分工與支援，可以讓不同專業背景的資源教室教師相輔相成，提升工作效率。此外亦可將團隊合作模式擴大成跨校間的合作，透過校際間的團隊互動，除了讓資源能夠充分地運用，也可以增加學生及資源教室教師間的交流。

三、視覺損傷學生方面

為協助視覺損傷學生能有更好的校園生活與學習，當視覺損傷學生已確定新學期課程時，應主動寫信向授課教師詢問課程大綱，並向授課教師介紹視覺損傷程度與學習需求，如教材轉換與考試調整。

新學期課程的第一節課，視覺損傷學生應主動向授課教師說明自身的學習挑戰。例如：學生可能看不清楚教師播放的教學 ppt，或書寫於白板上的字，請求教師能有多一些的口語描述，或請教師直接將課程 ppt 寄給學生，以利學生順利學習。

問題省思與討論

1. 請簡述資源教室輔導人員的六項主要工作。
2. 請簡述資源教室輔導人員扮演的七項角色。
3. 請說明資源教室的五項服務模式。
4. 請列舉資源教室在生活輔導方面七項服務內容。
5. 請列舉資源教室在學習輔導方面六項服務內容。

第三部分：專業領域課程與技能

第七章

功能性視覺評估

前 言

傳統眼科醫學的視力檢查，無法反映出視障學生實際應用視力的現況。因此，視障教育專業團隊需針對視障學生在住家、校園與教室等場域，實際觀察與評估視障學生利用剩餘視覺進行學習與完成日常工作的狀況。藉由功能性視覺評估，視障教育專業團隊能檢視視障學生在真實情境中的視覺優勢與限制，並提供增進視覺效能的策略，以協助視障學生能順利學習與生活。

美國視障教育團隊在進行視障學生資格鑑定時，須包含功能性視覺評估，評估的對象包括學齡前兒童、教育階段學生、視多障學生與成年人。本章將介紹功能性視覺能力的指標與評估，並提供一個案例，作為視障教育專業團隊進行功能性視覺評估的參考。

第一節 功能性視覺能力的指標

《身心障礙及資賦優異學生鑑定辦法》中，第 4 條「視力經最佳矯正後，依萬國式視力表所測定優眼視力未達 0.3 或視野在 20 度以內」，採用一般醫學檢驗的評量方法。同條第 2 款「視力無法以前款視力表測定時，以其他經醫學專業採認之檢查方式測定後認定。」則釋出彈性，採用觀察評量或情境評量等方式，補充醫學檢驗中缺乏的部分。經過醫療與光學檢驗介入後，部分可矯正的視覺問題可以解決，但仍有無法矯正的視覺問題存在。Hall Lueck（2004）認為，完整的低視能照護過程（low vision care process），包括完整的低視能評估（comprehensive low vision examination）、功能性視覺評估（functional vision evaluation）與教育或復健的服務（education/ rehabilitation service）。低視能評估指的是在光學輔具或周邊環境等方面，給予適切的調整及策略；功能性視覺評估則是評估視障者在生活任務的功能性視覺能力應用情況，可在學校、家庭或職場等日常生活情境中進行。

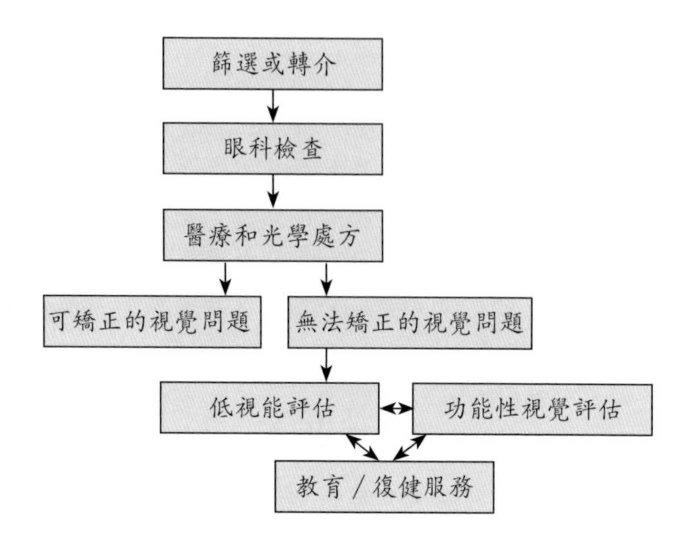

◆圖 7-1　低視能照護過程

資料來源：Hall Lueck (2004).

功能性視覺能力，指的是個人在日常生活中運用視覺的能力，例如：閱讀、做家事、獨立的行動或享受電視節目。如同電視的畫質，是由螢幕解析度、螢幕大小、對比、色彩、與明亮度所決定，功能性視覺須考慮許多基本的視覺元素。為了洞悉視障者究竟還能看到多少，首先必須瞭解哪些功能性視覺是最容易受到視覺損傷所影響，以及影響的程度與嚴重性。有了這些認知，實務工作者才能判斷個案在視覺喪失後可能會出現的行為表現，預期可能產生的問題，以提供更好的重建與評估服務。

張千惠（2004）指出，功能性視覺能力的指標包含：(1) 尋找光源：眼睛不自主的尋找發光處。(2) 注視：眼睛盯著某處看。(3) 掃描能力：眼睛順著一個方向尋找目標物。(4) 追跡能力：眼睛跟著正在移動中的人或物而移動。(5) 搜尋能力：眼睛以不定方向方式尋找目標物。(6) 眼肌平衡：瞳孔位於眼睛正中央。(7) 注視力移轉：視覺注意力從某目標物移至另一目標物之上。(8) 複雜背景辨識力：在背景複雜的圖片中，眼睛能分辨主題物。(9) 手眼協調：眼睛看到物品的同時，手也能精準的抓握到該物品。(10) 腳眼協調：眼睛看到物品的同時，腳也能精準踩到該物品。

視覺敏銳度、視野、對比敏感度，是其中三項最重要的功能，此三方面有缺損，會對一個人的活動表現能力有極大的影響。視覺敏銳度與視野是視力檢查的基本項目，也是大多數定義視覺損傷程度的依據。近幾年來，對比敏感度也納入基本功能性視覺能力的重要檢查項目。光線敏感度與辨色能力的嚴重損傷，可能源自於視力疾病，需要及時的介入與協助。眼球運動能力的損傷，導致眼球轉動與對焦異常，這種情形通常會發生在具有多項嚴重眼睛狀況的人。遠近調節（或內部對焦）的功能也應多加注意，因為許多人都有調節力喪失的問題，如近視或遠視。

Hall Lueck（2004）認為，視障者功能性視覺能力的重要指標有：視覺敏銳度、視野、對比敏感度、光線敏感度、區辨顏色、眼球運動、調節力。以下分別詳細說明功能性視覺能力之重要指標及其內涵（Hall Lueck, 2004）：

一、視覺敏銳度

視覺敏銳度是指眼睛分辨細節的能力，測量方式通常使用視力檢查表。個案需能連續地由檢查表中的大字讀到小字。視力檢查表可能放在個案幾呎外的地方，就是所謂的「遠距視力」測量；或是放在離個案較近的地方，測量「近距視力」。

二、視野

視野可以精確的定義為一個穩定的直射光源或目標物可以在多遠的距離內被看見，那個距離也就是視野範圍。光源或目標物通常都會放置在不同的方向，以測量個案 360 度的視野。

三、對比敏感度

對比敏感度指的是一個人察覺出不同對比層次的能力。對比敏感度愈高，就愈能察覺出低層次的對比。因此，對比敏感度通常都是透過一個人可感知最低對比閾值的倒數（例如：對比敏感度 = 1/ 對比閾值）或對數的倒數來表示（例如：對比敏感度 = log[1/ 對比閾值]）。對比敏感度決定了所視物體的大小與細節。

四、光線敏感度

視障者通常對光線特別的敏感，但還是因人及眼疾而異。過多或過少的光線，都會使他們的功能性視覺能力無法正常運作；工作照明以及環境照明，也必須區分開來探討。

五、區辨顏色

大部分辨色力異常的人，功能性視覺能力通常正常，唯獨視網膜感光細胞出了問題。嚴重的眼睛損傷或其他視覺問題產生時，色覺損傷的症狀也會出現。色覺損傷通常是由於眼睛底部視網膜或視神經的問題，只有極少的色覺損傷案例是源於腦部損傷的。

六、眼球運動

對眼球運動與位置的控制異常，如眼球震顫、斜視、或凝視麻痺現象，部分症狀會導致嚴重的問題，而某些只會造成臉部美觀或社交方面的障礙，或甚至不會造成任何的問題。

七、調節力

當一個人注視著離自己很近的物體時，腦部會自動調整水晶體的形狀，以符合需要的聚焦能力，這樣的過程稱為遠近調節，會使水晶體增加彎曲度與厚度。因為幼童的水晶體較具彈性，因此有視覺問題的幼童通常仍有遠近調節的能力，可以看清楚離自己很近的物體。

第二節 功能性視覺評估

當視力檢查顯示個案視力無法透過傳統的手術、醫療、或光學方式來矯正時，低視能者先由眼科醫師或視光師進行低視能評估，確保所有屈光異常與調節力異常的因素均已考量。低視能評估比一般視力檢查的測量更完善，同時考慮基礎功能性視覺能力與特定功能性視覺能力；透過標準檢查與功能性活動如閱讀來完成，直接測量功能性活動時的視覺變數，例如：閱讀指定的報紙、教科書、食譜、或藥物標籤（Jose, 1983）。功能性視覺評估主要由健康、教育與重建領域的專業人員在自然情境中進行，蒐集有關個案視覺能力的資訊，以及在日常生活中視覺技巧的應用與行為表現。評估的主要目標是取得個案目前在家中、學校、職場與社區中功能性活動視覺表現的詳細資訊，以決定最有效改進視覺表現的補償方法，進一步提升他在這些活動上的獨立參與能力。功能性視覺評估，包含個人使用低視能輔具的視覺表現。

一、功能性視覺評估工具

功能性視覺評估工具，是指測量或觀察記錄個案實際生活中視覺需求之標準工具，例如：使用字母、字彙與文字閱讀表等工具來測量近距離視覺區辨能力。評估時除了標準化工具外，亦可取自日常生活用品之非標準化工具。評估者可以事先備妥工具包，在評估現場挑選個案熟悉或喜愛的物品作為評估工具（張弘昌，2018）。非標準化工具主要用以評估個案，在自然環境中而非隔離的醫療環境中的表現特色。源於光線、評估工具或環境壓力等因素，臨床環境與在自然環境測量的視覺評估表現通常有不同結果。除此之外，個案身心狀況（如焦慮程度、疾病、疲勞、飢餓、藥物影響），對環境、評估者與評估內容的熟悉度，都可能影響表現。

利用標準工具評估功能性視覺能力，使用系統化的方法，觀察與記錄個人進行功能性任務的方法。為確保評估的有效性，除了應用標準化評估工具外，仍應適時使用非標準化工具交相驗證評估結果（張弘昌，2018）。

二、評估前的準備

(一) 眼科醫學檢查

進行評估前，基礎的視力檢查與低視能檢查是很重要的。如果個案有屈光異常的問題，且能用眼鏡或隱形眼鏡加以矯正時，進行功能性視覺評估前應準備好相關輔具。功能性視覺評估中所使用的低視能光學輔具，必須是依據低視能評估結果所決定，其他替代輔具也必須先與個案的眼科照護專業人員進行確認，確定這些替代輔具與處方輔具有相同的效果。

(二) 檢視檔案資料

正式評估前，評估者應事先透過訪談與觀察來蒐集個案資料，以便評估者更全面瞭解個案的功能性視覺能力（Hall Lueck, 2004）。例如：眼科診斷與視光評估，有助瞭解個案之視覺潛能、疾病的本質與視力預後，亦有助於選擇評估與訓練的工具。健康方面，如癲癇、聽覺障礙等醫療資訊，是評估過程的寶貴訊息；用藥資訊可確定其副作用與影響個案行為的警醒度（Lavanya, 2007）。檢視記錄包含眼科檢查的結果、其他描述功能性視覺能力的資料或足以影響個案表現的因素。眼科醫師、視光師、進行功能性視覺評估的健康、教育與重建專家等專業團隊的溝通，能獲得個案近期視覺能力的關鍵性資料。

從檔案資料中，必須取得以下資料（Hall Lueck, 2004）：(1) 視覺狀態，其他醫療與病史紀錄；(2) 目前的醫療狀況；(3) 目前的眼鏡或隱形眼鏡處方；(4) 使用眼鏡或隱形眼鏡的歷史；(5) 之前的評估種類與評估的結果；(6) 之前使用來修正評估報告以提高個案表現的方法；(7) 之前的教育或重建服務，含定向行動。

首先確定矯正眼鏡或低視能輔具是否經過醫學專業處方，以準確評估其實用性。若屈光異常的矯正輔具已通過處方，而低視能者並未使用，則應盡可能鼓勵個案使用。若個案及其家庭成員表示處方的矯正方式沒有幫助，應聯絡相關專業人員，決定是否需做進一步的檢查。檔案記錄能決定功能性視覺評估的起始點，例如：各年齡層的多重障礙個案，過去曾成功使用的視覺評估工具，在決定當下功能性視覺評估可應用的工具格外有幫助。此外，若在個案紀錄中發現功能性視覺能力會隨著時間而改變，這也會提升從前次記錄迄今再度發生變化的可能性。

針對檔案資料加以檢視雖然重要，但不要對評估預設結果，或預期在不同的評估環境下能獲得相同結果。開始進行評估後，也必須隨時檢視之前評估過的功能性視覺檔案。進行完整的功能性視覺評估，可更加瞭解個案的視覺表現。

(三) 建立關係

透過功能性視覺評估的過程，與個案及其家庭成員建立並維持關係，是極為重要的。個案在評估過程中經歷一連串的失敗，或許會導致強烈的情緒反應，反而更降低工作表現。評估者應努力營造一個正向且支持的評估情境，用心避免造成個案某種程度的挫敗感。

營造正向且支持的情境有以下策略（Hall Lueck, 2004）：(1) 盡可能營造使個案感覺身體舒適的評估情境，如選擇合適的光源或降低吵雜背景等環境變數；(2) 向個案解釋評估人員的角色；(3) 向個案說明整體評估的過程；(4) 對於個案的憂慮，表達出真誠、仔細傾聽的接納態度；(5) 使用個案能瞭解的語言及清楚的詞彙，清楚解釋每個評估的程序；(6) 整個評估過程中，鼓勵個案發問以釐清資訊，定期與個案確定是否需要進一步的解釋；(7) 用減少挫折的方式來進行評估程序（如先使用較大的目標物以建立成功經驗，再轉用較小的目標物）；(8) 用適當的方式引導家庭成員介入，確保他們瞭解評估的過程、各項評估的目標及評估的結果。

(四) 家庭成員與專業人員的參與

在設計介入策略與實施前，確認家庭成員或相關專業人員，在評估過程中對個體表現的影響性，非常重要。例如：進行評估時家庭成員或專業人員，能夠指出個案的行為表現是否如常或反常。評估過程中，他們也能用語言或其他激勵的方式，鼓勵個案在視覺任務的表現。他們能協助評估個案在視覺任務上是否努力，或是退縮。家庭成員與特定人員也因參與視覺功能評估過程中，看到個案在許多評估任務上的表現而獲益良多。因為這些旁人常常並不瞭解個案的視覺能力，足以完成這許多任務；或正好相反，這些人員因參與而能更瞭解個案的視覺能力如此的受限。參與評估的過程讓家庭成員與專業人員，更能接受評估結果。

家庭成員與相關人員的出現，通常能讓個案產生安撫的力量，但有時可能產生反效果。例如：一位高齡婦女個案，會擔心她的兒子一旦發現她能夠自行讀藥物標籤，就會減少每天去探訪她的次數；或當母親在場時，兒童在學校遊戲單元的表現，可能會與平時不同。當家庭成員在場會使個案分心時，應技巧地建議他們暫時離開，例如：可以由團隊成員帶領家庭成員到另一區域，說明相關背景資料等。家庭成員與專業人員的參與度，讓整體評估更有價值且獲得更多有用資訊。

三、評估實施的原則

(一) 一般原則

張弘昌（2018）提出功能性視覺評估的六項原則，說明如下：

1. 多樣化的情境

評估時至少要在三個以上的情境進行觀察、記錄個案的視覺行為，分析、歸納個案的用眼情況（Anthony, 2000）。例如：因為個案有視野狹窄的現象，在教室雖可清楚看到黑板，但當他在教室外則容易碰撞到走廊洗手臺。若僅在教室情境中評估，教師則無法發現該視障學生需求。此外，評估者也必須瞭解個案於夜晚或陰暗區域內使用視覺之狀況。例如：某視障學生白天行動自如，到了夜晚卻容易跌倒或撞到東西。教師在瞭解視障學生的需求後，教導視障學生掃描環境以避開障礙物的技巧，減少撞到或踩空跌倒的機率（Geruschat & Smith, 1997）。在至少三種不同的情境中，觀察、記錄個案使用功能性視覺能力的情況（Goodrich & Bailey, 2000）。

2. 彈性調整措施

由於個案的視覺損傷程度與狀況不一，需求亦不同，評估者在進行評估時必須彈性調整施測的方式及情境。例如：有些個案會畏光，在評估過程中應注意燈光的明暗度是否符合需求，若個案認為燈光過於刺眼，評估者應立即調整並記錄個案對於燈光明暗度的需求（張千惠，2011）。

3. 注意干擾變項

評估者在觀察記錄時，應注意評估過程中干擾個案的因素，例如：物體顏色與背景顏色相近，或燈光明暗度，這些都是干擾個案辨識力的因素，評估者應保有敏感度進行觀察，並詳細記錄觀察結果，以得出有效的評估結果（張千惠，2011）。

4. 記錄最佳表現

每個評估項目最好都要有兩個以上的評估活動，並由易到難，建立個案的自信，如此才能確認個案此項目的功能性視覺能力。評估時勿催促個案，避免造成個案的心理壓力，應給予個案充分的時間，並記錄個案的最佳表現。若個案有使用光學輔具、眼鏡，在評估時應一併使用。評估者在評估前應先瞭解個案在哪些時段精神狀態最佳，在個案精神好的時候進行評估才能得到較有效的評估結果。若在評估過程中個案無法專心配合，應先停止評估的進行，另擇適當時間再繼續評估工作（莊素貞，2001）。

5. 營造輕鬆環境

不論個案的年紀大小，評估過程中都應給予個案一個輕鬆愉快的情境。從日常例行活動著手，並可以遊戲的方式進行評估，提高個案的用眼動機和參與評估的意願（莊素貞，2001）。

6. 適時給予增強

評估者應先瞭解個案的喜好，為了更易觀察到個案的功能性視覺表現情況，在評估時可以使用個案喜愛的物品或者喜歡的活動，如此，不僅能增強個案配合評估的意願，使個案更能充分參與其中，亦能誘發個案的典型視覺行為（Hall Lueck, 2004）。

(二) 特殊原則

張弘昌（2013）提出，針對視多障或年紀較小的個案進行評估時有其特殊考量，原則說明如下：

1. 評估者的專業知能

評估者應具備充實的評估專業知識，包括使用評估工具與瞭解評估程序等。評估者的工作不僅是依賴評估表來執行而已（Lavanya, 2007）。評估者必須熟悉評估的技巧，能依不同個案的需求調整評估方式，觀察個案細微的變化，並且利用診斷教學的方法來判斷個案的反應是否由於視覺能力表現所致。

2. 評估的環境

個案在熟悉或不熟悉的環境中，會表現出不同的個性特徵與能力。個案在熟悉的環境中容易有最佳表現，因為個案較放鬆也能預期環境的狀態。在不熟悉的情境中評估時，應給予個案足夠時間先行探索熟悉。盡可能在個案所處之自然環境中進行觀察（Anthony, 2010）。此外，環境可以經過調整，以提高個案視覺的表現，作法如控制燈光的位置、降低聽覺與視覺干擾的情境變項。

3. 評估材料的類型

評估材料應符合個案的年齡、具有視覺吸引力，且可以簡單提供觸覺物品。真實的日常生活物品與玩具應包括在內（Anthony, 2010）。考慮個案注意力廣度（attention span）與其他身體的問題，以色彩鮮豔、視覺複雜與新奇的材料或物品作為主要的刺激。呈現材料或刺激應視個案眼疾的特性而調整，若個案僅是視覺的問題，材料可以是複雜的、色彩鮮豔的。若個案為皮質盲，則須減少視覺呈現物品的擁擠度。剛開始先呈現單一類型的視覺刺激，視個案可容忍程度或需要更多感官刺激時，再逐漸增加（Lavanya, 2007）。

4. 擺位的考量

視多障者因為生理的問題，常只能看到某些角度的東西。對於頭部控制有困難的個案而言，需同時提供自我動作的穩定與視覺反應（Anthony, 2010）。評估時為求周全的評估結果，應從不同角度測量個案的視覺功能，但因個案無法獨力完成各種動作，因此必須與專業團隊人員如職能或物理治療師合作，以協助個案做不同的擺位（何世芸，2008）。同時，應將擺位的安全性列為優先的考量。Scheiman（1997）提出以下擺位準則：視覺對稱；擺位對稱、重心不偏移；提供必要的擺位支持，但不影響自主性的自由活動度；進行擺位時，以不增強異常肌肉張力的形式提供。

5. 延宕反應時間

等待的時間是指：在兩個測試（trials）之間停留的等待時間。視多障或皮質盲個案需要花更多的時間去處理視覺訊息，需要更多的時間去回應視覺的刺激（Koeing & Holbrook, 2003）。「等待的時間」與「給予個案提示」之間應取得平衡。透過經驗的累積有助於評估者專業的判斷，一旦個案有機會練習其反應的方式時，通常等待時間會逐漸減少（Anthony, 2010）。

6. 反應的型式

觀察個案接觸新物品時所使用的感官是很重要的，因為視力往往不是優先使用的感官。對許多視多障或皮質盲個案而言，有不同感官探索的模式，例如：用手去碰觸物品之前，先用頭接觸物品（Anthony, 2010）。此外，視多障個案的反應可能不明確。評估者應提高警覺才能發現更細微的信號，例如：呼吸的改變、肌肉的張力、身體運動或平靜（Lavanya, 2007）。

7. 評估的時機

個案會隨著時間表現疲態，可能早上與下午的表現有所不同（Koeing & Holbrook, 2003）。個案若有服用藥物，生理的變動可能影響視覺，藥物副作用可能干擾注意力及警醒度。評估應該利用個案清醒或身體狀況較佳的時機進行，並視狀況分成若干次進行以獲取個案的最佳視覺表現（何世芸，2008）。為求周全的評估結果，可透過一整天的規律觀察個案，以瞭解個案在各種例行活動中的功能性視覺能力（Koenig & Holbrook, 2000）。

8. 團隊合作

以團隊合作蒐集有關個案功能性視覺能力，是最佳的方式。團隊成員應包括家庭、醫療、教育專業人員等。團隊成員皆可以針對個案提供專業的觀點，提出個案身體、動作或語言的需求（Anthony, 2010）。

9. 視覺提示

因神經生理的特性，視多障個案在使用視覺時常感到不舒服或是未能達到視覺效能。視多障個案在難將視覺系統控制得宜的情況下，他們寧願使用聽覺或是觸覺來回應視覺刺激。何世芸（2008）提出引導個案視覺的反應，做法包括：(1) 身體的提示：如評估者輕拍個案的臉頰表示要個案轉頭；(2) 聲音的提示：如評估者輕踏地板發出聲音以刺激個案注意；(3) 擴大視覺線索：如以手電筒照射物體，增加明亮度；(4) 中止時間：移動重點物品，當個案注意時再恢復。例如：移動茶杯並當個案注視時，在杯子消失的地方替換另一茶杯，觀察個案對更換茶杯的視覺反應。

因此，執行功能性視覺評估的原則，依個案的年齡或伴隨的障礙而有所不同。由於功能性視覺評估多使用非標準化工具，評估結果是否有效則有賴評估者專業能力及技巧展現。塑造一個輕鬆愉快的評估情境，並且以遊戲方式引發個案的動機，協助個案表現最好的反應。此外，透過專業團隊進行在不同情境的觀察，可以提高評估結果的有效性（張弘昌，2013）。

四、評估步驟

進行功能性視覺評估時，通常包括五個步驟：(1) 觀察；(2) 訪談；(3) 評估；(4) 書寫報告；(5) 親自傳達結果。詳細說明如下：

(一) 觀察

留意個案在他慣常的活動以及不同環境中的功能狀態，是功能性視覺評估的一個關鍵部分。即使在醫療院所的環境中，觀察個案走入房間的方式、拿取物品的方式、對活動的反應、眼神的接觸，都有助於瞭解他的功能性視覺能力。

在進行觀察時，評估者留意潛藏在功能性視覺能力底下的行為指標。舉例而言，當個案穿越鋪著地毯的地板，要進入淺色的地板時會躊躇不前，因為要從一種地面移到另一種不同材質的地面時，要很小心地先用腳去探索。評估者會先把此項表現加以記錄，稍後再查看他這種猶豫的動作，是因為視覺敏銳度降低、景深感知能力減弱、對比敏感度降低、視野受限制，或是綜合因素。

觀察也能在自然的情境下進行，如學校、家庭、職場或社區，以提供重要的活動訊息，以及個案如何使用其視覺來完成這些任務。觀察的項目可包括任何表現功能性視覺能力的日常生活重要活動，以及個案如何完成的過程。例如：從個案上下樓梯時猶豫或用腳試探的情形，以確認是否因視力值損傷程度加劇、視野受限或缺乏深度知覺所致（Hall Lueck, 2004）。觀察時要注意低視能個案對於聽覺、視覺、觸覺上的任何刺激是否有行為反應的改變，然後尋找是否有具備功能性視覺的表現（莊素貞，2001）。在日常活動中，觀察視障或視多障個案的功能性視覺，可提供個案如何在一般活動中使用其視覺之有利資訊，同時也有助於決定適當的教材及方法，以使用在更正式的測驗過程中（Erin, 1996）。

(二) 訪談

訪談法是評估人員透過有目的、有計畫地與被訪者進行交談，蒐集評估資料的一種方法。訪談法具有資訊傳遞的回復性、通暢性與交流的及時性（張悅歆、李慶忠，2009）。訪談的對象可分成個案本人及主要照顧者。透過詢問主要照顧者可以得到非常有用的資訊。訪談內容包括個案的醫療史、喜愛的事物、視覺的活動及配戴眼鏡的情形。針對個案本人，訪談則包括描述眼睛變化的情況、在家或學校活動的情況、視覺的狀態及一般例行的活動（Hall Lueck, 2004）。對於伴隨其他障礙或者年齡較小的個案，應將主要的專業團隊人員列入訪談對象。透過深度訪談將可更瞭解個案，包括個案視覺損傷病史、功能性視覺能力的變化情形、個案對功能性視覺能力的擔憂，以及個案希望能應用自己的視覺來做哪些事情。

(三) 評估

從個案的紀錄、觀察與訪談蒐集到相關資料後，就可以開始進行功能性視覺能力的評估。使用哪些方法則將視目前所取得的資料，並隨著評估過程的進行加以修正。家庭成員與重要專業人員應該參與評估過程，因為他們能夠在決定合適的評估材料、溝通方法、解釋個案的反應、鼓勵個案完成困難任務等方面，提供深具價值的協助。評估者必須保持敏銳與嚴謹的態度完成各項評估，並提供有關視覺方面有用的資訊，如視覺與其他感官接收的協調、手眼協調、頭部的使用、眼球的移動等。

(四) 書寫報告

評估結果報告主要有兩種型式：(1) 附有簡短文字敘述及建議的檢核表，省時並有效呈現評估發現；(2) 全文字敘述的建議，可以提供完整的評估過程及視覺功能表現，但較為費時（Hall Lueck, 2004）。不論使用檢核表或完整書面報告，或者兩者都使用，書寫者必須提供評估方法、發現與建議的摘要，描述能結合介入計畫的優缺點，並提供選擇適當調適方法的指南。兩種型式的報告都應該包含所有在評估時所使用的材料、口語或行為的適應，並包含評估者對於每項評估內涵的信心程度，任何報告的引言都應提供個案前次視覺評估的背景資料與病史。報告應避免使用專業術語，且如果使用專有名詞，應該用括號插入加以解釋：「……診斷為 myopia（近視）……」。

報告應該只提供事實且避免對個案的評估下判斷。有系統，使讀者容易找到資訊，對評估發現也要清楚地撰寫摘要。結論的部分依照評估者先前的觀察分析而來，將發生的視覺行為與使用的視覺技巧做清楚的連結及描述（Anthony, 2010）。評估報告中「建議」的部分，是視障專業人員傳達視障生獨特需求給團隊其他成員的主要部分，同時也是作為 IEP 裡決定調整需求的依據。Miller（1999）建議必須以評估及觀察的發現為基礎，同時提出的建議應該在評估情境中有試過但無法完成的部分，文字敘述必須是清楚可行、獨特的、易於瞭解的，好讓團隊成員及直接照顧者可以瞭解及執行（Hall Lueck, 2004）。

(五) 親自傳達結果

面對面的報告評估結果是必要且有價值的，此時應鼓勵評估者、個案、家庭成員、與其他重要專業人員之間彼此互動，主要目標是傳達重要的評估結果與建議事項，並確認所有的相關人員都瞭解。當對內容不清楚或某些考量沒有足夠的解釋時，接收報告者應該有機會可以提出問題，此項針對評估結果的口頭解釋，應該搭配書面評估報告一起進行。評估者必須隨時準備在評估過程中做適當地調整，或在發現這些問題時，適當地轉介個案。如以下所述的兩個案例：

案例一

一個 6 歲男童，經轉介由低視能眼科照護專家來進行低視能評估，並由視障特教教師進行功能性視覺評估，以整合最適合個案閱讀方法的資訊。在低視能評估時，發現男童無法辨識顏色，建議做進一步的評估。在低視能評估之後，所安排的功能性視覺評估過程中，教師覺察到需要由家中以及教育學習中，多蒐集有關男童在使用顏色上的線索與資料。

案例二

一位 40 歲的實驗室技師因青光眼而喪失部分視力，且持續由眼科醫師照護中。她希望能保有目前的工作，因而聯絡州政府的重建部門請求協助。部門將她轉介予眼科醫師進行低視能評估，以及由視覺損傷重建教師進行功能性視覺評估，重建教師將評估她在工作需求上的視覺能力與行為，此資訊將用來決定最適合她的重建計畫。在功能性視覺評估中，重建教師注意到當實驗室的設備在運轉時，個案無法聽到她同事的指令，但其他人在這方面卻沒有問題。教師將她轉介進行聽力評估，結果發現她有輕微的雙側聽力障礙，而這與她的視覺損傷無關。

第三節　功能性視覺評估的案例

陳浙雲提出十二項教學活動（請參見附錄二），藉此協助視障學生發展有效的視覺能力。此外，鄭靜瑩、張千惠（2005）曾針對某一個案進行功能性視覺評估。以下介紹評估歷程如下：

一、個案背景資料

1. 個案小名：小傑

2. 個案年齡：國小一年級

3. 個案障別：重度低視能

4. 個案簡介：出生時，小傑的視力值因角膜混濁而嚴重受損，經醫師、視障教育巡迴輔導教師及專業團隊評估後，建議小傑的學習媒介以點字為主。小傑在幼兒園時即接受視障教育巡迴輔導教師的輔導，根據幼兒園教師、視障教育巡迴輔導教師與媽媽的觀察描述，小傑除了功能性視覺能力較差外，在智力、語言與動作等其他方面的表現都不錯。

二、功能性視覺評估

評估者在日常生活情境中透過觀察與非正式訪談，對小傑做了多次的功能性視覺評估，評估的項目與說明如下（鄭靜瑩、張千惠，2005）：

(一) 眨眼反射與瞳孔反應

評估者將手指或玩具靠近小傑的眼睛測量眨眼反射，小傑會有直覺的眨眼反射動作。然而在測量瞳孔反應方面，因小傑習慣把眼睛閉上，當評估者嘗試以燈筆照射小傑的眼睛時，小傑的眼睛會閉得更緊並表示不舒服，因此評估者無法評估小傑瞳孔反應的項目。

(二) 尋找光源

評估者透過在較暗的房間中，打開手電筒評估小傑尋找光源的能力，發現小傑會睜開眼睛去尋找發出亮光的手電筒，也可以指出地下室出口為發出光亮的方向。當房間的燈開啟或關上的時候，小傑也可以馬上知道。

(三) 固定視覺與反光敏感

評估者呈現各種動物造型之貼紙評估小傑固定視覺的能力，小傑無法持續注視一件東西，他看了幾秒隨即移開眼睛或是將眼睛閉上；且他注視物品時會有眼球震顫的情形。在反光敏感方面，評估者呈現螢光筆書寫的文字，將文字以麥克筆書寫在投影片上，或是看透明的貼紙，小傑會有流淚不舒服的現象。

(四) 近距離視覺敏銳度

評估者給小傑看一個約 125 立方公分以上的物體，小傑在 15-20 公分處可以看到，並且可以用手碰觸看到的物體。小傑在距離約 20 公分左右可以看到廁所的電燈開關，並以手指去開啟電燈，但太小的物體，如橡皮擦、硬幣、鑰匙等物體，經常在眼睛貼近看且鼻子撞到後才發現。評估者評估小傑看印刷書面資料的能力，發現小傑在不用擴視機的情形下，其文字約需要 120 號標楷體字（用中文 Word 軟體印出者）的大小才能辨識出來，且黑底白字最容易辨識。

(五) 中距離與遠距離視覺敏銳度

評估者拿一張有紅、黃、綠三色相間的海報（約 30×50 公分）站在小傑前方約 1 公尺左右，發現：小傑必須走近至 50 公分內才發現海報的存在。小傑對於超過 3 公尺以上的物體無法看到。

(六) 視野

評估者以海報製作一大型的量角器，請小傑坐在中心點的位置，將長、寬、高各約 10 公分的物體以及半徑為 7 公分的球置於視力可及（約 30-50 公分）之處，測量小傑的視野。小傑的雙眼視野可見區域共約 100-120 度，左眼的可見區域由左肩算起約為 35-95 度之間，右眼的可見區域從右肩算起約為 45-95 度之間。上方及下方的視野不佳，額頭高度以上或下巴以下位置內的障礙物就無法看到。因此，小傑經常會碰撞到桌角、椅子與臺階。行走在騎樓走廊時，也經常會有快跌倒或是以腳趾頭探測前方地面的現象。此外，評估者請小傑直視棋盤狀的座標圖，說出看到的卡通人物，以確定小傑是否有破碎視野的問題。

(七) 掃描與搜尋能力

評估者利用各種生活用品，如茶杯、湯匙、錄音帶、印章、橡皮擦、髮夾等物體散置於桌面上讓小傑搜尋，小傑只能找到較大的物體，如茶杯與錄音帶。而在搜尋桌面上的卡通貼紙時，小傑也只能找到色彩較鮮明（例如：紅黃、黑白、紅綠）或面積大於 20 平方公分的貼紙，其他物品則較難以用視覺找到。

(八) 眼肌平衡

評估者利用卡通人物請小傑直視，發現小傑視物時姿勢會呈駝背狀或將上半身彎曲，但並無斜視的情況。

(九) 追跡能力

評估者請小傑以視覺追跡半徑 15 公分以上紅色或黃色皮球與半徑 10 公分以上陀螺，小傑表現得不錯。但評估者請小傑追跡乒乓球或約一隻手掌可握住的球時，則無法達成。

(十) 色覺

小傑對於動物、水果、衣服等的顏色辨識沒有問題，可見他的視覺可以分辨顏色。但對一般物體的顏色認知概念，例如：蘋果是紅色的或香蕉是黃色的事實並不清楚。

(十一) 複雜背景辨識能力

評估者將背景複雜的圖案拿給小傑，請小傑找出其中的小狗與小猴子的位置，小傑無法做到。另外評估者也發現，小傑無法以視覺從充滿格子線條的作業簿頁面中找到括號，並在括號中打勾。

(十二) 手眼協調能力

評估者請小傑觸摸眼鏡，小傑將臉貼近到視力範圍（30 公分）內，可以確實摸到評估者的眼鏡。另外評估者將「恐龍」與「機車」等模型（約手掌大小）放在小傑視力可及的各個位置，小傑可以用手去拍打目標物，但抓取時就不能很準確。

綜合以上評估觀察的結果，發現小傑需要加強的功能性視覺能力有固定視覺、近、中距離視覺敏銳度、搜尋、掃描、追跡、複雜背景辨識與手眼協調能力等八項。而在遠距離視覺敏銳度與反光敏感的評估中，小傑在這兩項目反映出有問題存在，因此在訓練的教材中儘量不呈現螢光色或是以反光紙書寫的文件；但是遠距離視力因其年齡與學習進程，暫時未列入訓練的項目中。

三、居家與學校環境評估

功能性視覺評估應考量個案生活與學習環境的需求，因此評估者選擇個案的居家與學校環境作為功能性視覺評估之場域，以下分別說明評估的發現（鄭靜瑩、張千惠，2005）：

(一) 居家環境評估

小傑家的一樓是店面，住家在二、三樓。小傑對家中環境十分熟悉，可行動自如，但大多都是以觸覺來做學習與表達的媒介。小傑的房間在三樓，雖然小傑對家中的環境瞭若指掌，但小傑對家中環境之認識僅止於他的手腳可以觸及處，例如：冰箱、沙發、床等。對於天花板或是牆壁上摸不到的東西完全沒有概念，例如：小傑似乎不知道家中有時鐘的存在，也不知道家中的天花板釘有許多花與娃娃的吊飾。另外，小傑家中的燈光弱，小傑的房間布置顏色平淡沒有層次鮮明的感覺，能提供視覺刺激的東西不多。基於安全的考量，小傑的房間擺設非常簡單。評估者多次在小傑家中觀察發現，小傑的家人對於小傑的養育方式就像是對待盲童，只單方面防止他撞到障礙物，卻未重視如何引導他用眼睛去「看」障礙物來避開危險。

(二) 學校環境評估

小傑就讀的學校有資源班，以往已教育過多名的身心障礙學生，加上該校辦理過數場特教知能演講，因此學校對小傑的接受度高。學校將小傑的教室安排在一樓中央走道旁邊，較方便安全，但是教室布置單調、告示文字較小、採光不佳、物品擺放不整齊。此外，座位安排與輔具配置也必須依照小傑的需求進行調整。

四、居家與學校環境的調整

根據評估觀察的結果，評估者建議居家與學校環境的調整分別如下（鄭靜瑩、張千惠，2005）：

(一) 居家環境調整

1. 加強燈光亮度：將昏暗的藝術燈換成白光燈泡。

2. 調整照片懸掛高度：將家中牆面的照片降到與小傑眼睛等高的地方，如此，小傑能摸到照片，引起小傑睜開眼睛看照片的動機。

3. 更換時鐘：以背景單色、造型設計簡單又會報時的新時鐘替代原本的時鐘，並調整懸掛的高度。

4. 皮卡丘貼紙：評估者在家具上貼小傑最喜歡的皮卡丘貼紙，並在皮卡丘上面寫上文字或畫上圖形，透過皮卡丘貼紙引起小傑用眼動機。

5. 顏色對比：置換色差明顯的塑膠地板、床單與碗盤、餐具及衣服。例如：小傑家中的地磚是綠色的，就將塑膠地板換成紅色、涼被換成有皮卡丘圖案的黃綠對比色、以不同顏色的餐盤盛裝菜餚等。經調整，提升小傑用眼看的動機，也比較不會撞到東西，且吃飯時還會不經意的說出要吃的菜名。

評估者除了提出以上五點的建議，也要求家人共同學習如何訓練小傑使用功能性視覺的技巧，並引起用眼的動機，如鼓勵小傑看牆上的照片、要求小傑自己從盤中取菜等。評估者發現：家人不再因為小傑的視覺障礙而凡事替他處理，反而每個人都會要求小傑「先用眼睛看看」再說，藉由經常練習促進其改善使用功能性視覺能力。

(二) 學校環境調整

評估者在小傑入學前實施初次功能性視覺評估並參與安置會議，對小傑的學校環境調整提出以下建議（鄭靜瑩、張千惠，2005）：

1. 改變教室布置風格：教室布置風格可呈現豐富的色彩，但是設計應簡約而不複雜。

2. 粗大型告示文字：教室內的告示文字字體改為粗大型，例如：筆畫粗細改成 1 公分的 300 號標楷體字。

3. **改善教室採光**：增設教室燈盞數目，並確保符合小傑的需求。

4. **調整教室擺設**：將教室布置的凸出圖案高度降低，但不影響學生行走動線；小傑用的儲物櫃格子外緣貼上他喜愛的皮卡丘圖案。

5. **座位安排**：小傑實際到教室評估與「試坐」數個不同的座位點。除了視力的考量外，因為要放置擴視機，因此安排小傑坐在第一排偏右的位置。

6. **輔具配置**：配置一臺可多功能用於近距離閱讀書寫、中距離觀看黑板的擴視機，並配置適合小傑的望遠鏡，以方便他在科任課與戶外教學運用。

7. **黑板固定框線設計**：在教室黑板上畫出特定範圍的框格線，教師儘量將板書寫在該框格中，小傑只要轉動擴視機鏡頭的角度去對準框格，就可以看到板書內容。

五、課程與教學的調整

在課程與教學的調整方面，除了考量增強小傑的功能性視覺能力，還需注意到小傑的興趣、教師配合意願與主科的學習等，來安排科目及課程內容。課程與教學的調整舉例說明如下（鄭靜瑩、張千惠，2005）：

(一) 美勞課：線條加強與黑板固定框線設計

小傑必須將小珠子黏貼到圖形的線上以完成美勞作品，評估者將美勞教師發給小朋友的圖形輪廓加深、加粗，請小傑將小珠子黏到線上。小傑可以找到加粗後的黑線，並將小珠子正確的黏到線上。另外，評估者在黑板上貼出一個框格區域以配合擴視機鏡頭之投射角度，小傑可以在擴視機的螢幕上清楚得知教學內容。

(二) 美勞課（製作娃娃）：棉線與剪刀的應用

評估者以棉線貼住線條，讓小傑左手輕輕壓在線的左側，再以剪刀裁剪線的右側。在評估者介入之前，小傑不知道如何沿著線條剪出教師要求的圖形，雖然小傑使用剪刀的技巧並不熟練，但是可以沿著線剪完是很大的進步。

(三) 國語課：象形及圖形文字的應用

評估者提醒教師上國語課練習國字時，可多多將國字圖像化，幫助小傑與其他學生記憶。教師將部分生字做了一些圖形的變化，不只是小傑，其他的小朋友也因此學得更紮實。例如：評估者與教師一起訓練小傑用國字的圖像特色來搜尋，如尋找國字「公」時，就先找有「八」兩撇的字，這兩撇就像老公公有兩撇鬍子。因為文字與圖形的結合，小傑找到字卡的時間縮短了。

(四) 體育課：鮮豔色彩對比、輔具運用

在跳房子遊戲中，為防止小傑跌倒受傷，評估者指導小傑的遊戲同伴先在紅色止滑墊上畫出房子，並引導大家站在紅色止滑墊上玩跳房子。同時，評估者將小傑需丟擲的石頭特別貼上黃色皮卡丘貼紙（加強色彩對比）並綁上鈴鐺。如此一來，小傑可先用視覺去追跡鮮黃色皮卡丘貼紙移動之方向，並可同時藉由聽覺輔助來確認石頭的方向。在射靶遊戲時，評估者將靶設計得很大，靶上的色彩與字體大小也都做了加強，另外在每個得分區塊都貼上了色彩鮮豔的卡通圖案，小傑會先用望遠鏡觀看後再將箭射出。

問題省思與討論

1. 請簡述 Hall Lueck（2004）七項功能性視覺能力重要的指標。
2. 請簡述功能性視覺評估的六項一般原則。
3. 請簡述功能性視覺評估的九項特殊原則。
4. 請簡述功能性視覺評估的五個步驟。

第八章

學習媒介

前　言

視障學生透過閱讀獲取學科領域知識，並透過文字書寫表達個人的想法與呈現學習表現。因此，視障學生具備良好的閱讀與書寫技能，能為學習與職場表現奠定重要的基礎。

視障學生的個別挑戰與需求因人而異，所須服務也大相逕庭。美國點字法規定，視障學生資格鑑定資料應包含功能性視覺評量與學習媒介評量。經鑑定確定為視障學生者，須確認該生是否為功能性盲。功能性盲意指，學習媒介評量結果顯示學生須使用觸覺性學習媒介為主要學習媒介者。此外，教師可利用不同的學習媒介，例如：放大字體、光學輔具與電腦輔助科技，提升低視能學生的閱讀與書寫效能。每位學生的 IEP 上，必須詳載評量後所決定的學習媒介。本章將從視障學生的閱讀特徵與表現，來探究視障學生學習媒介的類型與評量。

第一節　視障學生閱讀特徵

低視能學生的剩餘視力狀況不盡相同，可能如視野缺損、精細視力不佳、眼球震顫等各種不同的視覺問題，因此每位低視能學生在閱讀時的需求也就各有不同。教師也必須深入瞭解視障學生的閱讀特徵，以營造良好的學習環境，提升閱讀效能。

一、閱讀速度緩慢

低視能學生為了看清楚書本上的文字內容，在沒有其他輔助工具的情況下，經常以縮短閱讀距離的方式來閱讀文字內容。此外，低視能學生亦常配合自身視力需求選用合適之學習媒介，例如：放大字體、光學輔具、電腦輔助科技，以看清楚文字內容。使用放大字體或光學輔具時，在字體放大，單位面積閱讀內容相對減少的情況下，低視能學生需要比普通生做出更多的注視與掃描動作，因此閱讀速度緩慢。

視障學生的閱讀速度明顯較一般學生的閱讀速度緩慢，可能受到下列因素影響（莊素貞，2004）：

(一) 視力保留度（acuity reserve）

印刷字體大小與視力閾限的比率。一般來說，若視力保留度低於 2：1，視障學生的閱讀速度會受影響而變慢。

(二) 對比保留度（contrast reserve）

指印刷體之對比值與對比值閾限比率。若對比保留度小於 20：1，閱讀速度會產生比率遞減。

(三) 視野

周邊視野能看見的字數。閱讀時，最順暢的閱讀率發生在眼睛一次能看見四個字的情況。

(四) 中心盲點大小（針對黃斑部功能喪失者）

眼底盲點直徑小於 8 度時，可獲得最佳的閱讀速率。

二、近距離閱讀

視障學生視覺功能不同、視覺經驗亦不相同，因此在閱讀速度方面也有很大的個別差異（莊素貞，2004）。一般而言，標準閱讀距離為 30-40 公分，閱讀時愈接近標準閱讀距離範圍，眼睛愈不易疲累，閱讀持久性也會更好（Mangold & Mangold, 1989）。低視能學生閱讀時，眼睛常會接近閱讀物，這種閱讀姿勢看似有害視力，但對低視能學生而言卻是一種常態（莊素貞，2004），因為這種閱讀方式可免除藉助外力、外物，是最立即的方法。

但書本與眼睛距離縮短，光線容易被阻擋，導致閱讀物表面光線照明度不足，同時也因閱讀姿勢不良致使肩頸不舒服、眼睛疲勞（萬明美，2017）。早期有些學者認為這樣的閱讀模式會使剩餘視力惡化，但 1964

年 Barraga 的研究指出，使用剩餘視力並不會造成眼睛損害，許多學者也在隨後複製的研究中證實（莊素貞，2004）。

三、文字辨識能力不佳

視障學生除了閱讀速度緩慢外，在文字辨識方面也容易發生錯誤。視障學生常因看不清楚字形而在文字學習上產生問題，也易因文字辨識困難而影響閱讀意願；閱讀經驗不足，更落入閱讀能力低落、對文字理解能力不佳的惡性循環。可想而知，視障學生的學習成就也將與其他同儕有落差。

四、營造良好的學習環境

因此，教師必須深入瞭解視障學生的閱讀特徵，營造良好的學習環境，降低視障學生閱讀的阻礙，提升閱讀效能。在學校中，教師可協助視障學生營造良好學習環境的做法如下（莊素貞，2004）：

(一) 選擇合適的文具

例如：線條加粗的筆記本、刻度清楚的直尺等。

(二) 選擇合適的教材教具

過多的訊息會干擾視障學生的學習，例如：地理課本上錯綜複雜的地形圖。教師應提供視障學生單純化、去除多餘干擾的教材教具；重點處特別標明以利閱讀。此外，顏色對比也相當重要。

(三) 選擇合適的桌椅、窗簾

配合視障學生的體型及特殊需求，使用可調整、提供適當支撐的桌椅，例如：斜面桌，如此視障學生在閱讀時便不需傾斜太多，造成姿勢不良。此外，教室應裝設百葉窗、窗簾以調整光線，避免日光直射刺眼。

(四) 控制照明

必要時應加裝檯燈，並注意不讓頭遮住光線。應注意個別差異，有些視障學生如白化症、無虹彩、全色盲，光線太亮反而覺得刺眼，此時應調整照明或建議學生配戴淺色眼鏡。

(五) 教室環境調整

教室黑板用左右彎曲的，且黑板面的照明要比教室內稍亮，避免眩光。教師上課時站的位置勿背對光源；在黑板上繪圖板書時，要口頭詳盡解說該圖。教師亦應配合視障學生的需求，為學生安排適當的座位。

第二節 閱讀表現

視障學生由於視覺損傷的限制，必須藉由「學習媒介」的協助才能順利獲取文字資訊。閱讀能力愈好，所獲得的資訊就愈多。視障學生閱讀文字的表現一直是受關注的重要議題，許多研究都著重於比較視障學生使用不同學習媒介的閱讀成效，而閱讀理解、閱讀速度、閱讀疲勞、閱讀距離是最常用來比較閱讀成效的觀察指標。以下分別就此四個向度加以敘述：

一、閱讀理解

一般人閱讀整篇文章時，通常能由略覽每段上下文句，大致掌握每段落的主旨大意；有時遇到生難字詞也並不斟酌在每個字的字義是什麼，而是藉由整句前後文來推測該字的意義，而得到段落的理解。換句話說，閱讀時，若常停留在不懂的字面上太久，即會因無法快速理解每段大意而減緩閱讀速度。相反的，當閱讀理解能力強，不但可提升文字辨識的能力，對於訊息記憶也非常有幫助。低視能學生的閱讀理解力可經由增強文字辨識力或上下文理解而提升。

黃柏翰（2010）的研究指出，學生使用光學輔具與大字書的閱讀比較，結果發現在閱讀理解方面並無顯著差異。李永昌、廖榮啟、李淑櫻

（2005）研究結果亦指出，不同的閱讀方式（大字書、光學輔具），並不會造成閱讀效果的差異，但是仍可以多加鼓勵低視能學生使用光學輔具來閱讀，以增加其獨立性。

Sykes（1971）以 41 名低視能學生為研究對象，發現低視能學生與正常學生的閱讀理解並無差異。閱讀理解之目的是為瞭解整篇文章的意義，如果閱讀理解能力不好，即使低視能學生提升像一般人一樣很快的閱讀速度，對整個閱讀成效將減低，故閱讀理解扮演著重要的角色，也是教導學生掌握閱讀技巧的一項重點。

二、閱讀速度

李永昌、陳文雄、朱淑玲（2001）研究發現，低視能學生使用大字體教科書及以光學輔具閱讀一般字體教科書，結果顯示以這兩種方式閱讀時，每分鐘閱讀字數未有顯著性差異。黃柏翰（2010）與莊素貞（2004）同樣針對低視能學生使用大字體教科書及以光學輔具閱讀，卻有不同結果，發現大字書的閱讀速度優於擴視軟體。視障學生因閱讀時需要放大文字，由於個別不同的障礙成因、視覺功能及視覺經驗，低視能學生閱讀速度差異很大。

杞昭安（1994）研究發現在閱讀速度方面，國小低視能學生平均每分鐘 47 個字、國中低視能學生平均每分鐘 97 個字、高中職低視能學生平均每分鐘 145 個字；學齡期低視能學生隨著年紀增加而閱讀速度提升。李永昌等（2005）以光學儀器教導低視能學生閱讀一般字體教科書的效果研究，其結果為在閱讀速度教導前後，後測優於前測且達到顯著性差異。從這些研究的結果顯示，隨著學習年齡的增進與閱讀技巧的教學介入，能提升視障學生閱讀速度的表現。

三、閱讀疲勞

視障學生由於本身視覺損傷因素不同，在一天生活作息中，可能在特定的時段視力表現會有差異。可分別在上午及下午測試視障學生的閱讀速度，或在每節上課開始及下課結束測試其閱讀速度的差異，以判斷學生的閱讀疲勞情形。閱讀疲勞除了與視覺功能有關，也與閱讀時的身心舒適度有關。如果能為閱讀者創造一個舒適的閱讀空間，自然可延長閱讀時間。在閱讀時如能放鬆眼睛、頭部、頸部與背部肌肉，則能有效延長閱讀持久度。

呂建志（2005）測試低視能學生在放大文字、光學輔具與擴視軟體等不同學習媒介的學習成效，結果發現使用光學輔具較不易產生「閱讀疲勞」。閱讀疲勞的產生因素相當複雜，藉由學習媒介評量方式，可客觀分析找出最適合的學習媒介與環境，可減輕視障學生閱讀的疲勞感與不適感，養成閱讀持久能力，進一步掌握閱讀的技巧。

四、閱讀距離

莊素貞（2004）探討低視能學生使用大字書及電腦擴視文字，發現兩者「閱讀距離」有明顯差異，使用大字書的閱讀距離較電腦擴視文字來得近。黃柏翰（2010）比較低視能學生大字書與光學輔具的閱讀距離，發現光學輔具明顯優於大字書。呂建志（2005）比較低視能學生放大文字、光學輔具與擴視軟體等不同學習媒介的成效，結果發現擴視軟體在閱讀距離方面表現較佳。從以上研究的結果得知，在閱讀距離的表現上，光學輔具與擴視軟體優於大字書。

第三節 學習媒介的類型

一、大字體印刷資料

使用大字體印刷資料的優點，有 (1) 使用方式簡單不需過多的指導；(2) 政府編有印刷大字體教科書的專門預算；(3) 使用較無特殊限制，不需醫生開處方箋或至低視能診所評估（Corn & Ryser, 1989）。

使用大字體印刷資料的缺點，有 (1) 體積大，需要較大的讀寫空間；(2) 攜帶不便，書本易破損；(3) 使用時易引起同儕異樣眼光；(4) 放大圖片不易辨識，比看一般圖片來得困難；(5) 製作成本高；(6) 製作費時不易取得最新版本資料（Barraga & Erin, 2001）。

國內許多的調查研究指出，大多數的視障學生使用之學習媒介仍以學校提供的大字體教科書為主。莊素貞（2004）研究結果發現，視障學生使用放大字體的閱讀效能較擴視軟體佳。大字體印刷資料對於部分的視覺障礙者雖有正面的幫助，但不是將資料的字體放大就適合所有仍具剩餘視力的視障學生閱讀（Adams & McCreery, 1988）。大字體教科書中固定的字體粗細、行距、字距等，並無法符合每一視障學生的個別需求。

大字體印刷資料目前是臺灣多數視障學生，最常使用的學習媒介。對學校及教師來說，提供大字體教科書可能是對視障生快速而具體的方法（Corn & Ryser, 1989）。李永昌等（2001）研究發現，視障學生使用大字體教科書及光學輔助器材閱讀一般字體教科書，每分鐘閱讀速度沒有顯著差異。林慶仁（2002）研究發現，臺灣各縣市視障學生使用放大字體的人數比例很高，有些縣市甚至高達百分之百。放大字體資料為多數視障學生所依賴，可能是國內大環境使然。根據李永昌等（2001）研究顯示，國內低視能學生在政府沒提供放大字體的參考書時，有 80% 的視障學生使用光學輔具閱讀。

視障學生並非隨手能取得所有印刷資料的大字體版本，例如：書報、雜誌、餐廳菜單、演出節目單等，這種依賴大字體教科書的現象值得重視，因為視障學生的個別差異，使用放大字體資料需要有一套客觀的學習媒介評量分析結果，才可建議使用。除非經過專業評估，否則任何人不可任意推薦視障學生使用放大字體資料；在下列三種情況下，方可考慮使用放大字體資料：(1) 學生無法使用光學輔具；(2) 學生視覺損傷程度嚴重，使用放大字體資料配合光學輔具；(3) 學生閱讀距離需要增加，如打字或閱讀樂譜。要學習運用其他輔助科技或光學輔具，進行學習與日常生活。

二、光學輔具

視障學生常使用的光學輔具，包括放大鏡、望遠鏡、擴視機。每種光學輔具類型及功能不同，每位視障學生在學習時可能同時有二種以上的光學輔具，依據個別需求加以選用。

放大鏡是使用凸透鏡的光學原理使物體反射的光線經折射後擴大，使用時手動調整焦距或眼睛與物體的距離。擴視機則是透過鏡頭的光學放大再經過處理器運算後，轉換成訊號傳送到顯示器上。放大鏡的倍率常見為2-20倍，擴視機隨各機型不同，可高達60倍，與大字體教科書相較之下更能滿足視障學生的個別需求（Lackey, Efron & Rowls, 1982）。

放大鏡常見的型式，有手持式（hand-held）、直立式（stand）與眼鏡型（spectacled）。手持式放大鏡使用時需自行控制放大鏡與書本及眼睛的距離；直立式放大鏡則是將鏡片與書本距離固定，使用調節環或調整眼睛與放大鏡距離來對焦即可；眼鏡型放大鏡是固定鏡片與眼睛的距離，閱讀時需調整書本與放大鏡的距離使焦距正確。這三種型式的放大鏡各有其優缺點。

手持式放大鏡的優點是倍率及可視範圍較廣，缺點是使用時，無法雙手同時工作，使用時不方便同時書寫或畫重點。直立式放大鏡優點是能固定鏡片與書本的距離，增加穩定度，也減少焦點變化的不舒適感，書寫時亦可同時放大寫出來的文字；缺點在於其構造及姿勢容易阻擋光源，需要檯燈輔助。眼鏡型放大鏡如同一般眼鏡，優點是使用時雙手可以同時進行工作較為便利，適合看遠、看近以及長時間使用；缺點是大小與重量都受到限制，其倍率的選擇不多。

擴視機的優點，包括(1)圖文不因放大而失真；(2)閱讀距離可隨畫面的放大而增加；(3)可放大較高倍率；(4)工作時可同時使用雙眼。其缺點則是：(1)攜帶與移動不易；(2)體積大需要空間擺放；(3)電子產品易故障，需定期維修；(4)機器本身及周邊產品價格昂貴。擴視機的使用不如放大鏡與望遠鏡來得普遍，當放大鏡與望遠鏡皆無法滿足視障學生的學習需求時，除非需要高倍的放大效果，否則視障學生較少使用擴視機。研究結果發現，視障者使用擴視機與放大鏡的閱讀表現沒有顯著差異，但因擴視機能提供較高的放大倍率與較遠的工作距離，閱讀姿勢較為舒適（Cuadrado et al., 2005）。

視障學生光學輔具的使用，一直是備受討論的議題。李永昌等（2005）、林慶仁（2004）研究發現，低視能學生使用光學輔具有不錯的學習效果。與大字體印刷資料相比，Corn與Ryser（1989）認為**光學輔具（放大鏡及望遠鏡）具有以下的優點**，包括成本較低、易攜帶、不同類型及倍率的鏡片可使用在不同情境。Corn與Koenig（1992）聯合發表聲明應限制放大字體資料的使用，建議美國所有低視能者都有接受使用光學輔具評估與使用的機會。國內有些視障學者專家也建議，嘗試以光學輔具代替放大字體資料的可行性。

三、電腦輔助科技

現今資訊科技及網際網路十分發達，影響人們的生活、學習、就業、休閒娛樂等。隨著電腦軟硬體價格下降、速度提升、記憶體容量加大及作業系統操作人性化，使電腦的使用更加普及，電腦輔助科技亦是視障學生常用的學習媒介之一。視障學生學習時使用的電腦輔助科技，主要有文字－語音轉換系統（text to speech）及視訊放大系統（magnification system）。與視障學生使用剩餘視力閱讀較相關的是視訊放大系統。

目前視訊放大系統中，視障學生常用的電腦輔助科技包括：(1) 文書編輯軟體；(2) 網頁瀏覽器；(3) 滑鼠驅動程式；(4) ZoomText；(5) Microsoft Magnifier；(6) BigShot；(7) 微軟放大鏡。相關說明如下（黃偉豪，2007）：

(一) 文書編輯軟體

文書編輯軟體的功能在於讓使用者閱讀、建立、編輯與修改一份文件，其中又以使用 Microsoft Word 的人數最多。黃偉豪（2007）研究結果發現視障學生以 Microsoft Word 為學習媒介，能增進搜尋速度、閱讀速度，並減少閱讀錯誤；不同的電腦輔助科技對視障學生之閱讀理解，無明顯之影響。使用電腦輔助科技閱讀，能協助視障學生維持適當的閱讀距離，矯正不良閱讀姿勢，增加閱讀舒適性。

使用文書編輯軟體放大文件字體的方式有兩種：調整顯示比例與調整字體大小。這兩種放大方式所呈現的字體，不會出現鋸齒狀邊緣。調整顯示比例與擴視軟體的全螢幕放大模式類似，會讓文件上同一行的文字因放大而超出螢幕的可視範圍，閱讀時需要配合調整視窗橫向捲軸或游標才能看完同一行的文字。調整字體大小的方式，則會在字體放大後自動換行排版，閱讀時不需任何操作就可看完同一行的文字。因此，調整字體大小的方式較適合視障學生閱讀文件。此外，文書編輯軟體還可調整字體、粗細，文件中前景與背景的顏色，能更符合視障學生的個別需求（黃偉豪，2007）。

(二) 網頁瀏覽器

常見的網頁瀏覽器有 Internet Explorer、Firefox 與 Opera 等，這些網頁瀏覽器本身均具有調整字體顯示大小的功能，也不會造成字體邊緣的鋸齒狀。但網頁瀏覽器僅能就文字部分放大，圖片或其他物件並不能同時放大，故放大後可能會造成頁面排版的混亂，不利於視障學生的閱讀。

(三) 滑鼠驅動程式

滑鼠驅動程式具有類似 ZoomText 之放大鏡模式的功能，可將滑鼠指標周圍的區域放大，放大倍率不等，但放大後文字邊緣可能產生鋸齒狀。這些滑鼠驅動程式大多缺乏追蹤游標焦點的功能，無法搭配鍵盤使用。

(四)ZoomText

ZoomText 為一功能完整、放大效果良好的擴視軟體，但價格昂貴、欠缺完整的中文化語音與操作介面。軟體功能與特色如下：(1) 放大倍率 2-16 倍。(2) 具有英文的螢幕語音閱讀功能，可隨游標讀出英文，也有按鍵音效協助視障學生做確認。(3) 放大版面多樣化；(4) 放大後的影像邊緣較為平滑，不會有鋸齒狀或斑點不連接。(5) 可調整畫面顏色與反差調整、滑鼠游標等，操作、設定皆方便。

(五)Microsoft Magnifier

Windows 作業系統內建之 Microsoft Magnifier 容易取得，不需要額外購買。Microsoft Magnifier 與作業系統的相容性及整合度最高，放大倍率為 2-9 倍，但放大效果較 ZoomText 差，邊緣容易出現鋸齒狀，提供的擴視模式雖然僅有分割畫面一種，但 Microsoft Magnifier 開啟時正在執行的應用程式會依照分割畫面的範圍調整視窗的大小，讓使用者操作時較為便利，同時 Microsoft Magnifier 也提供色彩對換的功能，有畏光傾向的視障學生可採用此模式。

(六)BigShot

BigShot 的安裝程式容量小（約 6.5MB）、操作介面簡潔、價格低（僅約 ZoomText 的四分之一），所提供的放大倍率為 105-200%，最大放大倍率約等同於 ZoomText 的 2 倍放大。放大模式只有全螢幕放大與使用中的應用程式（active windows）放大兩種，因所提供的放大倍率較低，較無法符合視障學生的個別需求，故使用者較少。

(七) 微軟放大鏡

微軟的放大鏡是微軟公司視窗作業系統中內建的功能，主要是為輕度視障及低視能使用者提供閱讀電腦螢幕最基本的功能，可增加視障學生使用電腦時對於視窗作業系統螢幕顯示的可讀性。功能與特色，包括 (1) 放大等級（1-9 倍）可變更；(2) 可變更放大鏡作用視窗的大小；(3) 可顯示螢幕放大部分的獨立視窗；(4) 可移動或調整放大鏡作用視窗的大小，或依個人需要將作用視窗以滑鼠拖曳到螢幕的邊緣，並鎖定其位置方便使用。

第四節　學習媒介評量

一、評量流程

視障學生學習媒介的選擇，大多是由教師、眼科醫師及驗光師靠著專業及經驗，協助視障學生選擇合適的學習媒介。透過學習媒介評量能更客觀而系統性地為視障學生選擇學習媒介，在設計學生的教學計畫時提供必要的訊息。透過學習媒介評量的方式，使視障學生能透過合適的學習媒介進行學習，持續在學業及其他領域上進行學習並有所成長，這些成功經驗會促使視障學生獲得更高的自尊，以及促進他們的學習動機（Mangold & Mangold, 1989）。

Koenig 與 Holbrook 以視障學生（低視能及全盲學生）為群體，著眼於學習及就業兩方面，強調以多專業團隊為基礎，針對視障學生的讀寫能力（literacy）進行評估，提出兩階段的評估模式。第一階段以診斷教學為基礎，透過教師與直接照顧者的教學及評量，蒐集視障學生相關的讀寫資訊，尋找適合學生的學習管道，初步選擇適合他們學習的媒介（Koenig & Holbrook, 1989）。第二階段在初步選擇學習媒介後，持續不間斷地進行評估。第二階段評估是經年累月的，持續長達數年。評估的項目包含了學生的視力現況、閱讀速度及理解、手寫能力、學業成就及職業選擇。Koenig 與 Holbrook 在 1995 年將學習媒介評量，依上述兩階段發展為以下模式，流程如圖 8-1。

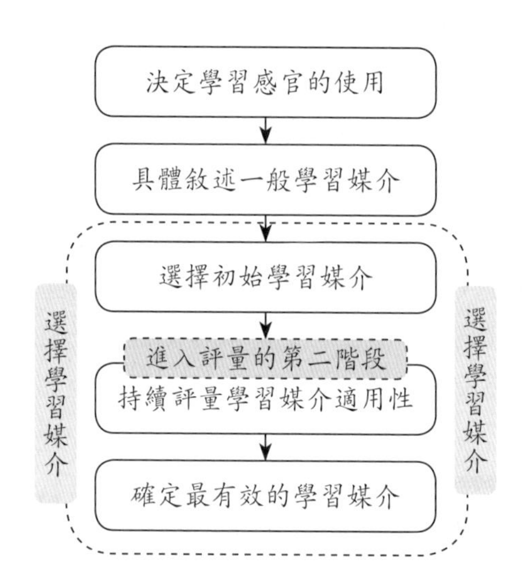

◆圖 8-1　學習媒介評量流程圖

資料來源：Koenig & Holbrook, 1995.

(一) 決定學習感官的使用

找出學生在學習及完成工作時，最有效率的感官途徑（sensory channels），例如：視覺、聽覺或觸覺。

(二) 具體敘述一般學習媒介

將學生的優勢感官能力與常用學習媒介做結合，學習媒介包括材料（實物、模型或圖示等）與方法（模擬、提示或傾聽等）。

(三) 選擇學習媒介

學生可能使用多種感官去學習與完成工作，要從其中找出最有效率的一項作為主要閱讀與書寫的感官；在選擇初始學習媒介並進行讀寫教學的同時，也要持續的對於學習媒介的適用性進行評量。持續性學習媒介評量也是視障教育的一項重點工作，包含的資料有眼科學、驗光學、臨床低視能及功能性視覺評量資料之統整。藉由確認前次評量結果，評估低視能學生之視覺能力是否有所改變、提供的學習媒介是否合適。找出符合學生需求的字體大小與輔具的使用，而後確定該視障學生最適用之學習媒介。

Mangold 與 Mangold（1989）指出，視障學生在選擇學習媒介時應考慮的因素，包括 (1) 眼睛與書面文字的距離：最合適的距離是學生可以輕鬆維持對焦的距離。(2) 閱讀便利性：學生可以廣泛運用於生活中，功能性達最少限制的環境。(3) 閱讀速度及理解：學生的閱讀速度及正確理解率是否可與同年齡之正常視力同儕相當。(4) 閱讀持久度：學生在日常生活中會持續進行閱讀，故閱讀的持久性應考慮是否會影響其日常生活及學習。(5) 解釋評量資料：教師應客觀的蒐集評量資料，評量結果不應受先前的主要學習媒介及主觀解釋資料所影響。

二、評量內容

根據學習媒介評量的流程，客觀地評量視障學生的學習媒介，評量內容包含 (1) 讀寫技巧的評估；(2) 讀寫需求的評估；(3) 適當讀寫媒介的評估（Koenig & Holbrook, 1995）。實際進行評量時，評量的內容會依據視障學生的需求及施測人員欲評估的項目而有所不同。學習媒介評量的內容大致上有下列五項（黃柏翰，2009）：(1) 閱讀速度：包含朗讀及默讀，計算出受試者平均每分鐘閱讀的字數。(2) 錯誤分析：統計受試者朗讀時因視覺損傷限制所造成認讀錯誤的情況。(3) 閱讀理解：在受試者閱讀完指定的文章後給予相對應的題目，檢驗受試者對於文章的理解程度。(4) 對焦工作距離：國內以遠距離視覺敏銳度作為受試者進行學習媒介評量的依據，國外則以近距離視覺敏銳度為依據。(5) 閱讀疲勞：檢驗視障學生使用某項學習媒介的疲勞程度。

李永芳（1995）認為，閱讀速度及閱讀理解兩項內容是主要的因素。Fry（1981）提出閱讀效能公式：閱讀速度 × 閱讀理解＝閱讀效能。可見，閱讀速度及閱讀理解是學習媒介評量的重要內容。閱讀速度及閱讀理解的相關研究，大多還會依朗讀（oral reading）及默讀（silent reading）兩個不同方式進行評估。

錯誤分析是針對受試者在閱讀過程中，產生的錯誤進行統計。國外研究僅針對錯誤占整篇文章比率加以統計，並未進一步分析為何種錯誤。莊素貞（2004）曾針對低視能學生中文閱讀常見的誤讀分為：停頓誤讀、重複誤讀、省略誤讀、替代誤讀、顛倒誤讀、添加誤讀等六項，分別加以分析並計算整體總誤讀率及閱讀正確率。

閱讀疲勞評估將一段較長的時間分為前後兩時段，分別比較前後兩個時段的閱讀速度差，藉以瞭解受試者使用學習媒介的舒適度及疲勞程度（呂建志，2005）。但必須注意的是，除了閱讀時間長短因素會影響疲勞程度外，視障學生的視覺損傷成因、視覺功能、認知能力、閱讀技巧、學習媒介特性等，都會影響閱讀疲勞的程度。

最後，視障學生為異質性極高的群體，有些學生利用觸覺閱讀點字書籍學習，有些學生利用剩餘視力配合光學或輔助科技進行學習，教師應依據學生的學習需求，設計符合學生需求的教材，且定期評量學生應用學習媒介遭遇的困難，以隨時調整學習媒介介入的類型與方式。視障教育教師為專業性極高的工作，而學習媒介評量亦為視障教育教師的專業之一，藉由師培與專業發展課程，視障教育教師將能具備學生學習媒介評量的專業知能。

教師應教導視障學生應用已開發成功之電腦輔助科技，藉由熟悉輔助科技之應用，協助視障學生提升學習效果。提供學生操作不同學習媒介的機會，藉此發現學生適合使用的學習媒介。臺灣《特殊教育法》應將學習媒介列為視障學生鑑定之重要評量，教師能透過學習媒介評量，決定學生應選擇印刷文字教材或點字教材。教材的選擇結果也應列入個別化教育計畫或轉銜資料，作為特教專業團隊檢視學生學習媒介與需求的參考依據。

問題省思與討論

1. 依據視障學生的閱讀特徵，教師應如何調整並營造良好的學習環境？
2. 請從閱讀理解、閱讀速度、閱讀疲勞、閱讀距離四個方面，簡述視障學生的閱讀表現。
3. 請簡述視障學生使用放大字體教科書的優點與缺點。
4. 請簡述視障學生使用擴視機的優點與缺點。
5. 請簡述學習媒介評量流程。

第九章

點字教學

第一節　點字的發展
第二節　點字的教學策略
第三節　各階段視障學生的點字學習
第四節　教師在點字教學的角色
問題省思與討論

前　言

點字是法國人路易士・布萊爾（Louis Braille, 1809-1852）所發明的。路易士・布萊爾 1809 年出生於巴黎東方庫柏瑞（Coupvray）的一座小村莊，父親是一位製作馬鞍的工匠。布萊爾 3 歲時因意外受傷而雙眼失明。1819 年 2 月布萊爾進入法國巴黎的「皇家青少年盲人學校」就讀，這是全世界的第一所盲校，由法國慈善家郝毅（Valentin Hauy, 1745-1822）所創。當時皇家青少年盲人學校還使用將字母打壓在紙上的浮凸字體。浮凸字體不僅摸讀困難，且速度緩慢。

本章首先說明點字的發展，進而探討點字閱讀的教學策略，並說明各年齡階段視障學生的點字學習與教師在點字教學的角色。

第一節　點字的發展

點字的發明解決了浮凸字體使用上的不便。當時一位砲兵隊長為了達到士兵夜間作戰的需求，發展一套由 12 點組成的文字溝通系統，士兵在戰場上利用手指觸覺取代口頭溝通、傳達命令，這項發明稱為「夜間文字代碼」。受到這項溝通系統的啟發，1825 年年僅 16 歲的布萊爾簡化夜間文字代碼，從 12 點變為 6 點，成為現今點字的濫觴。

布萊爾在推行 6 點點字的過程並非全然順利，最初學校只默認布萊爾繼續進行點字實驗性教學，不能作為正式文字推廣運用。直至 1844 年轉機出現了，在學校典禮中，一位與布萊爾有交情的教師大力稱頌布萊爾的點字系統，並讓一位視障學生使用布萊爾點字寫下一首詩，又請了另一名視障學生朗讀，其效果極佳，使現場的觀眾及聽眾都留下了極深刻的印象。這一次公開的說明演示獲得極廣泛的迴響，從此點字陸續成為各國發展視障者溝通文字的基礎。1887 年布萊爾點字系統被國際認可為視障者通用的文字。從布萊爾的墓誌銘可以看出，點字的發明是多麼偉大的成就：路易士・布萊爾的點字發明，打開視障者通往知識天堂的大門。

點字能協助視障者進行閱讀與書寫的工作。點字由六個位置像矩形的細胞所組成，包含兩欄，每一欄各有三個點（詳見圖 9-1）。點字字母是用手指由左邊摸讀到右邊，與一般以視覺閱讀的印刷字母相同。點字細胞依靠點的結合，組成可供讀與寫的點字碼。與不具備點字技巧的學生比較，能使用點字的視障學生具備更多的優勢。視障學生教育的目的是培養學生具有足夠的能力，以便將來能在競爭的社會中獨立且有尊嚴的生活與工作，而這些能力中又以「文字閱讀與書寫的能力」最為基本。視障學生熟悉並應用點字閱讀與書寫的能力，即成為課程學習與發展專業的關鍵技巧。美國 Association of Blind Citizens 指出擁有點字讀寫能力的視障學生，可實質上增加他們的就業機會。因此，對視障學生來說，學會閱讀及書寫點字是一項重要的技能，以便未來能成功完成各項學習活動與日常工作。

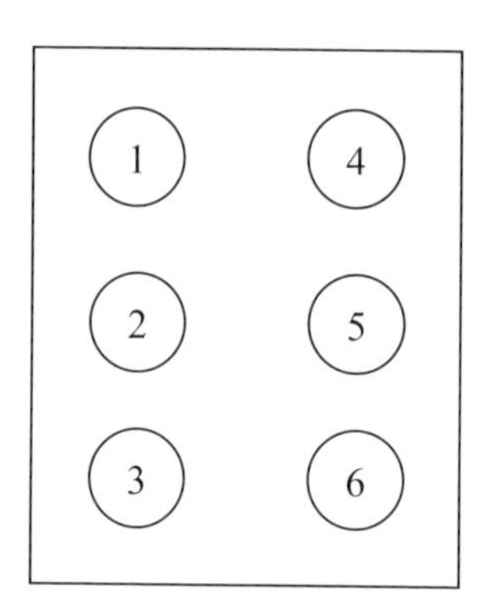

◆圖 9-1　點字點位圖

視障者可利用點字機（braille writer）、電子點字機（electronic braille writer）、點字板及點字筆（slate and stylus）、電子筆記本（electronic note-taker）、點字顯示器（refreshable braille display）等工具，進行點字閱讀及書寫。點字與輔助科技的結合，使視障學生在學校能跟上非視障學生的學習進度。相反地，沒有輔助科技的協助，視障學生請點字轉譯人員將點字內容轉換成印刷文字形式，會耗費相當多的時間。轉換所需的額外時間，使得視障學生很難與其他學生同時完成功課。

第二節　點字的教學策略

2011 年教育部規劃新特殊教育課程綱要之點字領域課程，用以協助視障學生獨立學習與生活適應。在點字領域課程內容，須包含摸讀與點寫兩種能力。課程目標為熟悉各領域點字系統的點字記號、能應用各領域的點字記號與規則、養成點字摸讀與書寫的正確態度。

一、點字學習的先備能力

視覺障礙學生在接受摸讀教學前，心理與生理必須做好準備。學習點字摸讀需具備成熟的生理基礎，例如：指腹須具備觸覺敏銳度、手指能靈活運動、感覺神經傳遞正常、大腦感知與對符號的解釋能力沒有缺損。在心理方面需情緒穩定且專心一致，否則無法準確摸讀點字。教師的摸讀教學應著重以下能力的訓練：如精細動作、觸覺辨識的能力、觸摸及操作的技能、空間概念、身體位置及手指移動、摸讀速度等。

點字摸讀是相當精細的動作，必須考慮學生在肌肉發展、方位概念、口語能力方面的成熟度，為了達成這三項檢核目標，教師可在教學上從觸覺敏銳度訓練及教材教法方面著手。觸覺敏銳度訓練強調視覺障礙學生的指腹敏銳度，可以從對點位的變化與認識入手。在教材教法方面，教材的編排可採單元的方式進行，每個新單元教的點字不超過四個，初學者以每面不超過 5-6 個字行為原則，字與字之間應空一方或二方，以免太密集，造成學習者摸讀困擾。

觸覺是視障兒童探索世界的重要管道，但觸覺無法像視覺一樣「一覽無遺」，以至於摸讀的探索速度無法像非視障者運用視覺般快速，所以建立良好摸讀能力及習慣，對視障學生相當重要。Tessa（2009）探討優勢手是否影響點字摸讀的速度，結果發現使用左手或右手摸讀速度並無顯著差異，而且視障學生會自行發展更有效率的摸讀方式。

缺乏使用正確的摸讀方式，例如：邊摸讀邊口誦、反覆出現回搓動作、指間壓力過重等不良習慣，可能是影響視障學生摸讀速度的原因。因此，教導視障學生使用雙手摸讀、練習回行能力及翻頁技能，都是能增進摸讀速度的技巧（Wright et al., 2009）。教師必須常常提醒視障學生點字的位置及每個點字的意思，在進行點字教學時必須經常利用口語提示學生正確的點字閱讀方式。

點字是視障學生閱讀的重要技能，視障學生應儘早在學齡階段具備這項技能，才能在日後進一步閱讀大量的書籍及學習豐富的知識。視障學生在摸讀點字時，教師最終希望視障學生能提升自己的摸讀效率。手部移動的方式，一直是影響視障學生閱讀速度的重要因素，Wright、Wormsley、Diane 及 Kamei-Hannan（2009）根據 Wormsley 在 1979 年的研究中，將點字摸讀的方式分為單手摸讀與雙手摸讀兩大項，並研究不同的摸讀方法對摸讀速度的影響。研究結果顯示，使用兩手摸讀者的速度比單手摸讀者快速，且初學點字就使用單手摸讀的人，不容易再學會使用雙手摸讀的方式；但初學點字就學雙手摸讀的人，卻比較容易再進入更有效率的學習方式。例如：使用「同時法」的視障者，則可以進一步學習切開法或剪刀法。點字教學者教導視障兒童點字時，最好就先教導雙手摸讀的方式。

點字摸讀有以下方式（Wright, T., Wormsley D. P., & Kamei-Hannan C., 2009）：

(一) 單手摸讀（one-handed）

只使用左手摸讀，右手輕放在書本上；或只使用右手摸讀，左手輕放在書本上。

(二) 雙手摸讀（two-handed）

雙手並用進行摸讀，主要方式有以下四種：

1. 左手標誌（left marks）：以右手主要摸讀，左手在每行開頭當標誌，當右手即將摸讀完時，左手移至下一行，右手再去尋找左手準備開始摸讀。

2. 同時法（parallel pattern）：兩手同時進行摸讀，閱讀完一行後再同時返回移至下一行。

3. 切開法（split pattern）：兩手同時進行摸讀，直到閱讀接近每行的最後時兩手分開，右手持續摸讀下去，而左手尋找下一行的開頭，等待右手會合。

4. 剪刀法（scissors pattern）：兩手各司其職。兩手同時進行摸讀，但先以左手摸讀至每行的中間，右手再接著摸讀下去。當右手摸讀時，左手則移至下行開頭。

國語點字教學強調聲調的變化，因為點字書寫的正確性與國語發音有密切的關係，教師應注意學生國語發音的正確性，例如：捲舌音與不捲舌音的辨別。此外，教師也應協助學生熟悉聲調變化，並將聲調變化的學習融入課程教學中。國語點字有許多同音異字的限制，僅依據聲符、韻符與結合韻的組合排列表達中文字義。利用國語點字系統閱讀資料或書籍，視障學生必須藉由前後文來判斷字詞所代表的意思。國語點字並沒有一套有規則性的邏輯可依循，學習起來並不容易，非視障專業領域人員很難有興趣接觸與學習。視障與非視障者皆需要一套有效學習策略，進行點字學習。

視障兒童以觸覺代替視覺閱讀，若因其神經系統缺陷導致觸覺的敏銳度無法感受點字的變化，或是聽覺處理異常導致無法區辨說話的聲調與缺乏聲韻覺識的能力時，皆可能影響其點字學習的成效（Veispak & Ghesquière, 2010）。

二、功能性點字讀寫教學的步驟

黃國晏（2018）建議教師可運用下列十個功能性點字讀寫教學的步驟及策略，進行點字教學：

(一) 決定主要讀寫媒介

教師在進行點字教學前，需先評估學生的狀況，例如：學生的視覺損傷程度、視覺損傷發生時的年齡、輔助科技使用現況、學習與工作的需求。教師完成評估後，才能決定以點字作為主要讀寫媒介，或者點字與印刷字兩者並行。學生可先學習中文點字，待學生熟練中文點字後，可再學習英文點字。考慮學生工作與學習需求、學習能力與動機等條件，學生可同時學習中文與英文點字兩種文字系統。教師在進行英文點字教學前，需與學生共同決定學習一級英文點字或二級英文點字，或者兩者都學。

(二) 創造點字的學習環境

提供學生充斥點字的字詞及聲符、韻符與結合韻的環境，將有效提升點字學習成效。教師在環境周遭布置有點字的標誌，之後請學生探尋點字的位置。或依據學生的生活經驗創作有意義的故事書，並朗讀給學生聽，並閱讀書本中用點字及印刷字寫成的故事。

(三) 選擇個人化的閱讀及寫作字彙

教師與學生共同蒐集學生感興趣的字彙，並與日常生活連結，例如：學生平時會去的地方名稱、喜歡吃的食物、喜歡從事的活動等，成為有意義的單字詞彙，如此一來，學生將更樂於學習點字。

(四) 製作單字與閃示卡，教導第一個關鍵單字

在教師與學生共同蒐集完有意義的單字詞彙後，可以一起決定想先學習的單字，並將這些單字用點字分別寫在閃示卡上，再找一個可以容納所有閃示卡的盒子，將閃示卡放在單字盒內。教師協助學生透過觸覺辨識單字，經過數次練習，期望學生能熟練並且獨立認字。

(五) 透過追蹤活動教導觸覺感知技能及聲符、韻符與結合韻辨認技能

教師在進行點字閱讀教學時，必須強化學生摸讀的追蹤技能，可透過教師為學生量身打造的教具及其他輔助，例如：擴大點字句子排列的間距、用教師的左手拇指和其他手指形成一個「框」，協助學生知道手指是否排列在一直線上，循序漸進地訓練學生此一方面的能力。另外，教師可設計具激勵性且有趣的遊戲或活動，增進學生的辨識技能。

(六) 發展寫作技能之技術與程序

當學生學會辨認聲符、韻符與結合韻後，教師可以教學生使用點字打字機、點字板及點字筆，使學生能發展寫作的技能。教師在教導寫作技能時，可以要求學生在寫作時，一邊將聲符、韻符與結合韻唸出來，一邊進行創造性寫作。

(七) 創作閱讀與寫作的功能性運用

教師可以針對學生在環境中常用的物品製作標籤，協助學生能延伸到許多方面的學習，例如：教師可以在調味料外瓶標上名稱，並列出食用的方式，發展出簡單的食譜。

(八) 創作故事

學生閱讀的故事中若出現重複的關鍵詞句，將可以促進學生閱讀的流暢性。若故事中出現的詞語是學生之前未接觸過的，那麼學生將可以透過反覆的閱讀學習到這個新的詞語。成年視障者可以透過閱讀自己熟悉的故事，熟練摸讀追蹤技能，藉此精進點字閱讀的技巧與速度。

(九) 記錄撰寫及診斷式教學

教師可以發展出一套診斷方式，並製作診斷表格，記錄學生點字讀寫學習的狀況，內容可包含學生首次學習字詞的日期、精熟的日期，以及在學習過程中是否出現同樣的錯誤，透過記錄與診斷，設計更適合學生的教學方式與內容，協助學生能更有效的學習。

(十) 改用較為傳統之學術方式教學的時機

學生經過功能性點字讀寫的學習後，有了一定的基礎能力，此時，教師應協助學生拓展點字讀寫的範圍，可以從自己感興趣的書籍著手，久而久之，學生將能提升點字讀寫的技能。

三、不同類型學習者的教學策略

教師在進行功能性點字讀寫教學時，雖然有可以依循的步驟，但是必須針對學習者的個別差異與需求進行調整。以下列舉六種類型的學習者，並說明教師在進行教學時應注意的事項與教學示範（黃國晏，2018）。

(一) 視覺障礙伴隨輕度智能障礙學習者

此類型的學習者在剛開始接觸點字讀寫的時候，需要得到教師更多的協助，例如：教師設計更多能促進學習者發展語言基礎的學習活動。再者，此類型的學習者多數認為按點字機比辨識字詞容易，因而喜愛寫作更勝於閱讀。教師應協助學習者瞭解讀與寫的關聯性，在閱讀教材選擇方面，教師可以選擇學習者感興趣的主題，甚至是教師自編符合學習者需求的故事內容，且在教材排版方面也應考量學習者的閱讀能力，給予初學者間距較大的點字閱讀教材。

(二) 視覺障礙伴隨重度智能障礙學習者

教師若要教導此類型的學習者點字讀寫，應提供能引起學習者學習點字動機的環境，且相信學習者有能力可以學習點字讀寫。教師可以利用學習者日常生活中熟悉的具體事物，例如：選擇具體的提示物「湯匙」代表「午餐時間」的象徵物，當學習者可以將口語詞彙與活動及象徵物配對時，將能漸漸進入更抽象的學習，此時，學習者可以開始接觸點字。教師須協助學習者瞭解點字與物品的對應關係，並依據學習者的學習狀況，減少學習者對於具體物品的依賴。

(三) 視覺障礙伴隨肢體障礙學習者

此類型的學習者可能因為肢體障礙而無法進行點字讀寫，因此教師需先評估學習者的狀況是否能學習點字。即使學習者可以學習點字，教師仍需要視學習者的需求進行調整。舉例來說，若學習者只有單手能點字讀寫，教師應教導學習者透過單手型點字機學習點字，並改良點字機，協助學習者能單手操作。教師在教導此類型的學習者時，必須多方考量學習者的需求，透過多面向能力的學習，提升學習者點字讀寫的能力。

(四) 盲聾學習者

此類型的學習者在口語及語言能力方面有嚴重的障礙，在雙重限制的條件下，教師教學的關鍵便是從學習者既有的經驗著手，協助學習者學習與人溝通。舉例來說，學習者喜歡吃蘋果，教師可以協助學習者瞭解此一食物「蘋果」是有名稱的，透過具體的蘋果與點字詞彙，協助學習者將兩者聯想在一起。教師需知道學習者熟悉的事物，與直接照顧者合作，設計對學習者有意義的讀寫課程。

(五) 教育階段失明之學習者

此類型的學習者剛學習點字時常感到挫折，對點字充滿恐懼，害怕自己學不會，也擔心自己閱讀速度太慢而落後同儕。教師可以透過功能性點字教導學習者，協助學習者自己挑選想要先學習的點字字詞，熟練點字閱讀。另外，學習者可以透過閱讀自己熟悉的故事，提升閱讀流暢度。

(六) 成年後失明之學習者

成人通常希望學習可以立即見效，因此利用功能性方式學習點字讀寫能力是個不錯的方法。此課程成功的關鍵是：教師持續詢問學習者接下來想要學習的是什麼。例如：當成人學習者已學會讀電梯的數字，也會幫自己的藥品做點字標籤，在讀寫方面已有一定的基礎，此時教師就可以詢問學習者接下來是否有其他的學習目標。

第三節　各階段視障學生的點字學習

一、0-5 歲

視障學生年幼的時候，必須盡可能地接觸點字。所有標準印刷的書籍，都可用點字標籤（Braillables）加上點字。由點字打字機或點字筆製作的點字標籤，剪下之後貼在大多數的物品及書上。一旦學生的手指有力到足以正確地按點字鍵時，即可開始一週三到五次，每次 20-30 分鐘的正式點字訓練。如果手指還沒有能力使用柏金斯點字打字機（Perkins Brailler），可使用點字板及點字筆或電動點字打字機（Mountbatten Brailler）開始訓練。而定向行動技巧能幫助視障學生建立空間與方向感，亦能有效促進視障學生點字學習的能力。

二、3-5 歲

超過 90% 的學習是透過視覺獲取，因此，視障學生需要尋找其他方法以獲得適當的學習（Gillon & Young, 2002）。視障幼兒早期介入與學齡前課程，能發揮他們學習的潛力（Levtzion-Korach, Tennenbaum, Schnitzen, & Ornoy, 2000）。聽力是視障學生仰賴且必須磨練的一項技能。教師可透過說故事的方式增進學生的聽覺理解與見聞。舉例來說，教師讀一個受小孩喜愛的故事書，蠶寶寶孵化成蛾的故事，若學生沒有養蠶寶寶的經驗，無法理解故事背景，教師可透過實際養蠶，協助學生瞭解蠶蟻吃桑樹葉、蠶吐絲結繭、破繭孵化成蛾的過程。藉由拓展學生的生活經驗，教師可增進學生對故事內容的理解，進而啟發學生對閱讀的興趣。

美國盲人印刷所（American Printing House for the Blind）可購買觸覺性的繪本，讓有視覺障礙的學生也能對故事感興趣。視障兒童在此階段最好就能擁有穩定的摸讀能力，才足以應付愈來愈豐富的學習內容。若學生在 3 歲之後才被診斷為視力障礙，必須特別重視學習點字閱讀、觸摸打字、文字處理、語音報讀軟體指令及網路指令等主要技巧，如此一來，當他們開始上學時，便可儘快印出已完成的作業給教師。學生也應學習操作錄音設備，聽有聲書。學生需要練習使用桌上型電腦、筆記型電腦、掃描器、點字打字機、電子郵件。低視能學生在某些工作上還需要能使用放大鏡，如擴視機，但一般也需要學習點字來閱讀。

視障學生應學習使用點字板及點字筆、點字打字機與鍵盤。因為電動點字打字機易於按壓按鍵使之在紙上浮刻出圓點，故很適合年幼的學童使用。指導者應在點字打字機與點字板上，用點 1 到點 6 教導學生點的組成，並且讓學生練習在紙上使用點字板及推動點字筆，這樣學生可以感覺到突出的點，並能大聲唸出他們所寫的東西。如果年幼的學生只能接觸到對他們來說按鍵較難推動的柏金斯點字打字機（Perkins Brailler），教師應該確保學生能正確地按壓到按鍵，且在正式的訓練中，應避免讓學生在按鍵上使用錯誤的手指。然而，如果點字打字機只是在正式訓練前給學生把玩接觸的話，玩的性質是很重要的，能讓學生對點字打字機感到親切。

學生需要藉由正確且重複地按壓按鍵來建立手指的力量，並應鼓勵學生感覺紙上突出的點，以強調他們對在點字打字機上所打的字的印象。另一個加強手指力量的方法是給學生一個小橡膠球讓他捏，例如：彈力球，或者讓學生按壓鋼琴鍵。教師應開始教導正確的鍵盤指法與語音報讀軟體的技巧。教師可考慮使用以下方式：

(一) 教導學生如何獨立開關電腦、使用鍵盤指令，以及如何找到微軟的 Word 程式。透過電腦程式如 Freedom Scientific 的 JAWS，來教導基本語音報讀軟體指令。

(二) 剛開始的時候，使用 a, s, d, f, g, h, j, k, l, ; 與 ' 等按鍵。這些按鍵組成了基準鍵，而可教導視障學生如何把手放在鍵盤的正中央來找到所有的按鍵。

(三) 當學會字母後，請學生使用基準鍵打一些簡單的字，例如：sad、fad、gag、dad、lad 與 jag。

(四) 當學生熟悉基準鍵後，繼續學習上位（top row），接著學習下位（bottom row）。

(五) 如果學生有些許的視力，教師應利用色彩、上升線條，將上位製作成點字、印刷文字及圖示。

把課業變成三度空間，以促進學生的理解是很重要的。以數學來說，教師應將放大的印刷圖片及畫報與點字結合。重度視障學生也應該以三度空間、刪去圖畫或印刷的方式學習課業。

三、5-10 歲

視障學生應盡可能地接觸需要的工具來完成任務，他們所接觸的工具愈多，愈有能力完成教師交付的任務。除了聽有聲書增進聽力外，視障學生應有足夠的點字技巧，每分鐘要能閱讀至少 110 個字，才能跟上其他同儕的學習進度。視障學生需要每天閱讀才能有這樣的速度。教導學生如何分類整理，能讓他們的生活保持規律，並使他們有能力找到需要的東西。應期待視障學生能與其他同儕完成一樣的工作，與同學一樣能及時繳交作業。

在學生進入中學之前，應該要知道如何操作筆記型電腦。學生應該要會打出所有的學校作業給教師，並且幫自己把需要的資料轉換為點字。視障學生在這個年紀必須知道如何在電腦上拼字，以及使用縮短字形式（contracted word forms）的點字。舉例來說，「Braille」的縮短形式為「Brl」，但在電腦上拼為「B-r-a-i-l-l-e」。

教師助理員可利用點字、大字體或觸覺材料為學生準備所有功課，並且應該有點字的閱讀教材，這樣能讓視障學生的閱讀能力更加完美。除了閱讀點字之外，學生應該聽 MP3、CD 及電腦上的有聲書，盡可能地消化印刷的產物以跟上課堂的功課。視障學生可透過點字、觸覺的圖形與放大圖片學習數學課程。重要的是，擴視機絕不應成為主要的閱讀模式，而應該只是輔助學習的工具。當學生的觸摸打字技巧純熟後，應該鼓勵他們在網路上搜尋資料，並進行文書處理學習任務。

使用點字閱讀的學生通常無法在一開學就拿到教材，有時教科書要等好幾個月才會拿到（Wall Emerson, Corn, & Siller, 2006）。點字教科書不像印刷書能從多種管道隨時取得，尤其是有新版本的時候，可能透過任何管道都無法取得。專業的點字轉譯者將教科書製作成點字書需要時間，且書的複雜度會消耗大量經費；例如：一本高中數學課本可能需要好幾個月的製作時間，並花費數萬臺幣。雖然現有科技的使用，如點字翻譯軟體與電子點字印表機，已使製作點字書更有效率，但準備電子書的檔案、校對與其他必要的過程，仍會使書到達需要學生手中的時間嚴重延後。

四、11-18 歲

這個年紀的學生通常會關心自己有視力障礙，該如何適應學校環境。因為必須將作業印出給教師，所以如果學生沒有點字讀寫技能，應該立刻學習。點字是學習必備的技能，但許多年紀較長才失明的視障學生可能會抗拒使用點字，因為相較於打字，學習點字要花更多的時間，而要印出大量的印刷資料給教師對他們來說是有壓力的。如果學生知道自己有觸摸打字技巧，能夠立刻完成作業，對他們而言可能會減少儘快學習點字的壓力。

教師應強調習得點字技能對讀寫能力的重要性，點字是一項完成工作的重要技能。因為科技的進步，現今有許多視障學生不熟練點字是因為他們誤解只需運用電腦語音報讀軟體就能閱讀電子檔案，不需運用雙手摸讀點字。此外，視障巡迴輔導教師亦缺乏點字教學的專業知能，故視障學生無法有效應用點字進行學習任務。然而閱讀點字或印刷字的基本讀寫能力，在年紀較長的學生則使用筆記型電腦，配備一般標準型鍵盤的 QWERTY 鍵盤，電腦可連接點字顯示器進行學習任務。具備觸摸打字技巧的學生，可很快地學會用 QWERTY 鍵盤。教師可幫助學生選擇會教導點字或相關技能的課程，例如：如何透過按鍵敲擊操作 PowerPoint 或 Excel。敲擊按鍵使語音軟體依照學生的要求唸出內容，如依照字母、單字、句子或整份文件，敲擊按鍵也包括透過鍵盤的使用，要如何開啟及關閉檔案、儲存、存取資料或將游標移動到頁面上所需要的任意位置。表 9-1 總結先前所提到有關各年齡學生的學習策略。

雖然用點字與輔助科技操縱網路很方便，但這些技能全是透過敲擊鍵盤，使用鍵盤指令來完成的。必須在年紀小的時候開始學習，讓技能可以完備及發展。將這些學習策略與視障學生領域其他專家的意見作結合，可為視障學生發展出一套完整的學習計畫。

第四節　教師在點字教學的角色

從 1800 年代早期到 1950 年代，大部分視障學生都在住宿型的特殊學校接受教育。受過點字讀寫訓練並且有經驗的教師擔任教職員，學生在上課時間有許多的機會學習並使用點字，並且有精通點字的師長會給予回饋。

◆表 9-1　各階段視障學生點字技能

學生年齡	初始策略活動及加強方式	其他技能 / 支援
0-5 歲	朗讀點字書、印刷書與觸覺書給孩童聽，孩童準備好的時候開始教導點字。	點字板與點字筆練習、用點字打字機練習點字、定向行動訓練，建立空間與方向感。
3-5 歲	學齡前教育介入：教導點字、觸摸打字，包括電腦與語音報讀軟體指令、聽 CD 播放的有聲書。	加強教材，將之做成 3D、放大、觸覺式、點字等形式，學校需要專業的教師助理員來爲學生製作所需課程點字教材。
5-10 歲	教導所有類型的工具，如聽與說設備、點字、科技，除了高度點字技巧與有聲書外，學生應該在課堂上將作業打字，以跟上班級其他同儕。	若學生對音樂有興趣，介紹音樂點字的基本概念；指導學生利用網路學習，學校需要專業的教師助理員來爲學生製作所有課程教材。
11-18 歲	若學生在這個年紀成爲點字學習者，則需要立刻教導以上的技能。	輔助科技與使用網路爲主要教學內容，向學生介紹能幫助他們的視障服務機構。學校需要專業的教師助理員，來爲學生製作所有課程教材。

1975 年美國殘障兒童教育法，公法第 94-142 號的通過，促使了大部分的學童在鄰近地區的學校就學。目前有 73-96% 的視障學生就讀於公立學校（Mason & Davidson, 2000）。由於視障學生湧入鄰近地區學校就讀，提供服務的方式發生了改變。多數視障學生在融合教育的環境，如資源教室接受指導、由視障巡迴輔導教師提供服務。這種改變導致專業點字教師在點字讀寫方面的教學時間不足。視障巡迴輔導教師無法整天待在同一間學校，加強點字技巧的工作往往留給班級導師或教師助理。

與視障巡迴輔導教師相比，班級導師或教師助理並不熟練點字及其讀寫的規則，導致視障學生在點字學習上遭遇困難。由於點字閱讀的重要，倡議團體於 1997 年推動點字課程加入 IDEA 法案，強化點字學習在視障學生教育中的角色。個別教育計畫團隊應該依照學生讀寫技巧、需求，評估並提供視障學生適當的學習媒介，提供點字教學給視障學生使用。

學生讀寫能力的養成是需要經年累月的累積，對視障學生而言，最需要的是提供持續不間斷的讀寫課程與教學。無論用何種方法教授點字閱讀，創造能見證點字「被使用」的環境是很重要的。教師應當評估學生的學習環境，因為環境因素在學生發展讀寫能力的部分，不論正面或負面的，皆有重要的影響。例如：教師能否將讀寫能力融入教室活動中，創造環境中點字的知識學習風氣。或者在社交環境、情感環境中，營造良好學生與同儕之間的互動與態度。此外，教室的種類與設置、可使用的空間與設備、讀寫工具，以及環境噪音與其他讓人分心的事物等物理環境的營造，均影響視障學生發展讀寫能力。

教師可以與學生的家人進行談話，得知學生的興趣與日常行程，便能夠將學生的經驗與興趣融合進教學裡，必要時可諮詢專家意見，提供學生更明確的指導。此外，教師可透過學生記錄本瞭解學生的興趣，協助教師掌握點字教學的機會。教師可記錄的內容，例如：學生在學校的例行事項、喜歡參加的活動、喜歡或不喜歡的事情、恐懼或可能展現的任何正當或不正當的行為等。

教師可以用口述的方式，教導學生在閱讀書本或理解故事上所需具備的所有概念，例如：如何握書本、如何翻頁、如何在頁面上找到點字的位置，以及如何循著點字的行序閱讀。雖然特定的媒介取得便利性可能被視為是物理、實體環境的一部分，但實際上也與智力環境有關，因為學習唯有在學生能輕易取得文字的媒介情況下，才會有所提升。

Koenig 與 Holbrook（2000）強調視障教育教師除了要教導視障學生點字摸讀的技能外，最重要的還是要教導讀寫的能力。但儘管大家都瞭解點字讀寫對視障學生的重要性，但鮮少有系統性的點字評估方案。Toussaint 與 Tiger（2010）利用刺激等值（stimulus equivalence）的教學方式，評估退化性低視能學生學習點字的情形。其教學媒介主要有三個部分：(1)72 號大的 Times New Roman 英文字母字型；(2) 英文點字卡；(3) 標準統一的口語朗讀方式。當視障學生使用剩餘視力看完英文字母 A 後，立刻能摸讀點字 A，並搭配教師的朗讀聲 A，反覆利用視覺刺激、觸覺刺激與聽覺刺激三種呈現方式，系統性地讓視障學生學會摸讀點字。

現今使用的點字系統持續不斷在演進中，已經與 1800 年代布萊爾（Louis Braille）的點字系統不同。更因現代科技的發展，出現科技點字符號。即便如此，點字仍是視障學生賴以閱讀、書寫、學習、生活與工作的重要工具。過去幾年來，教學實務、教材、教學媒體的發展，也改變了點字教學方式。點字對視障學生讀寫能力非常重要，為協助視障學生發展良好的點字技能，視障學生的教師必須具備點字教學的專業能力，提供視障學生完整且結構化的點字教學。

問題省思與討論

1. 請簡述點字摸讀的三種方法。
2. 請簡述功能性點字讀寫教學的十項步驟。
3. 請簡述視覺障礙伴隨輕度智能障礙學習者的點字教學策略。
4. 請簡述 5 歲至 10 歲視障學生的點字學習策略。
5. 請簡述教師在點字教學的角色。

第十章

定向行動

前　言

定向行動是指視障者的方向判定與行動技巧的訓練。定向行動的技巧可以引導他們利用剩餘視力與其他感官瞭解所處的環境，並正確運用各種輔具，培養獨立安全行走的能力。視障者應先建立心理地圖，熟悉個體在環境中空間與方位的概念。接受定向行動的訓練後，視障者方能去除物理空間的行動障礙，能在不同的環境，例如：住家、社區、學校與職場中行動自如。

本章從身心障礙研究與視障者的移動經驗、定向行動的內涵、定向行動的教學內容、定向行動技巧，最後探討定向行動教師的角色。

第一節　身心障礙研究與視障者移動經驗

一、身體感與空間經驗

Brunswik（1944）將環境視為一個訊息處理的系統，認為知覺者是主動的作用體，有意圖的從環境中找尋觀點，幫助自己在世界中找出一條屬於自己前進的道路。所以沒有所謂可靠或不可靠、好用或不好用的單一種線索。當知覺者能善用各種知覺能力，讀取的環境訊息足以對環境產生有效知覺的心像，就是善於「線索利用」（cue-utilization）的知覺者，無論她（他）是使用何種知覺方式（Gifford, 2007）。因此，視障者雖不依賴視覺做空間探索，但只要身體能有效蒐集與執行各種環境訊息，從中建立認知地圖、空間知識與對環境的記憶，就是一個好的知覺者。

周掌宇（2000）以自身經驗指出，身體不只是客觀的接受訊息與表達的工具，而是活生生的有機主體。身體作為意識的主體，身體圖示（body schema）是一個整體性的運作，不以大腦認知作為主宰。因此，先天盲的視障者雖然沒有視覺經驗，但身體依然具有完整的空間圖像，對於空間所有的理解認知，都可以運用身體經驗完成。Seamon（1979）也指出「身體－主體」（body-subject）的概念，認為身體知識有與生俱來的力量，在移動過程中，並非所有經驗都是根據繁複的考慮、計算、計畫、記憶等認知過程，在經過幾次學習之後，身體能夠自動地、完整地呈現移動，身體本身知道該怎麼做。也因此，身體往往可以在熟悉的空間中，感到容易而舒服的行走或活動。這也是為什麼常常會聽到視障者說，只要是身體熟悉的空間，就沒太大的移動問題（蘇怡帆、黃國晏、畢恆達，2012）。

二、空間認知與知覺

空間知覺是指對於物體形狀、大小、遠近、方向、位置等，空間特性上的知覺。視障者對於空間元素的認知，包含垂直高度、空間量體、較大尺寸的物體與不容易被完整觸摸的部分等。因概念組合上有困難，所以必須使用縮小尺寸的模型來串聯空間知覺。

空間認知是經由人類獲得、組織、儲存、回憶訊息等一連串經驗的累積，其中包含了地點、距離、方位及物理環境中的空間安排等訊息，並經由一些自我驗證及整理的過程，在每個人心中認知出個人不同的空間關係。

三、認知地圖

Downs 與 Stea（1977）認為認知地圖（cognitive maps）的形成，是一系列認知轉換的過程，此過程即是一個人從周遭的環境獲得有關方位、特徵等資料，將它們轉譯（codes）成內在的認知模式，並加以組織儲存於長期記憶中。當需要時，再從長期記憶中提取解釋（decodes）成可應用的資料。

四、心理地圖

人腦中存有一個對空間認知的圖像，將內在世界外顯出來的圖，亦即所謂的心理地圖（mental map）。心理地圖可以呈現對一個地方內在本質的圖像，其形成受到兩個因素的影響：(1) 由我們個人的體會所構成；(2) 形成於我們過去看過的地圖。抽取與注意、知覺與回饋錯誤，都會使心理地圖與現實不同。

心理地圖形塑了人們對地方的看法，提供一個瞭解人們對周邊環境認知的途徑，利用心理地圖可以建構個人內在認知的世界，同時也可窺見其空間認知的能力及發展階段。視障者由於缺乏視覺能力，形成的心理地圖容易支離破碎，因此往往以各個獨立而不相關的小空間來認知，無法掌握小空間與大空間的相關性。而視障者在記錄過程中，測量的概念與時間有關（顏杏砡，1992）；或是利用其他感官來判斷空間。例如：嗅覺，以物體散發的氣味強烈度來判斷自身與物體的距離，便是以味道的交界來界定空間，這種以視覺外的感官經驗來界定空間的方式，使得視障者的心理地圖與非視障者大不同（李怡君，2000）。

可見視障者因為缺乏視覺經驗，使其空間概念組合有困難，不容易形成心理地圖，所以可使用觸覺地圖來串聯知覺，由周遭的環境獲得有關方位、特徵等資料，將它們轉譯成內在的認知模式，並加以組織而儲存於長期記憶中，最後形成心理地圖。

五、視障者的空間知覺

非視障者步行時可以視覺判斷其周遭環境，並可觀察事物間的空間關係：自我與自我、自我與物體及物體與物體。但視障者除了視力受影響外，還會伴隨色覺異常現象（萬明美，2017）。

不同視力狀況者，其行走情形有相異處，例如：白化症視覺障礙者有畏光現象，故於暗處的行動能力反而比光亮處好。低視能者雖有些許視覺或光覺，但卻無法將環境細部完全看清，只能對物體形象或距離有輪廓概念，較無明顯的分別，其行動上較為謹慎小心。當視障者視力減少或視野漸小時，得仰賴其餘的感知或剩餘的視力來協助行動；倘若無法使用觸覺來協助判斷，則可利用聽覺，透過物體的回聲及聲音的反射來判斷步行的方向（黃雪芳，2002）。

第二節 定向行動的內涵

一、定向行動的發展

目前美國在定向行動領域設有研究所學位，並設計結構化課程培養專業之定向行動教師。1929 年美國田納西導盲犬學校，開始提供視障者定向行動訓練課程。1940 年主要為二戰失明退伍軍人提供手杖技能訓練。1960 年初期美國波斯頓學院與西密西根大學，為成年後視障者提供定向行動訓練課程，隨後課程擴及視覺損傷兒童。1970 年開始提供低視能者定向行動訓練課程，1970-1980 年提供學齡前視覺損傷與視多障者定向行動訓練課程（萬明美，2017）。1986 年美國推動 O&M（orientation and mobility）（定向與行動）專家證照，期待由證照的認定，將定向行動視為一門專業化的領域知識技能（杞昭安，2015）。

臺灣定向行動的專業化，始於 1967 年在臺灣省立臺南師範專科學校（國立臺南大學）進行定向行動師資培訓。1999 年中華視覺障礙教育學會成立後，開始以定向行動為主題培訓相關人員。2010 年行政院勞動部發布技術士技能檢定定向行動訓練職類單一級規範後，開始辦理定向行動訓練單一級技術士技能檢定，由勞動部技能檢定中心負責學科與術科考試，並頒發證照。獲得定向行動技術士證照的專業人士，能為視障者提供定向行動教學服務。

二、定向行動的定義

「定向」（orientation）是指一個人使用剩餘的知覺，去理解在環境中所在位置的能力；「行動」（mobility）則是移動的性能或便利性。因此，定向行動乃指個體瞭解在環境中位置的能力，並能順利安全的從甲地到達目的地。定向行動的應用與教學需達到下列三項目的：安全、有效率、與優雅。藉此標準，定向行動教師試圖協助視障者，能夠利用定向行動技術，行動於不同的物理環境與搭乘各類交通運輸工具。

學生需要知道：(1) 我在哪裡？自己處於空間中之何處；(2) 我的目標在哪裡？目標位置在空間中之何處；(3) 我如何能到達目標？即前往的程

序，也就是如何從目前之所在地到達目的地。

三、定向與行動的要素

定向指的是標定方向的能力，視障者應對以下四項環境線索有更實際的瞭解：

(一) 陸標

視障者能在環境中檢索出數個陸標。陸標具有一致且永久存在的特性，視障者能利用陸標的提示，從行動的起始點移動至目的地。

(二) 線索

視障者能透過聲音、氣味、體感的溫度、或觸覺等線索的提示，分辨出自己在環境中所處的位置。

(三) 室內數字系統

視障者能在某一特定的建築物內，分辨各個房間在不同樓層的順序與位置。

(四) 室外數字系統

視障者能在某一城鎮中，分辨都市計畫的道路命名規則、道路相對位置與門牌號碼順序。如門牌通常將奇數號碼與偶數號碼分別設在道路對立的兩旁、紐約曼哈頓棋盤狀的規劃方式等。

行動，須具備兩項要素：一是心理定向，一是生理運動力。心理定向上，即一個體有能力認知其自身與周遭環境及時間與空間上的關係；生理運動力，即個體依其心理意願與生理能力由一地移動到另一地的能力。定向與行動的技巧兩者環環相扣、密切相關，視障者若想有效的行動，非得熟練定向與行動兩者技巧不可。

四、定向行動的必備知能

視障者應具備下列三項必備知能，方能有效、安全且優雅的進行定向行動，說明如下：

(一) 認知方面

建立平衡的觀念，瞭解個人身體形象、環境特質、空間與時間的關係，能多向性思考，能具備做決定、解決問題的能力。技巧性活用身體其他非視覺感官，能有基本的記憶與遷移能力。

(二) 動作方面

整體的平衡與協調，建立優雅、省力的姿態與步法。僅依靠剩餘視覺（或完全無視覺）情況下，能走直線及正確轉彎。身體靈巧，並擁有足夠之體力與反應時間。

(三) 情感方面

視障者須能對擁有自由的獨立行動能力，抱持正面的態度與積極的動機；能瞭解定向行動技巧的價值，建立個人的自信。

五、定向行動的價值

視障者需要接受個別指導的定向行動訓練（劉信雄，2001）。經由專業的定向行動指導與視障者本身的多次練習，不僅能漸漸突破視障者的心防，勇於走出戶外，更能擴展視障者的交際範圍及提升其就業能力，協助視障者擁有獨立自主的行動力。李永昌（2001）的研究指出，已經就業的視障者中，具備定向行動能力，能單獨前往陌生地方之視障者占就業的比率最高。

劉信雄（1975）指出良好的定向行動能力，對視障者在心理、身體、社交經濟及日常生活方面均具有助益，例如：

(一) 心理方面

能提升視障者自我概念與自我尊重層次，更有自信且更獨立。

(二) 身體方面

能更有機會活動身體大肌肉與精細動作，使身體充分運動。

(三) 社交方面

更有機會參與社交活動，增進人際關係。

(四) 經濟方面

能替個人創造更多就業機會，節省交通支出費用。

(五) 日常生活技能方面

能運用定向行動的概念，進行日常生活的生活自理、家務管理，讓生活有條理。

第三節　定向行動的教學內容

一、定向行動能力的檢核

根據 Perkins School for the Blind（1992）所出版的 *Perkins Activity and Resource Guide* 與余月霞（2013）編撰的柏金斯盲校活動教學指南、張千惠（2018）所編製的定向行動技能檢核表，適用於 15 歲以下的視障學生，該視障學生若有其他的身心障礙，在進行施測時，定向行動教師可調整檢核表內容進行施測。

檢核表共分為八大部分，分別針對：1. 對於身體意象的瞭解：第一部分共有五題，個案能說出或指出身體各部位之名稱與功能。2. 對於左 / 右的分辨能力：個案能分辨以身體為中心的左、右概念。3. 位置關係：個案能分辨以身體為中心的空間概念，或與物體相對關係的空間概念。4. 認知觀念之發展：對生活空間的認知分為室內與室外空間兩部分，個案能說出特定空間的主要元素與功能。5. 色彩概念：個案能辨識不同的顏色。6. 辨識形狀：個案能辨識出生活中的基本幾何形狀。7. 感官知覺的辨識能力：有關個案對聲音、觸感及剩餘視覺之測試。8. 行走技能：最後一項由二十個技巧，加以檢視個案的行動技巧與能力。檢核表以一種簡單明瞭的方式，具體呈現定向行動的基本概念、技巧及能力培養的方向。（見附錄三）

二、定向行動的教學內容

張千惠（2018）指出，二十四項教師在定向行動的教學內容如下：

(一) 身體意象（瞭解身體四肢及各部位之名稱、功能與其相對位置）。

(二) 左、右之概念。

(三) 對於周遭生活環境之瞭解（如瞭解公園內的一般設施、花圃、人行道、溜滑梯、草坪等）。

(四) 與獨立移動行走有關之粗大動作及精細動作技能。

(五) 對於感官知覺訊息（例如：聞到的氣味、感受到炙熱的陽光）之瞭解與運用。

(六) 空間概念。

(七) 東、西、南、北方向之概念。

(八) 人導法之程序。

(九) 基本自我防護法以及蒐集環境資訊之方法。

(十) 定向的知識與能力。

(十一) 讀取各式各樣地圖（例如：觸摸地圖、有聲地圖）之能力。

(十二) 手杖技能。

(十三) 善用剩餘之視覺能力。

(十四) 使用適當之望遠鏡來協助獨立行走。

(十五) 於市區與郊區內移動、行走之能力。

(十六) 在繁忙商業區行走之能力。

(十七) 穿越馬路之能力，包括如何判斷（在視覺有限之情況下）可通行之適當時機。

(十八) 利用大眾交通工具之能力。

(十九) 利用電話蒐集資訊與緊急求援之步驟。

(二十) 與他人應對進退之禮節與方法。

(二十一) 瞭解門牌地址之編號系統，並知道如何利用此知識來尋找地址。

(二十二) 能夠獨立且安全地使用飯店、旅館環境之能力。

(二十三) 日常生活能力之培養（例如：個人衛生、獨立搭乘交通工具、適當地穿著等）。

(二十四) 配合物理治療師、職能治療師以及教師之教學，定向行動訓練必須著重於感官知覺的運用與動作技能之培養。

第四節　定向行動技巧

本節說明視障者常用的人導法、運杖法與犬導法，三種定向行動方式。

一、人導法（sighted guide）

(一) 定義

「人導法」為引導者利用肢體動作，協助視障者移動的一種方式。人導法的使用範圍很廣，包括一般行走、搭乘交通運輸工具、入座離座等。人導法的技巧繁多，在此介紹基本人導法與入座離座等兩種方法。

(二) 原則

「人導法」的引導原則，視障者的拇指與食指輕握引導者的手肘上方，而引導者的上臂自然向下，手臂稍微彎曲。使手肘突起是為了方便視障者的手，有特定的放置位置。視障者與引導者沒有固定的相對位置，視障者站在引導者左後方或右後方皆可。

人導法進行時，視障者可以藉由引導者手肘移動與身體律動的幅度，藉此判別此時是在一般路面行進或是上下樓梯。相反地，引導者也可以藉手肘的移動，例如：稍微向前，來引導視障者的移動方向。

(三) 步驟

引導者利用「人導法」協助視障者的步驟，可分為下列四點：

1. 問

詢問協助：有意願協助的引導者主動詢問視障者，是否需要協助？

2. 拍

輕拍手背：視障者需要引導協助時，會以手背輕觸引導者的手背，然後視障者將手輕扣在引導者的手肘部位，接受引導者的引導。

3. 引

引導行進：引導者站在視障者前方約半步至一步距離，視障者可站在引導者的左後方或右後方。進行人導法時，視障者的上手臂與前手臂約形成直角，前手臂往前伸。視障者的大拇指與食指，輕扣於引導者手肘關節上方。

4. 報

報導路況：引導者引導時，路況若有變化，如高低差、坑洞、障礙物，應提前告知視障者。依視障者步伐幅度作為衡量，引導者告知視障者應如何通過。遇上方有障礙物時，引導者應協助視障者以手觸摸邊緣，帶領視障者低身通過（財團法人愛盲基金會，2018）。

(四) 注意事項

「基本人導法」的注意事項，有四點：

1. 引導者在路況有任何改變時，如上下樓梯、過馬路、斜坡前等，需先暫停行進，並用口語提示路況後，等視障者準備好再開始移動。

2. 當有緊急情況出現時，引導者手臂由身體外側移至身體後，引導者的手臂將視障者拉至身後，以保護視障者。

3. 引導者隨時給予視障者路況線索與地標的訊息。到達目的地結束引導時，引導者也須協助視障者的手或手杖碰觸到定位點，或是入座時讓視障者碰觸到椅背。

4. 假使視障者握住引導者的手肘握得很緊或很用力時，可能表示視障者對這段引導感到緊張，因此，引導者可能要再放慢引導速度，並詢問視障者對路況行進的感受。

(五) 入座與離座

引導就座的方式因座椅的型態不同，引導的技巧也不一樣，以下以常見類型的就座技巧進行介紹：

1. 座椅入座與離座

(1) 引導者以人導法引導視障者至座椅前，並介紹座椅的類型、方向與周遭環境情況。例如：座椅的腳是否為滾輪，或者旁邊有沒有坐人等。

(2) 此時，視障者仍然扣住引導者手肘關節上方，引導者協助視障者以自身空出的手觸摸椅背與椅背上緣。

(3) 視障者放開引導者的手臂，面朝座椅，視障者舉起一臂做利用上肢防護技能保護頭部。

(4) 視障者垂直蹲下，以手指面做橫向與縱向或圓弧的探查動作，來檢查椅面上是否有物品存在，以免坐到異物受傷。

(5) 視障者確認安全過後，自行轉身以小腿背或膝背與椅座接觸後，自行坐下。

(6) 於離座前，引導者須與視障者重新建立聯繫。在起身的同時，引導者再次利用基本人導法協助視障者離座。

2. 注意事項

(1) 若座椅沒有靠背，引導者可將視障者的手直接放在椅面上。引導者同時以視障者為中心告知視障者座位的座向與方位，然後視障者先扶著椅面而後側身就坐。

(2) 如遇到座椅裝有滾輪的情形，引導者引導入坐時，須在旁邊固定座椅以避免滑動，待視障者坐妥之後再行離開。

(3) 引導者若要離開視障者應事先予以告知，同時說明去處及何時歸來。

(4) 視障者應利用各種機會認識座椅的類型，例如：使用雙手觸摸座椅的高度、寬度、椅背、扶手等，以便日後接觸到座椅時能以經驗判斷，加快就坐速度。

(5) 視障者可能會出現不雅坐姿，例如：抖腳或雙腳張太開等，所以，視障者應從小培養合乎時宜與場所的坐姿（張弘昌，2015）。

二、運杖法（cane techniques）

(一) 定義

白手杖（white cane）能延伸視障者的觸覺範圍。視障者能運用白手杖有效且安全地行動，此技巧稱之為運杖法。運杖法的技巧繁多，在此介紹兩點式運杖法與十字檢查法等兩種方法。

(二) 原則

標準的運杖法姿勢是用手掌心握住手杖的握柄，食指自然的沿著手杖的側面向下，大姆指與其他三指就像平常握手時的姿勢一樣握合杖柄即可。行進時，手杖應盡可能的以身體中心線自然延伸，手臂、手指及手杖成一直線，手杖掃掠範圍應大於左右肩膀且離地面 5 公分，保持步伐與手杖之間節奏一致。視障者以手腕的關節為支點，自然的以左右點的方式擺動手杖，手杖點右邊踏出左腳、點左邊踏出右腳，使步伐與手杖保持平衡的互動（毛連塭、陳文雄、劉信雄，1995）。行走於人行道時，走中央；邊界線的行走，則應採「斜置技能」，亦即將手杖杖頭沿邊界線滑動行走；上下樓梯，則以手杖來探測。

(三) 兩點式運杖法

兩點式運杖法是視障者最常使用的杖法之一；兩點式運杖法除基本持杖外，在行進時，揮動的杖頭，須略寬於視障者的左肩與右肩寬度各多一個拳頭的距離，左右移動手杖時，杖高亦不可超過一個拳頭的高度。如此，兩點式運杖法才能具備持續追蹤地標的功能。手杖朝左前方揮動並觸及地面後，右腳方能踏出。手杖朝右前方揮動並觸及地面後，左腳方能踏出。兩點式運杖法，能協助視障者獨立、安全且有效率的在環境行動。

(四) 十字檢查法

十字檢查法是視障者使用率最高的保護法。當不確定行進的路況、行走方向改變時，就一定得用上十字檢查法。十字檢查法就是於行走前，在腳前方約一步的距離用手杖劃一橫及一豎，類似中文的「十字」來探測前方路況是否安全。十字檢查法的重點在於劃的一橫需比肩膀寬，劃的一豎須拉到自己的腳尖，如此一來才能確保自身安全。此外，王逸立也提到「雙十字檢查法」跟十字檢查法在操作上是一樣的。腳前方用手杖在一步的距離外劃一橫，而在右邊 45 度角劃一豎拉至右腳腳尖，在左邊 45 度角劃一豎拉至左腳腳尖，多劃一條的做法，更能提升視障者的保障。

三、犬導法（dog-guides techniques）

利用受過專業訓練之導盲犬協助視障者行動，導盲犬必須瞭解且執行視障者所下達的各項指令，且能判斷周遭環境狀況，協助視障者安全的到達目的地。通常導盲犬行走於視障者的左前方，並聽從視障者所下達的指令。倘若有危險障礙物或路面坑洞、階梯等，導盲犬會停止行走，並等待視障者下達新的指令。關於犬導法的詳細內容，可見本書第十六章。

人導法、運杖法與犬導法，是視障者定向與行動的傳統輔具。隨著科技進步，輔助科技專家設計電子行動與定向輔具，期待能協助視障者安全有效的行動。黃國晏（2015）研究現行電子定向行動輔具功能上區分為兩類：1. 電子行動輔具：特色是可以提早警示行動時可能遭遇的障礙及危險。2. 電子定向輔具：用於促進定向及導航。與電子行動輔具不同的是，電子定向輔具並非用於偵測到達目標的無障礙道路；而是在行進前或是行進間，提供環境定向的資訊，主要用於偵測障礙物及判定地標的定向與方向性設備，可以幫助行人偵測自己的位置及協助定向。電子定向輔具使用廣泛，並不限於視障者。

第五節　定向行動教師的角色

在此章節所定義的定向行動教師，包含學校的視障教育教師與考取定向行動技術士證照之專業人士。張千惠（2018）指出定向行動教師應具備十四點專業角色與職責，說明如下：

一、根據視覺損傷學生的能力與需求，定向行動教師應建立視覺損傷學生在定向行動的知能，以達成最高程度之獨立行動能力（movement）。

二、定向行動教師應協助視覺損傷學生能熟練地運用定向行動技能，安全且自信地在熟悉與陌生之環境中獨立行動。

三、定向行動教師應提供諮詢及實質之支持給學生監護人、普通教師與特教教師及學校行政人員。

四、定向行動教師應定期會晤監護人、課堂教師、體育教師與其他特教相關人員，以幫助視覺損傷學生改進教室與居家環境，並確保視覺損傷學生能夠使用適宜之定向行動技能在不同環境使用適當行動技能，以達成獨立行動之目的。

五、定向行動教師應對視覺損傷學生實施功能性視覺評估（functional vision evaluation），藉此瞭解視覺損傷學生在不同的環境中使用視覺進行學習與行動的狀況。

六、定向行動教師應針對視覺損傷學生之短期及長期需求，來做定向行動需求評估。

七、定向行動教師應於定向行動需求評估後的報告中，記載視覺損傷學生定向行動之需求及其現有之行動能力長處，並應於報告中說明視覺損傷學生所需之定向行動訓練的時間長短及每週之訓練次數。

八、定向行動教師應提供連續且有意義（能配合學生實際使用之環境）之定向行動訓練，以符合視覺損傷學生之需求及 IEP 上之短程及長程目標。

九、為了協助視覺損傷學生建立定向行動技能，定向行動教師應教導學生使用下列設備：觸摸地圖、模型街廓圖、望遠鏡（依不同需求來決定使用何種型式）與白手杖。

十、定向行動教師應利用實際的生活與學習環境，協助視覺損傷學生熟練定向行動技能。

十一、在訓練過程中，定向行動教師應在視覺損傷學生最高獨立行走能力下，確保學生的安全。

十二、定向行動教師應定期且持續評估視覺損傷學生學習之進展，並確實記載學生之進步情況。

十三、定向行動教師應與監護人，討論視覺損傷學生定向行動學習遭遇的挑戰與所需的支持。

十四、定向行動教師應利用機會與監護人、普通教師與特教教師、學校行政人員與學生同儕，討論該視覺損傷學生的定向行動需求，以協助其在安全之範圍內培養最高的獨立行動能力。

黃文虹、林育毅、林慶仁與李永昌（2011）指出，定向行動教師會因為教育程度、年資與教師資格等背景變項，而在其定向行動專業知能有差異。而專業師資培育背景、任教班級型態與任教區域等背景變項，則不會使其定向行動專業知能有所差異。

視障教育教師定向行動專業知能可分為八個層面，分別為「空間概念」、「運動技能」、「人際技巧」、「空間技巧」、「概念技巧」、「行動技巧」、「環境知識」、「做決定」。

定向行動教師須依照視覺損傷學生的需求來設計課程。對於定向行動初學者，定向行動教師必須先建構視障者對周遭環境的心理地圖，再進行定向行動教學，例如：人導法與手杖技能。魏國峰（2002）的研究指出，定向行動教師不應一開始即帶領視障者在實際的情境中，進行定向行動訓練。因為視障者無法透過視覺感官去做立即且正確的判斷，反應勢必比非視障者遲緩。因此，定向行動教師在實施定向行動教學訓練時，必須指導視障者善加運用自己的剩餘視力，並且多方面運用其他的感官知覺，例如：本體感、嗅覺與觸覺等。在定向行動技能的學習，必有事半功倍的效能。

在進行定向行動教學前，定向行動教師應注意兩點事項：(1) 建立與視障者的良好互動與信任。優質的定向行動訓練奠基在良好的師生互動關係上，定向行動訓練人員要能夠對與視障者相關的各式訊息保有高度敏感。楊玉儀（2009）建議，訓練人員應儘速熟悉服務個案之慣用語言、生活習慣、健康狀況、居家環境等，以建立信任關係並提供良好的服務品質。(2) 檢視視障者的背景與能力。正式定向行動課程開始之前，訓練人員應先充分瞭解個案，除了視知覺現況之外，並針對個案之定向技能、行動能力、概念發展等現況能力進行評估，可利用正式的評量表或檢核表找出教學目標及項目。

問題省思與討論

1. 定向行動的教學需達到哪三項目的？
2. 請簡述定向的四項要素及其意義。
3. 請簡述視障者的定向行動，在認知、心理動作與情感三面向所必備的知能。
4. 請從不同面向說明定向行動對於視障者的價值。
5. 請簡述人導法的四項步驟，並討論人導法實施時應注意的事項。
6. 請列舉五項定向行動的教學內容，並簡述其應注意的事項。
7. 請列舉並說明定向行動教師的角色與應盡職責。
8. 請同學利用定向行動能力檢核表，檢核某一視覺損傷個案的定向行動能力，並說明檢核的結果。

第十一章

輔助科技

前言

隨著科技的日新月異，視障學生可透過輔助科技進行學習或休閒活動。不同生活或學習背景的視障者，可透過語音報讀軟體、點字顯示器、光學輔具或擴視機完成學校作業、考試或職場工作。在教育階段，視障教育專業團隊可透過輔助科技評量檢視學生的輔助科技需求，再透過IEP設計與課程教學，協助視障學生培養輔助科技應用能力。透過盲用電腦能力指標與視障教育教師輔助科技服務專業知能表，視障學生與教師能夠順利發展適當的輔助科技能力。

本章將介紹不同視障學生輔助科技考慮的事項，與輔助科技的評量，最後探究輔助科技中教師的角色。

第一節　注意事項

一、重度視障學生

重度視障學生使用輔助科技最重要的是聽覺與觸覺回饋，考慮學生的個別需求後，有以下教學建議。

為使重度視障學生專注在學習任務上，確保學生能在安靜的環境下學習非常重要。設備的環境安排需單純不雜亂，使學生能輕易觸碰到輔助科技，並隨時讓學生有動手操作的機會，例如：操作有聲計算機或電腦的計算機功能，儘量使學生能接觸多樣化的輔助科技以便完成多樣的任務。讓學生能在教室運用輔助科技完成課堂作業，藉此加強學生運用輔助科技的能力。提供多種選擇讓學生充分體驗輔助科技及接受指導，例如：用六鍵輸入法（標準QWERTY鍵盤）加上觸控螢幕，確保學生能用不同方式在不同裝置上輸入資訊。

使用「點字顯示器」強化點字閱讀技巧，讓學生除了閱讀紙本點字之外，還能輕易觸讀、閱讀不同形式的點字。螢幕閱讀器一開始先調整至學生方便理解的速度，待學生習慣後再逐漸加快速度，以訓練學生的閱讀流暢度。當學生對裝置熟悉後，教導學生如何獨立地調整裝置以達到最大效率。

教師可以帶領學生一同複習每個輔助科技的使用說明書或任何輔助理解的教材，例如：入門手冊、常用指令、常見問題、線上教學指南、常見問題等。教師也可以協助學生創造客製化的「協助單」，記錄常用的程序、處理過程以及指令。讓學生有機會完整測試輔助科技，測試時教師在旁提供豐富口頭敘述，確保學生瞭解輔助科技的構造、每個構造對應的功能以及與其他部位的關聯性。引導學生時，可以並用言語（聽覺管道）以及點字輸出（觸覺管道），來刺激學生的多重感官學習。

二、低視能學生

除了視力受損情況不同的個別差異，低視能學生的視覺能力受學習與生活環境因素影響。因此，輔助科技可有效提升視障學生的功能性視覺能力，協助他們完成學習任務。一般來說，在學習與生活環境中需要使用視力達成近距離或遠距離的任務，因此他們可透過輔助科技如放大鏡、擴視機閱讀近距離資料，或利用放大鏡搜尋黑板、公車站牌的訊息。考慮學生的個別需求後，有以下教學建議。

依據學生對光的需求及敏感度，提供充足或較少的光線；為學生擋掉眩光，將輔助科技擺放至適宜觀看以及使用的位置。根據學生的評估結果，調整印刷品字體、裝置的放大倍率或色差，至學生最有效率運用的大小、尺寸與程度；選擇最方便學生看見的字體及字型。

根據學生的個別視覺需求，調整字體顏色及螢幕背景，以便個人化其電腦螢幕顯示器。例如：對光線特別敏感的學生，可能偏好黑底黃字的設計。依據學生偏好決定鍵盤的無障礙需求，例如：選擇一般尺寸或是大字顯示的鍵盤。當學生能夠獨立操作輔助科技時，教導學生如何調整輔助科技位置、倍率、色差、亮度及顏色等。

三、視多障學生

一般來說，教導視多障的學生時，教師應注意的基本事項與單一視障並無不同，由於學生有額外的不便之處，因此教師更需要採取適性化、個人化的教學方式，使用策略解決學生的生理、發展，以及其他影響學生學習的其他感官失衡狀況。教學階段需要更專注、投入，考慮學生的個別需求後，有以下教學建議。

適時與專精於學生的其他障礙的專家交流、討教，例如：職能治療師、物理治療師、語言治療師、語言障礙專家、定向行動專家等。找出因生理限制而需做微調的硬體，例如：微調的鍵盤、取代滑鼠的滾動球（roller ball）、可調整並能延伸到螢幕的機械手臂等；幫助學生調整至最舒適的姿勢及位置，尤其當學生為需要輪椅輔助者。輔助科技位置需調整至使學生能獨立操作。教師運用詳細的流程說明、口述指導以及肢體上的協助與引導，來確保學生瞭解所需完成的任務。

運用音樂及口頭回饋，確保學生對學習活動保持興趣及專注度。例如：大多數學生對歌曲及音樂感興趣，可以讓學生用熟悉的曲調創作歌曲，並結合指導學生使用輔助科技完成特定任務。教師可儘量大量運用肢體或口語的提示鼓勵學生回應；或並用實作指導以及口述示範，協助學生更瞭解所學概念。

確保科技被用來完成有意義的任務，避免不斷重複操作且無實質意義的動作。避免過多刺激或過長的活動，學生才不會太快覺得乏味、無法消化那些資訊及教學。根據學生的個人需求（年齡、發展狀況）設計以活動為主的指導。例如：設計學生有能力玩並且是他們那個年紀，會喜歡之影像及音樂遊戲。

預留學生被要求做出反應的時間，給他們充分的時間消化問題、處理並整合出適當的回應；避免過於匆促的指導。可以延伸教導學生一些抽象的基本概念，例如：教導學生「因果關係」，如此一來學生可以專注在學習更繁複的溝通及互動技巧。例如：學習過如何用按鈕控制風扇、燈、音樂的開與關可以延伸這樣的概念，學習如何在活動上溝通、表達他們的偏好。適當時機鼓勵學生獨立運用輔助裝置。例如：攜帶溝通板的學生可以嘗試在學生餐廳排隊點餐時，回應服務生的問題。

四、學齡前視障學生

學齡前的視障學童應在玩樂中學習如何使用輔助科技，而非呆板的在教室的書桌前學習，考慮學生的個別需求後，有以下教學建議。

設計以玩樂為主且具體的活動，引導學生認識輔助科技。例如：玩簡易的桌遊時，可以使用行動裝置上的電子骰子來決定順序。或角色扮演遊戲時，裝扮為醫生的學童。運用音樂、遊戲或者角色扮演，來抓住學童的注意力。例如：在教導學生如何使用 CD 播放器時，播放他們熟悉的歌曲，如放字母歌，來使課程有趣、具高參與度。又或者讓學生扮演餐廳裡的服務生，用點字板、點字筆來記錄客人點的餐食等。使用能刺激視覺、聽覺、觸覺的教材或程式，來維持學生對活動的興致。活動時間不宜過長，控制在學生注意力集中的時間內。

鼓勵低視能學生在影像放大器下運用蠟筆模擬寫字，為幼稚園時的正式書寫做準備。提升直接照顧者參與，當在學童家中進行活動時，讓直接照顧者也參與其中，並且運用科技，例如：輪流使用擴視機玩間諜遊戲。直接照顧者必須學習如何使用這些輔助科技裝置，才能在教師不在時也能協助學童在生活、溝通、休閒上使用這些裝置。

五、轉銜階段的視障學生

轉銜階段的視障學生，應已具備能應付學習及工作的輔助科技相關知識及能力。此階段最重要的是強化訓練學生獨立運用輔助科技生活的能力，考慮學生的個別需求後，有以下教學建議。

首先對學生的現階段能力以及未來對於科技的需求做評估，並針對學生的需求及長處加強指導，使學生有效進步。幫助學生改善他們使用輔助科技的技巧，以加強他們未來使用上的能力與效率。鼓勵學生獨立使用輔助科技完成課堂作業及與他人溝通，教師的介入逐漸抽離。學生在未來的教育場域、工作場域中，可能會需要表達自身對輔助科技的需求之自我倡議能力。例如：學生可以向教育機構諮詢輔助科技、住宿等，有助於他們生活便利的相關問題。學生也可以詢問在該場域下所需的額外技術，例如：遠距教材媒體設備的相關問題。

設計與生活相關的任務讓學生完成，來具體化輔助科技的使用，例如：讓學生寫履歷、找工作、或查詢當地電影院的電影時刻。教導學生對於社群網絡、電子郵件、上網查詢資料時的個資保護與資安問題的重要性。

鼓勵學生針對特定任務的性質，選擇合適的輔助裝置以達個人生產力的最大化。確保學生瞭解如何探索並學習新的輔助科技技巧。確保學生能有獨立解決問題的能力，例如：從專家技師身上尋求協助（能致電到科技公司的詢問臺）、能閱讀使用者說明書、聯絡出差錯之裝置的製造商或販賣店家、尋求朋友協助等。

洪秀婷（2014）指出，國中與國小視障學生應具備盲用電腦基礎能力學習指標（見附錄四）。

多數指標是低視能學生與重度視障學生共同需具備的能力，然而，針對低視能學生，僅有「能操作常用之繪圖軟體」這項指標需要替代，並無需減量或不適用的能力指標。針對重度視障學生，有五項盲用電腦能力指標應被替代，有兩項須減量，另有一項能力指標則是不適用於重度視障學生。

第二節　輔助科技的評量

評量為決定視障學生的輔助科技需求的基礎。IEP 中，專業團隊評估學生的輔助科技需求亦是必要的。完整的輔助科技評估，需要各種專家及團隊成員的知識及技能。教導視障學生的教師必須領導、協調評估的過程，此協調過程需視情況尋求直接照顧者、輔助科技專家、職能治療師、語言治療師、定向行動專家等他人的協助。

輔助科技的評量須深入探討學生運用其首要及次要學習媒介來使用工具的潛力，以便決定哪項設備或裝置能使學生更有效率的完成重要任務。

專業團隊應提供全面且具邏輯性的方法，根據視障學生所需完成的學習任務，來評估其輔助科技需求：接收書面及電子文字，產出溝通文字，使用正確的格式產出材料。在此架構下，學生可以運用視覺、觸覺及聽覺輸入來接收資訊及完成各種不同任務。根據對於學生首要及次要感官接收管道評量，可以檢測出學生在某個活動中較依賴何種感官接收管道，亦可以藉此決定在學習活動中何種輔助科技最適合被採用。

一、評量應考慮的事項

進行評量時，教師或其他輔助科技專家首先考量學生在運用視覺、觸覺及聽覺等感官，接觸視覺環境、與他人溝通及參與學校課程時的優勢與需求，以決定何種工具最適合輔助學生每日多樣化的學習及生活，必須指認並考量學生的首要及次要學習管道。此外，功能性視覺評估亦是選擇輔助科技時的重要依據。

功能性視覺評估的重要性在於其能提供學生在自然的狀態下，如何運用視覺完成每日生活及學習任務；例如：閱讀、寫作、看懂圖片、決定在多樣的環境中，需要近或遠的視覺距離。這些資訊能引導教師瞭解學生在生活、學習上，以及輔助科技使用上的優勢及需求。

學習媒介評量則是用系統化的資料蒐集方式，得知學生如何使用視覺、觸覺及聽覺的接收管道；何種學習管道與方式最合適且最有效率，能提供學生用來閱讀及寫作？何種媒介及工具最適合融入學生課程？學習媒介評量的過程，能提供學生關於科技使用及引導的關鍵性首要與次要學習管道。

教師或輔助科技專家必須考量視障學生個人的學習能力，以及如何協助學生達到最獨立且最有效率的狀態，不同任務須以不同輔助科技來協助。效率及獨立性達到最大化，學生需要依據不同學習任務的性質及進行任務時所使用的其他感官來學習使用不同裝置。例如：比起擴視機，低視能學生可以藉由螢幕報讀軟體閱讀長篇小說；而在閱讀國語文測驗題時，使用近距離擴視裝置，例如：桌上型擴視機，學生可清楚看到字詞與段落的呈現。

全面性的輔助科技評量，須包含宏觀的學生接收訊息、表達個人需求的訊息，以及學生每天所面對的特殊任務。能夠泰然使用各種形式的科技以及有能力學習使用新的輔助科技的學生，已具備在未來的學習及工作中獨立且有效率的完成工作的能力。在學生日常生活的真實情境下接受評量非常重要，如學校教室、住家書房、社區文化中心；只在輔助科技中心、實驗室或診所等環境中評估學生的輔助科技能力，這樣的環境下所觀察到的現象無法適用於學生的真實學習與生活情境中。在日常的真實情境中，學生會需要從教室 A 換到教室 B，環境的狀況也具高度變動性。可攜式電子記事本適用於學生一天內要換幾個教室的情況，而在班級教室內的桌上型電腦則最適合讓學生進行學習單與作業的練習。單一類型的輔具無法滿足學生的所有輔助科技需求，因此，額外的輔助科技需求必須被完整評量，以確保輔助科技能針對學生的個別需求，提供最適當的協助。

為蒐集更多的資訊，教師或專業團隊成員記錄學生在真實情境中學習的效率、表現及需求。蒐集多種學習活動及多種活動場域的資訊，可以更瞭解何種輔助科技，或是能搭配輔助科技的何種教學法更能解決學生的需求。與學生溝通，瞭解他們的需求及他們未來需要學習使用的輔助科技，能鼓勵學生為自己對科技輔具的選擇負責。

二、評量的步驟

學生的需求不斷在變動，不同班級、不同課程有不同需求；甚至學生的聽覺、視覺或觸覺能力也會改變。因此，完成學生的功能性視覺評估及學習媒介評量後，或是當教學團隊成員認為有必要針對學生的表現有進一步的瞭解時，則有執行輔助科技評估的需要。例如：每當新學期開始，學生的課表可能有所變動、可能換了新的教材、甚至學生的視力狀況可能有變化，此時，則需要重新確保目前的科技解決方案符合學生當前的需求。

學生本身或是環境有所變化時，應隨之做年度或者更頻繁地輔助科技評量。尤其當教導視障學生的教師，對於輔助科技的知識及經驗較有限時，根據評量結果輔助教師教學是非常重要的；視障學生之教師可以適時尋求其他專業人員或學校夥伴的協助。教導視障學生之教師須與專業團隊成員進行評量與教學的合作，根據學生的需求與特性，邀請不同的團隊成員加入，例如：直接照顧者、輔助科技專家、普通教育及特殊教育教師、職能治療師、語言治療師、定向行動專家以及物理治療師等。輔助科技中心人員或科技公司工程師也應被納入團隊，因為他們可能針對現今學校經常遭遇的科技問題，能提供適當的解決方式。

各有專長的團隊成員，清楚完整勾勒出學生的科技需求，並共同決定出最合適且有效的科技解決方案。例如：視障學生之教師，可提供功能性視覺評估與學習媒介評量，協助團隊成員瞭解學生的感官與學習需求，以及學生慣用於處理任務的視覺、聽覺、觸覺感官模式組合。校方或教育單位的輔助科技專家，可評估並推薦適合視障學生使用之網路平臺，例如：建置無障礙搜尋功能之電腦平臺。

視障學生之教師可以諮詢視障機構或輔助科技專家，評估學生使用進階版輔助科技或更專業的輔具的可能性。輔助科技專家通常可能較容易取得更廣泛的科技輔具新知，或更具可用性的視覺、觸覺、聽覺方面的訊息蒐集科技，這樣一來，即使視障學生之教師不熟悉輔助科技領域的知識與技術，但藉由專業團隊的合作模式下，可共同探討、檢視並滿足學生的輔助科技需求。

專業團隊確定學生的輔助科技需求後，教師們有兩個重要任務要完成。

第一，教師要確認學生的需求有被適當的記錄在學生的IEP（individualized education program，個別化教育計畫）裡。此紀錄須包含可觀察、可供評估的輔助科技教學目標，以及合適的設備、教材及裝置。例如：某低視能小學三年級學生，主要的學習媒介為印刷體，需要在數學課上使用輔助科技來閱讀有些距離的文字，以下可能是他的輔助科技教學目標：「經過團隊成員們一系列的觀察後製表評估發現，學生必須在三年級時，藉由在每日的數學課互動式白板上獨立使用可攜式擴視機，增加閱讀較長距離的文字。」而為達到此目標的特定子目標包含：

- 學習設定可攜式擴視機
- 學習本裝置的特色與功能
- 學習在不同情境下使用本裝置
- 透過協助在數學課上使用裝置
- 能獨立地使用本裝置

學生課程上所需的輔助科技，必須被詳細記錄在 IEP 中的設備區。

例如：一位仰賴點字閱讀及書寫的重度視障小學三年級學生，必須擁有列在 IEP 上的輔助科技如下：

- 點字打字機，包含手動及電子點字、點字板及點字筆、有點字顯示之記事軟體。
- 文字辨識掃描器
- 點字翻譯軟體
- 點字印表機
- 點字熱印紙（可製造觸覺圖樣）
- 計算機與語音計算機
- 可操作語音及點字系統之筆記型電腦

第二，根據 IEP 所列目標，不間斷地蒐集學生對於輔助科技的使用資料，以掌握學生之使用進展。掌握學生如何在每日的課程中，應用輔助科技是非常重要的。頻繁地蒐集學生的使用表現等資料，有助於教師紀錄及分析學生達成輔助科技目標的進度，可依照目標達成的程度調整教學內容與深度。可以適時使用任務表現觀察表以及個人技能檢核表等資料蒐集工具。例如：在學生學會如何運用 PDA 或智慧型手機收發電子郵件後，教師可每週觀察學生完成任務的狀況，至少觀察一個月並記錄學生技能使用的情形。

同樣地，對於正在學習如何運用新裝置閱讀印刷書籍的學生，教師可確認並每週記錄學生的閱讀流暢度及速度，一段時間後，即可確認此新裝置是否實際增加學生的閱讀效率。為達有效率地獨立閱讀的目標，必須考量學生是否有能力獨立使用裝置，或者需要口述或肢體上的協助。年紀較長的學生，可讓他們自行每日或每週在日誌上或長條圖上紀錄、分析自我效率，同時也訓練學生自我修正、自我決策的能力。

為協助學生在課堂上表現得更好，以下幾點應有助於教師與專業團隊成員檢視學生使用輔助科技的合適性：

1. 學生是否在閱讀、寫作、學習上，被賦予與非視障學生相同的期待呢？

2. 學生是否擁有與非視障學生相同的即時取得學習材料的權利呢？

3. 學生在閱讀、寫作、學習上，是否擁有與非視障同學一樣程度的參與度呢？

4. 學生是否被賦予與非視障學生同樣對於閱讀、寫作、學習同樣程度的責任呢？

5. 學生是否在閱讀、寫作、學習上與非視障學生有一樣的進步幅度？

如果以上這些問題的答案為否，則需要重新審視學生現階段所使用的輔助科技，是否確實有效的符合需求？是否需要提供學生額外的訓練或支持？抑或有其他因素影響學生的表現？

陳忠勝（2009）指出，視障教育教師輔助科技服務專業知能包括六個向度，如表 11-1 所示。

◆表 11-1　視障教育教師輔助科技服務專業知能表

向　度	內　涵
能瞭解視障輔助科技服務涵義及內容	1. 瞭解視障輔助科技所能提供的服務內容。 2. 瞭解視障輔助科技相關的法令條文與施行細則。 3. 瞭解政府關於視障輔具的經費補助辦法。 4. 瞭解視障輔助科技設備的分類。 5. 能瞭解適用於低視能學生及重度視障學生之輔具的種類及功能。
視覺障礙學生的輔助科技需求評估	1. 會操作功能性視覺評估。 2. 能依據功能性視覺評估的結果，向教師與直接照顧者解釋評估的意義及內容。 3. 能對學生進行能力的評估（感覺、動作、認知、能力等）與分析學生的生活環境。 4. 能評估學生需求與科技輔具間的適配情形。 5. 能分析學生能力評估的資料，提供給專業人員作爲評估的參考，並與相關專業人員諮詢、討論，進行科技輔具的功能分析。

（續）

向　度	內　涵
	6. 能將學生的輔助科技需求評估，納入其個別化教育計畫（IEP）中。
輔助科技設備的取得	1. 能瞭解教育主管機關所訂定科技輔具的取得方式。 2. 知道可以尋求輔助科技諮詢服務的單位或機構，能提供給直接照顧者科技輔具的採購、租用、借用或其他取得管道的資訊。 3. 能協助學生申請科技輔具的補助經費。 4. 能向直接照顧者或教師說明選用輔助科技之原因。
輔助科技設備的提供與製作	1. 能提供輔助科技、教材（大字或點字課本）擺放空間。 2. 能提供個別化設計、量身訂做或改造之輔具。 3. 會安裝、操作、調整輔助科技，並進行教學。 4. 能於輔助科技介入期間評估學生所使用輔具之成效，並依評估結果隨時調整輔助科技的使用狀況。
有效運用輔助科技服務的整合資源	1. 能以進行跨專業團隊合作的方式來評估輔助科技。 2. 能將視障輔具與教學活動、課程結合。 3. 能與專業團隊討論，將視障輔具與復健計畫或治療課程結合。
輔助科技的教育訓練或技術協助	能提供輔具使用的訓練或技術協助，給視障學生的主要照顧者、學校教師、專業團隊與同儕等。

從表 11-1 視障教育教師應具備的六項輔助科技服務專業知能，學校與師培機構應協助教師或師資培育生發展輔助科技服務專業知能。

第三節　教師的角色

一、教學策略

身處科技發達、資訊爆炸的時代，要成為專精於各種裝置、熟稔不斷更新變動的科技潮流，並將之運用在教育上的專家，對大多數非科技專長的人來說，非常不容易。以下幾個教學策略，能提供視障教育教師作參考。

首先，教師可以盡力確保受過必要訓練、有經驗的輔助科技專家為合作之專業團隊成員之一。若學校內缺乏適合之專家人選，教師則需要向外尋求協助。

第二，教師必須時時透過進修、研討會、加入輔助科技專業團隊的社群、接觸網路上的資訊課程及訓練、與專家合作等方式來自我精進。教師可以時常透過參與專業發展課程、參加工作坊與遠距教學課程等，不斷更新輔助科技相關知識及技巧，將對教學有極大助益。教師必須每年在輔助科技上的持續性專業發展，融入他們的專業發展計畫中。

第三，視障教育教師應該參加由輔助科技專家為學生所設計的輔助科技訓練課程。透過與學生一同學習，視障教育教師可以增進輔助科技領域的知識，同時也可以確認講師是否瞭解視障學生，在學校及家中所需要的教育需求。輔助科技的廠商經常都會附贈一些訓練課程，或是下訂單同時也可購買訓練課程時數，視障教育教師必須確認學生有實際接受訓練，若沒有其他訓練資源，校方也應該付費購買專業訓練課程。

通常一個輔助科技的基礎操作課程 1-2 小時即足夠。在基礎入門訓練後，視障學生及其教師應該練習所學並一同進行更多學習。當視障學生與教師已經達到學習的極限時，有必要提供操作輔助科技更進階功能的額外課程與訓練。最終，視障學生及教師都應能獨立操作輔助科技。教師在接受訓練之前或許處於對新輔助科技缺乏使用經驗的狀態，在訓練結束時，學生與教師都應能習得有價值的技巧、知識以及經驗。

學校有責任在各個場域及環境中，提供教學團隊所建議視障學生需要的輔助科技。另一方面，視障教育教師應主動尋求其他組織的協助，例如：視障重建機構或是視障輔助科技中心的協助，以確保學生擁有最合適的輔助科技。

此外，教師若能跳脫傳統教學上的「主導者」或「專家」的思維，對於教學也會有更多的幫助。科技的領域廣且變化迅速，教師必須摒棄過去的主導式學習，作為學生的楷模、支持者、指引者、協助者、共學者，才能為學生提供更多學習活動及機會。調整教學角色後，視障教育教師可在進行輔助科技教學時更有自信與力量。

二、輔助科技應用的現況

近年隨著提升運用教育科技支援教學，教師除了瞭解學生的學習特性，透過各種讓學生有效吸收的教學表徵，引發學生的學習及探索的興趣與動機，以及使學生更易於理解與吸收學習內容，學習科技研究著重在教師的「科技學科教學知識」（Technological Pedagogical and Content Knowledge，簡寫 TPACK），相關研究已發現 TPACK 影響教師的教學成效甚鉅。

Huang、Chen 與 Jang（2020）調查並比較臺灣與中國視障學校教師之 TPACK。研究發現目前兩岸視障教育教師在 content knowledge and teaching strategies（CKS）上得分最高，在 technology application（TA）上得分最低。較高的 CKS 分數表示視障學校教師對自己在學科領域的專業知識與給視障學生的教學策略充滿信心，可能歸因於在職教師經年累月的教學經驗，強化自身的內容知識與教學策略。較低的 TA 分數表示兩岸視障教育教師尚未增強其科技知識與技能，無法將特定的輔助技術應用於教學。在職教師可能因為缺乏足夠的機會在學校學習與使用輔助技術。因此如能試用、接觸輔助科技設備，可以減輕不確定性並增強教師對科技應用於教學的信心與方法。研究結果建議教育主管機關或視障學校，可編列預算添購具有指導意義的科技技術輔具，使視障教育教師能熟悉並將新技術應用至教學設計當中。

研究的另一項發現，兩岸視障教育教師之 TPACK 在性別、年齡和數位學習經驗有所不同。性別方面，男性教師在 technological knowledge（TK）與 TA 方面得分明顯高於女性教師，性別差異可能歸因於男性教師對電腦和新科技有更多的熱情與接觸，因此可能有更多的科技接觸經驗及技術知識。年齡方面，資深教師在教學主題和教學策略優於年輕教師；年輕教師則在學習、應用、強化與整合教學技術四方面的表現優於資深教師。差異可能來自於在學習與生活的經驗中，年輕教師較容易接觸數位學習科技，因此能更快地學習科技技術知識。具有數位學習平臺使用經驗的教師，在 CKS、TK、TA 和 TPACK 方面的得分明顯高於無使用經驗者。使用數位學習工具的實際經驗可以為教師提供豐富的機會，除了習得相關的科技教學技術外，更可獲得信心，更能重新思考如何將科技工具與課程內容和教學策略結合，並能據以反思教學效果來修訂教學方向。因此，鼓勵視障教育教師接受數位學習科技能有效促進其 TPACK 發展。

研究中（Huang, Chen & Jang, 2020），對於提升視障教育教師之 TPACK 提出下列四點建議：

(一) 豐富並提升視障教育教師學習新科技與應用之機會

在 CKS 及 TPACK 方面，中國教師的表現優於臺灣教師。表示中國教師對教學的基本知識與技能有更好的自信，他們表示自己能嫻熟應用教學技術。可能源於中國特殊教育學校經常舉辦校際比賽，將教學技巧整合到教學中，而臺灣鮮少有類似競賽。目前既沒有針對視障教育在職教師使用的輔助科技教科書，也沒有相關課程。臺灣與中國視障教育領導者，可以主動提供各種專業發展活動，例如：工作坊或研習會，使視障教育教師有能力來掌握新的技術軟體與科技工具。教育領導者可以邀請輔具專家與應用科技教學經驗豐富的講師進行有效指導，設計相關教材與課程。

(二) 培養年輕教師與資深教師的專業合作團隊

研究發現年輕教師對技術的瞭解更多，而資深教師更精通於學科領域知識及教學策略。因此，年輕教師與資深教師可以形成合作團隊，進行課程計畫、資源分享、共享知識 / 經驗。資深教師可以為視障學生提供教學策略和教學內容知識的經驗；年輕教師則可以展示他們如何學習和使用數位學習科技，以及他們如何促進視障學生之間的合作與支持。

(三) 加強臺灣和中國視障教育教師的互動與合作

因使用相同的語言與相似的文化背景，兩岸視障教育教師可以相互交流，在課程設計和教學中分享學習及應用數位學習科技的觀點與實踐經驗。透過這種交流共享，兩岸視障教育教師可以增強他們的能力與對技術應用的信心，進而更鞏固並提升教師們的 TPACK。雙方教師可以進一步合作設計活動，促進臺灣和中國的學生應用數位科技進行學習活動，增進學生間的相互理解，激發高層次的思維及拓寬他們的跨文化視野。

(四) 降低科技整合的可能阻礙

在進行專業發展課程之前，建議教育領導者思考，女性教師及資深教師遭遇學習與應用數位科技的困難，並提出因應策略。視障教育學校的領導者，可以舉辦數位課程設計與科技教學技術整合的校際比賽。透過此類競賽，教師的技術利用能力將得到增強，並且為教師提供更多機會觀察其他教師如何設計及促進與科技教學相關的課程。簡而言之，視障教育領導者應思考對策，以解決視障教師數位學習整合到教學中的困難，並提升教師們對學習科技應用於課程教學的意願與信心。

三、教師角色

在輔助科技的領域內，視障教育教師的主要責任包含協助視障學生瞭解輔助科技的運用與技巧，指引視障學生與主流科技接軌，同時確保視障學生學到的是合適的輔助科技。利用功能性視覺評估及學習媒介評量檢核，以確保設定清楚的輔助科技檢核目標、提供清楚的指導以及對學生進度的評量。

視障教育教師必須計畫、管理、清楚表達並評估自我的教學，以確保學生都能接觸並參與在課程當中，且讓學生在個別化教育計畫（IEP）以及科技上都有一定的進步。教師必須思考如何設定課程的長度、深度之優先順序，以適用於無論是一對一的課程或教室內的合作活動。

為達到上述教師責任，教師們必須經常與其他教育團隊的成員合作。例如：教師在教導學生如何運用電子書籍來閱讀語言藝術課程上的小說時，則需要與語言藝術教師合作，教導學生如何在課堂上運用科技複習文本及參與小組討論。

為掌握學生使用輔助科技的進步程度，教師需要與普通教育教師、協助輔助科技教學及其相關的學校人員密切合作，以確保學生在課堂上有足夠練習裝置及科技的機會，並可以將所學應用到實際的生活情境中。要達到上述使學生應用所學至實際情境中，視障教育教師必須在學生於實際場域環境下使用輔助科技裝置時在場協助，因此視障教育教師必須設定有彈性的學習進度，才能在不拖延進度的情況下觀察、掌握，並時時調整教學策略。

問題省思與討論

1. 針對盲用電腦能力指標，請討論低視能學生之「能操作常用之繪圖軟體」需被替代之原因。
2. 針對盲用電腦能力指標，請討論重度視障學生五項盲用電腦能力指標需被替代之原因。
3. 請說明視障教育教師輔助科技服務專業知能的六個向度。
4. 請簡述視障學生的輔助科技需求評估之內涵。

第四部分：視覺障礙的特殊群體

第十二章

視皮質損傷

前　言

出生至 10 個月大是視覺發展的重要階段，從出生到 3 歲是腦部的可塑黃金期。人類在嬰兒時期就已經發展出皮質細胞轉譯視覺刺激的能力。若個體因缺乏足夠的視覺刺激，無法發揮應有的視覺功能，可能導致永久的視覺障礙。

40% 的大腦功能用來處理視覺訊息。十九世紀時學者發現，眼睛能視物與大腦能瞭解眼睛所看到的事物是兩個分開的功能。視皮質損傷者不是因為眼球的器官或功能受到限制，而是大腦皮質在轉譯視覺訊息的過程中遭受干擾，導致個體無法順利解讀視覺訊息。本章將討論視覺神經傳導路徑、視皮質損傷定義、視皮質損傷之成因、特徵與評估，並探究視皮質損傷學生的教學策略。

第一節　視覺神經傳導路徑

視覺的起點是眼睛，光線透過角膜，經過水晶體聚焦，投向視網膜。視網膜布滿了神經元，光進入瞳孔之後，先被視網膜上面的光感受體（photoreceptor）所吸收，驅動了一連串化學反應，變成了神經的電訊號，再將這些電訊號輸往大腦。視網膜的光刺激轉換成神經訊號之後，會沿著視神經往後傳遞，左右眼睛的視神經分別有部分先交叉，接著進入大腦下方的一個區域，即為側膝核（LGN）。LGN 相當於視覺訊號從視網膜到視覺皮質 V1 區的一個中繼站。經過視覺系統的傳導，大腦能辨認、瞭解我們所看到事物，同時也讓我們能夠在視野所看到的範圍內安全的活動（蕭佳雯，2013）。

視覺系統分成兩個主要系統：一是腹流路徑（ventral stream pathway），另一是背流路徑（dorsal stream pathway）（Dutton, 2003），如圖 12-1 所示。

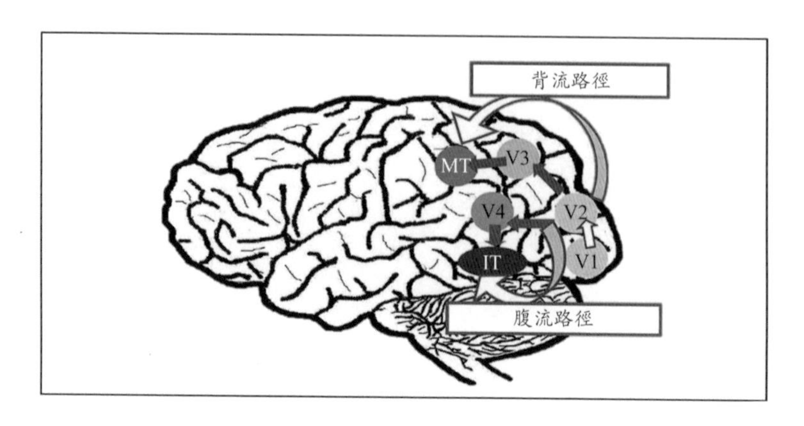

◆圖 12-1　視覺神經傳導路徑（蕭佳雯，2013）

一、大腦皮質區 V1 及 V2 區

由側膝核傳出的訊息最後到大腦枕葉的 V1 區，包含二種細胞，簡單細胞（simple cells）將點狀視野組合成條狀視野，並對不同方向敏感；複雜細胞（complex cells）對特定方向移動敏感。與形狀處理有關的 V1 細胞，投射到 V2 細胞作進一步處理（蕭佳雯，2013）。

二、腹流路徑

腹流路徑是用來辨認物體熟悉特徵的電路系統，專門負責處理顏色、形狀等細部資訊。腹流路徑的功能使我們能夠從不同的方向、距離，來辨識面孔與物品。我們能夠辨認影像是因為所看到物品，符合存在我們記憶體中的資料（Goodale & Milner, 2004）。如果是腹流路徑受到損傷的視皮質損傷學生，難以從他人臉部表情判別情緒的變化；難以在視覺上辨識他人（prosopagnosia；面部識別能力缺乏症）；顏色、形狀、物體長度的辨識有困難；路線的尋找有困難。簡言之，其辨認面孔、文字、物品、地形地貌的能力有障礙，導致行走間辨識路徑的困難。

三、背流路徑

背流路徑負責視覺空間處理，察覺物體在三度空間中的速度、動向、位置，並且指揮眼睛的動作，以便追蹤視覺目標。這部分的大腦運作是潛意識而且立即性的，它處理所有的視覺影像，幫助我們做視覺的搜尋，使我們能夠在立體的空間中活動自如。如果視覺傳導系統受損的部位在後頂葉，視皮質損傷學生辨認物體沒問題，但由於背流路徑失靈，無法將手伸到物品所在位置，做出拿取物品的動作（Eliot, 2000）。背流路徑受到損傷的視皮質損傷學生，對複雜或刺激環境的適應或處理不易；通過擁擠的地方或路肩移動有困難；從一群人或一堆物品尋找特定目標不易；視覺注意力不集中，難以精準的視覺碰觸或雙手、雙腳在空間精準地移動。

第二節　定義

視皮質損傷（cortical visual impairment）也被稱為腦內視覺途徑受損（cerebral visual impairment，簡稱 CVI）。視皮質損傷造成的視覺障礙是腦部視覺處理中心與視覺功能受到干擾，而不是眼部與視神經結構的問題而干擾視覺功能。視皮質損傷患者可透過核磁共振攝影（MRI）及電腦斷層掃描攝影（CT），發現腦部視皮質、視神經受損。

根據 Cayden Towery（2007）對於視皮質損傷的解釋為：(1) 後視覺徑路與枕葉區受到干擾。(2) 大腦無法解釋眼睛看到什麼，所以不能從視皮質損傷學生的表現去確認他們的認知能力。(3) 視皮質損傷學生在空間概念上都有共同困擾，因為枕葉與頂葉過於接近。(4) 視皮質損傷會構成視覺徑路與大腦視覺處理的障礙，視皮質損傷的眼睛看四周環境就像照片一樣清晰，但大腦卻無法解釋看到什麼。

根據 Children’s Hospital Boston（2010）對於視皮質損傷的解釋為：(1) 腦功能的障礙，造成視覺不正常的反應。(2) 視皮質損傷造成之視覺障礙可能是永久的，有些案例可能恢復部分視力。(3) 腦性麻痺及發展遲緩都會伴隨視皮質損傷的特徵。

近期研究將視皮質損傷定義為在前視覺傳導路線（指角膜到視

網膜）沒有受到傷害或其他眼疾的情況下，視交叉神經通道（retro-chiasmatic visual pathways）受損或功能不健全所造成的視覺功能障礙（Swaminathan, 2011）；也就是說，因腦傷造成大腦與眼睛之間的通路受損，而無法將眼睛所看到的影像轉譯成視覺訊息或正確與解讀視覺資訊。因此，雖然視皮質損傷學生的眼睛結構正常，但傳導訊息的神經結構卻損傷。

此外，Swift（2008）指出視皮質損傷的可能原因，包括 (1) 腦部缺氧；(2) 顱內壓 / 水腦；(3) 腦部異常 / 腦傷；(4) 中樞神經系統感染：如腦膜炎與腦炎；(5) 藥物中毒；(6) 早產：未足月的新生兒在生產過程中，因細胞中血液缺乏足夠的氧氣造成缺氧；(7) 腦性麻痺；(8) 癲癇。

第三節 特徵

幾個特定視覺行為，能讓醫療及教育相關人員察覺是否罹患視皮質損傷。當我們想判定引起學生視覺障礙原因時，如果有以下狀況，可以考量學生是否有視皮質損傷狀況：

1. 學生有正常或趨近正常的眼科檢查報告，卻無法解釋學生視覺受損的狀況。
2. 曾經／現在有精神方面的問題。
3. 對視覺刺激表現出的行為與視皮質損傷的視覺行為特徵相同。

雖然視皮質損傷學生會因為不同的生長階段與環境，而展現出多樣的視覺行為，但一般而言，幾個特定的視覺行為特徵，到達嚴重的程度時，將會影響學生未來的視覺功能。以下為十一種視皮質損傷個案的行為特徵（Jackel et al., 2010）：

一、顏色偏好

視皮質損傷者通常會對某一特定顏色產生強烈偏好。根據西賓州醫院小兒 VIEW 計畫（Roman-Lantzy, 2007）蒐集到的數據，76 名 6 個月大至 15 歲的視皮質損傷患者中，55% 偏好紅色、34% 偏好黃色。對於教育及醫學專業人員而言，找出視皮質損傷學生偏好的顏色，並將偏好顏色的物品融入視皮質損傷學生的日常生活、學習環境及休閒生活是非常重要的。

二、移動的物品

視皮質損傷學生因深度覺較差，影響他們對目標物的接觸。例如：能夠上樓梯但卻不敢下樓梯；當步上行人道因不知邊界而絆倒；往前要抓或拿杯子無法掌握距離。當視覺目標或學生移動時，視覺表現會較好，尤其是正在移動並有顏色的物體。他們對移動的物品有警覺性，當視覺刺激出現時，行為即展現出警覺性。大部分的視皮質損傷學生，對於移動的物品或是發光閃動的物品有更一致且更長時間的視覺注意，因此部分視皮質損傷學生使用移動的物品增加視覺性功能。當所處環境沒有移動或能反光的表面時，有些學生會移動自己的頭與身體，為自己提供視覺刺激的環境。

三、視覺延宕

視覺延宕，指的是視覺反應緩慢而且時間過長，需要比一般人更多的時間做反應。視覺延宕的反應在視覺缺乏一致性的學生身上較常見，當學生的視皮質損傷特徵慢慢修正消除，延宕情形會逐漸減少。視皮質損傷學生視覺延宕的情形、時間有個別差異，延宕的情形也會隨著觀看的物品種類、顏色、外型的複雜程度或是擺放位置等而有所不同。當學生發生視覺延宕的情形，視覺延宕程度必須仔細的評估，考慮適切的等待時間來等待學生反應。

四、視野偏好

視皮質損傷學生會忽略呈現在某一特定位置的視覺資訊，而使用一個特別的視覺範圍、角度來觀看物品。教育相關專業人員必須仔細評估學生的視野範圍，找到學生偏好的視野範圍角度，使後續的教學介入能夠以此規劃設計。部分視皮質損傷學生的周邊視野比中心視野更具成效，所以當刺激物出現時，可能讓人感覺他根本沒有注意目標物。許多學生的視野偏好是多個區域的，兩隻眼睛對於視野的偏好不同，又稱作視偏盲。學生可能會使用其中一隻眼睛注意物品存在的位置，然後轉頭使用另一隻眼睛來辨識物品及觀察細節。在視皮質損傷學生中，較少出現偏好中間視野的案例。

五、複雜視覺環境辨識困難

在視覺環境複雜的情況下產生辨識困難，主要有三種狀況：1. 觀察目標表面有複雜花樣；2. 目標呈現在複雜的視覺環境中；3. 觀看物品時有其他的感官輸入。視皮質損傷學生無法在環境複雜的情況下辨識物品，主要因為其視覺系統無法承受多重的刺激。視皮質損傷學生因難以在複雜背景中區辨出前景與背景的視覺訊息，所以很難在有圖案的地毯找東西；很難在眾多物品中指出特定物品。因此近距離視物時，需要放大物體或是減少複雜擁擠的背景。

六、對光凝視或是無目的的凝視

視皮質損傷學生眼睛容易疲勞，視障程度從重度到全盲皆有。約三分之一的視皮質損傷學生會畏光，有些對光有強迫性的注視，通常會將頭轉移開目標物、不看說話的人或是正在進行的活動，而處理視覺以外的感官資訊。強迫性的注視，指對光凝視的行為，他們會對著主要的光源凝視相當長的時間。無目的的注視，表示此視皮質損傷學生沒有能力去注視任何物品，或是所處的環境內沒有可以觀看的目標物。無目的的注視其中一個解釋，指視皮質損傷學生無法同時承受聽覺及視覺的刺激，因此將視線轉移，離開目標或是看著白色的牆面，專心聆聽聲音。

七、遠距離物品辨識困難

因為視皮質損傷學生有高度近視，因此對遠距離的目標物辨識困難，需要近距離的觀察目標物。但是當把物體拉近看時，有些視皮質損傷學生看到目標物一下就把眼光移開。遠距離的注視與視覺複雜度是相關的，當視皮質損傷學生觀察的目標物愈靠近臉部時，物品的背景就會愈模糊，而減少視覺干擾。當物品呈現沒有視覺干擾的單純環境下，學生就能使用較正常的距離觀測物品。

八、對視覺刺激無反應或是異常反應

許多視皮質損傷個案沒有典型的視覺反應，如眨眼反應、視覺威脅反應。正常情況下，當突然觸碰個案的鼻梁時，觸碰的同時個案會眨眼，但許多視皮質損傷者沒有眨眼反應，或反應會延宕。在視覺威脅反應方面，當我們將手往個案面前快速揮過去，他會因為突如其來的視覺威脅而眨眼，但是許多視皮質損傷者在面對視覺威脅時沒有眨眼反應或反應會延宕。

九、對新穎的物品辨識困難

視皮質損傷學生其視覺偏好反覆觀看同一種物品，而忽略其他事物。因此如何選擇新的物品讓視皮質損傷學生觀看是非常重要的，專業團隊必須根據已知物品的重要基本元素來選擇新的觀看目標物。過度刺激可能造成行為退怯或是視覺注意力過短，所以無法一次提供過多的目標。況且視皮質損傷學生不容易記得他們看過的東西，主要原因是視皮質損傷學生對於看過的東西在腦海中不容易形成影像，如無法辨識熟識的臉、無法瞭解日常用品。甚至對這個學生來說應該是很熟悉的地方卻找不到，因此他們要學習新事物是有困難的。

十、缺乏視覺引導的伸手動作

視皮質損傷學生有無法同時觀看並伸手觸碰的傾向。某些案例中，視皮質損傷學生會先觸碰目標物，再轉頭過來觀看手上的物品。許多視皮質損傷學生觀看及伸手觸摸的行為是分開的兩個動作，而無法同時進行。

十一、眼球無法快速運動

視皮質損傷學生難以快速靈活轉動眼球，因此他們大多都採用轉動頭部的方式面對環境或翻書的轉變，也因此常有閱讀困難的問題。眼球的快速靈活轉動（或稱掃描），可以讓眼睛快速改變方向以利追蹤並找到目標物，翻書時亦然，因此快速眼球運動是相當重要的視覺工作。

第四節 評估

一、視皮質損傷評估的目的

莊素貞（1998）提到許多視多障學生，同時具有眼睛與腦傷所造成的視覺中樞障礙問題，在此情況下，視皮質損傷造成的視覺功能問題常被忽視。Roman-Lantzy（2007）提到，因視皮質損傷會隱藏眼部損傷（ocular impairment）的症狀，因此需大部分視皮質損傷的特質被解決後，再作視覺評估以瞭解學生之殘餘視力。評估視皮質損傷可瞭解學生的視覺偏好、嫌惡及困難，教師或專業團隊根據評估結果，能善用適當的視覺刺激及環境調整，增進學生使用他們的視覺以幫助學習（Roman-Lantzy, 2007）。因此，視皮質損傷或疑似視皮質損傷學生，進行視皮質損傷特徵的檢核，可瞭解這些特徵影響視覺的程度，以設計適合學生學習的課程及環境。

二、初步篩選

莊素貞（2013）引自 Dutton（2006），國內大腦皮質性視覺障礙學生並不僅出現於啟明、惠明學校，許多不同教育安置場所的腦性麻痺與視多障學生可能都有腦傷所造成的視覺中樞障礙問題。一般認為，腦性麻痺學童的肢體與語言溝通障礙是最明顯的，也是復健過程中最受到重視的項目，因此，視覺皮質損傷造成的視覺功能問題常被忽視。個體接收外界訊息 70% 以上是透過視覺管道，因此提升個體視覺功能，對於日常生活與課業學習及各項復健療效絕對有相當助益 。當「看」的能力提升了，其他各方面的學習成效隨之提高也是可預期的。大腦視力可塑性非常高，透過適當的訓練，視覺功能的改善也可延至青春期，甚至成年初期。

當眼科報告與視覺功能評估無法說明個案視覺功能異常原因與視力使用狀況，且個案過去有腦傷的紀錄，日常生活中也出現一些視皮質損傷者特有的視覺行為特徵時，建議教育與復健專業團隊人員可先利用疑似視皮質損傷檢核表，著手進行初步評估。這份檢核表中共有十項視皮質損傷典型的視覺行為特徵，包括特定顏色偏好、視覺反應延宕、特定視野偏好、視覺複雜度辨識困難、喜好凝視燈光、遠距辨識困難、非典型眼球反應、新事物辨識困難與眼睛－動作不協調等，若行為特徵超過五項時，則建議前往大型醫院讓學生接受大腦視神經中樞的檢查。

三、神經醫學檢查

常見的神經醫學檢查包括：

(一) 電腦核磁共振掃描（magnetic resonance imaging, MRI）

可顯示體內各器官之解剖影像，可將人體的剖面組織構造呈現為各種切面顯影（羅仔君、曾文毅，2011）。MRI 常用於確定視皮質損傷的診斷，MRI 也可以用來檢查腦室周圍白質的損傷情形、產程缺氧造成的腦髓鞘發育延遲。雖然視覺的預後無法以此來預測，但常用來評估新生兒缺氧及作為受傷一個星期後復原的預測指標（Good, 2001）。

(二) 功能性磁振造影（functional magnetic resonance imaging, fMRI）

透過 fMRI 可瞭解大腦的代謝情形，但較有限制，因為個案必須能在清醒的狀態下、不亂動且配合檢查（Good, 2001）。利用 fMRI 偵測大腦含氧血跟缺氧血濃度變化所產生的訊號擾動，經統計方法計算哪些腦區在執行思考歷程時會產生訊號變化，進而推論腦區與某特定功能的相關性（羅仔君、曾文毅，2011）。

(三) 電腦斷層攝影（computed tomography, CT）

X 光穿透人體後取得資料，再經由電腦重組分析顯影，可透過顯影診斷出侵犯範圍。為使顯影更清晰，常需由靜脈注射顯影劑（Dutton, 2003）。CT 主要測量體內化學變化及新陳代謝狀況，因此可用於研究腦血流量的變化。它預測恢復結果比 MRI 好，但因檢查時會產生少量的放射線物質，所以沒有被廣泛使用（Good, 2001）。

(四) 視覺激發電位（visual evoked potential, VEP）

VEP 是確定視皮質損傷的主要診斷工具，且對視覺結果有很好的預測價值。VEP 是良好的量化工具，有助於監測視覺訓練或復健的療效。VEP 包括二種類型如下：(1) 閃光視覺激發電位（flash VEP）：由電極記錄眼睛看見閃光時，大腦的反應方式。(2) 模型反轉視覺激發電位（pattern reversal VEP）：由電極記錄眼睛看見黑白正方形間移動的棋盤形圖案時，大腦的反應方式（Good, 2001）。

(五) 腦波（electroencephalogram, EEG）

EEG 可以提供關於 VEP 的解釋，當 α（alpha）波出現在正常背景下，可以排除視皮質損傷，也可作為視皮質損傷預後的指標（Good, 2001）。

(六) 超音波（ultrasound）

超音波沒有侵入性，常用來檢查周腦室白質軟化症（PVL）的前幾天，這段時間使用超音波檢查的敏感度比 MRI 好（Good, 2001）。

四、訪談

專業團隊在評估學生是否有視皮質損傷時，須特別留意學生的直接照顧者所提供的經驗及資訊，視皮質損傷的評估需要從學生的家庭開始，直接照顧者及家庭成員最瞭解視皮質損傷學生在各種情況下會有的反應，因此專業團隊不能低估其重要性。家庭訪談是整個評量資訊的重要來源，對於家庭成員的訪談是瞭解學生是否患有視皮質損傷的重要步驟，有了這些資訊才能夠觀察學生，進一步的做直接評估。

專業團隊在進行與視皮質損傷學生家庭成員的訪談時，須注意以輕鬆的方式進行，與直接照顧者建立良好的關係，事先告知在訪談過程中會做筆記，而且有可能會出現其他觀察人員。向家庭成員自我介紹並嘗試良好的溝通，讓受訪的家庭感受你的誠意。在訪談一開始讓直接照顧者及學生覺得舒適、自在，並感謝受訪的家庭成員。

訪談開始之前，專業團隊可以先觀察學生並做紀錄。學生是否展現出視覺好奇心？是否有對光的凝視？是否學生手上拿著特別的物品，例如：娃娃、玩具？如果有的話，注意物品的特徵，是什麼顏色？物品花樣的複雜程度？是否有移動或閃動的部分？學生如何擺放自己的身體？身上是否有任何醫療輔助器材？學生是否機警、疲憊或焦慮不安？

專業團隊必須讓訪談的參與者知道：專業團隊相當信任受訪者所提供的資訊，並且提供受訪者所需要的資訊及支持。在進行訪談時，與直接照顧者、家庭成員互動，並注意文化的差異，遵守禮節。明確知道何時是可以與學生做出身體上的接觸，何時是不允許的。讓直接照顧者提出暗示或是讓直接照顧者來引導。對於學生的進步，給予直接照顧者正面的支持。

訪談時，透過提問以瞭解學生的視覺行為相關資訊，例如：學生的醫療背景、眼科醫生的報告內容為何？直接照顧者及教師最大的擔憂為何？學生喜歡觀看的物品或偏好的顏色？在訪談當天，何時學生的視覺最為敏銳？學生是否能夠直視面孔？比起靜止不動的物品，學生是否比較會注意到移動的物品？學生對於觀看物品的行為是否比較像是看穿看透，而非直接聚焦在物品上。訪談問卷的題目，可參見本書附錄五。

五、功能性視覺評估

Roman-Lantzy（2007）提出「視皮質損傷視覺功能評估範圍」，此評估方案具備良好的信效度，主要分為二大部分：(1) 組間－視皮質損傷特徵評估（across-CVI characteristics assessment，以下簡稱組間—CVI 特徵評估）；(2) 組內—視皮質損傷特徵評估（within-CVI characteristics assessment，以下簡稱組內—CVI 特徵評估）（參見本書附錄六）。分別說明如下：

(一) 組間—CVI 特徵評估（Rating I）

此項評量提供個案功能性視覺程度的概觀。此方法將視覺功能分成以下五個等級，等級數字愈高，代表受 CVI 影響程度愈輕微；反之，代表受到影響程度愈嚴重。專業團隊可以透過觀察、訪問與直接接觸學生得到分數，解釋視皮質損傷學生視覺行為的範圍（蕭斐文、洪榮照，2014）。

組間—CVI 特徵評估將視覺功能分成五個等級：(1) CVI 視覺功能評估範圍 1-2：代表個案的視覺功能反應極少；(2) CVI 視覺功能評估範圍 3-4：代表個案有較多一致性視覺反應；(3) CVI 視覺功能評估範圍 5-6：代表個案利用視力完成視覺功能性任務；(4) CVI 視覺功能評估範圍 7-8：代表個案表現出視覺的好奇心；(5) CVI 視覺功能評估範圍 9-10：代表個案在多數功能活動中會使用視力。

評估時，若個案的視覺反應行為達到「天花板效應」就可停止評分。天花板效應發生在最後一個正數（＋），也就是接下來的特徵連續四個「－」或更多的連續「－」項目。停止評分的階段，就是目前個案在組間—CVI 特徵評估這項評量中的得分（Rating I）。

(二) 組內—CVI 特徵評估（Rating II）

組內—CVI 特徵評估用於判斷評量向度中，CVI 視覺行為特徵所帶來的損害程度。組內—CVI 特徵評估完全不同於組間—CVI 特徵評估，但兩者卻是互補的，專業團隊可以因此得到個案全面、有效的功能性視覺現況資訊，作為教育介入的基礎（蕭斐文、洪榮照，2014）。

同一 CVI 個案的兩項檢核表的總分（Rating I、Rating II）會落在同一範圍，分數介於 0-10 之間。0 分代表沒有視覺反應，10 分則代表典型或趨於典型的視覺反應。所得到的分數有相對應的三個階段教導策略，使視障教育教師在設計教學計畫時有明確的目標及努力的方向。階段一（分數範圍 0-4）的目標：使少用視力的學生，能建立起一致性的視覺行為。階段二（分數範圍 5-8）的目標：整合視覺使其具有功能性。階段三（分數範圍 8-10）的目標：解決並消除仍存在的 CVI 特徵行為。或將分數記錄在 0-10 的數線上，就能看出個案視覺功能的落點。建議每年進行二至三次評估，並將多次評估結果以不同的色筆畫在同一評分表上，就可看出個案的進步情形。

第五節　教學策略

一、介入原則

沒有一套教學方法能適合每位學生，教師需視個別差異隨時調整環境、教材與活動，才能符合每位學生的需求。Li（2003）提出 VIIAF 視覺功能模式理論，作為視覺功能訓練的教學介入原則。為增進視皮質損傷學生的視覺功能，其教學原則可從 VIIAF 模式來探討（見圖 12-2）（莊素貞，2017；蕭佳雯，2013）。

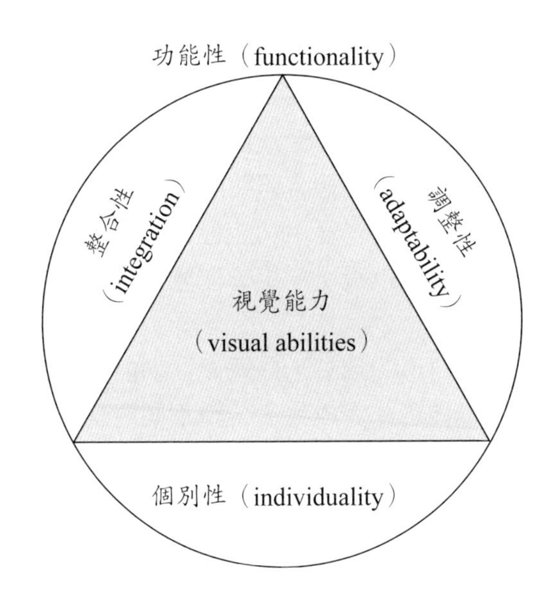

◆圖 12-2　VIIAF 模式
資料來源：莊素貞（2017）。

VIIAF 模式包含五個基本概念：視覺能力（visual abilities）、個別性（individuality）、整合性（integration）、調整性（adaptability）、功能性（functionality）。這個模式所提示的基本概念，可作為視皮質損傷教學方案的參考。

「視覺能力」位在模式的中心位置，包括眨眼及瞳孔反應、視覺敏銳度、視野、眼球動作、視知覺及視覺動作整合等。若是因視覺結構損傷，例如：視覺敏銳度及視野的技巧，無法因練習而有所改變。而在追視、注意力轉移、掃描及視覺動作整合，若是因為缺乏有效使用視覺的經驗，所導致較差的視覺反應，即可因教導及練習而有所改善。

「個別性」在圖的底部，表示視覺活動必須建立在學生個別性的基礎上，多利用學生的優點，並符合學生的需求。同時注意到學生的認知、動作技巧、溝通技巧及心理社會因子（例如：動機、興趣、氣質及情緒）等能力，視覺活動運用的物品也必須與學生的功能程度相符合。

「整合性」指有效的視覺活動，必須整合感覺、認知、動作、溝通、社交技巧及日常生活訓練等各領域。

「調整性」指根據學生的個別性，如其他障礙、偏好、興趣，也包含教材及環境的調整。教師必須有彈性及創意的使用教材。找尋環境中可以誘發學生視覺行為的物品。找出適合照明的位置、注意有無干擾的發亮物質、增加物品或家具的對比度，經由功能性視覺評估或平日的觀察，找出學生最喜愛的顏色，藉由顏色吸引學生的注意力，以發展學生需要學習的技巧。

「功能性」放在三角形的頂端，此意義為功能性是視覺活動的最終目標：使學生能運用視覺技巧，完成每天各種不同的功能活動，如吃飯、穿衣、煮飯、閱讀等。

二、教學策略

教師或專業團隊除了掌握適當的教學原則外，更需結合經驗與智慧，在教學實踐過程中，彈性使用與調整教學策略，協助所有視皮質損傷學生獲得適性的教育。蕭斐文、洪榮照（2014）指出，視皮質損傷學生的教學策略包括環境調整、教學方式調整、定向行動教學調整、輔助科技，說明如下：

(一) 環境調整

多數視皮質損傷學生受環境的影響很大，如果他們在視皮質損傷視覺功能評估範圍得分較低（也就是受到視皮質損傷視覺行為特徵影響較多），他們就更需要環境上的介入及調整改變，才能展現出視覺注意力。

1. **視覺刺激**：當學生的視皮質損傷評估結果顯示學生表現出極少的視覺反應時，專業團隊人員主要的目標是幫助視皮質損傷學生建立視覺行為。當聽力、視力兩種刺激同時出現時，視皮質損傷學生通常使用聽覺來與環境互動，而失去建立視覺功能的機會。因此，這樣的學生需要在其他感官輸入嚴格控制的環境中，才能使用他們的視覺。在家中或教室維持大程度的調整或控管是困難的。我們可以在教室裡選一處安靜且視覺複雜度低的空間，使用黑色的三折板、斜板等阻絕其他的干擾，為學生布置一處適合的學習環境。

2. **簡化教學環境**：教師或專業團隊應提供學生適當的視覺刺激，過多的視覺刺激，會讓視皮質損傷學生更難理解他們所看見的事物。因此提供學生能負荷的視覺刺激，才可避免視覺超載的問題（Roman-Lantzy, 2007）。學生能完成功能性視覺任務時，將辨識物置放在黑色的毛巾上。當學生能夠忍受在熟悉背景中低程度的聲音時，只需要將辨識物的周遭簡單化，除去視覺干擾即可。

3. **色彩偏好**：研究顯示視皮質損傷學生偏好的顏色 55% 為紅色、34% 為黃色（Roman-Lantzy, 2007）。當學生參與精細動作練習活動時，則使用紅色或偏好顏色的教具，能使學生在活動過程中大量使用眼睛注視。此外，打開有紅色門把的門，啟動有紅色開關的電燈、玩具、水龍頭，拿取紅色的牙刷、杯子、湯匙，或將教室木桌椅黏上紅色膠布，都能增加學生使用視力的機會。

4. **視覺注意**：教師或專業團隊應讓視皮質損傷學生在日常生活中多接觸會移動的物品，且物品多為學生偏好的顏色並有反光的表面，例如：閃亮的鋁箔汽球、閃爍的聖誕燈、鋁箔材質的風車、啦啦隊金蔥彩球、使用紅色或黃色的熔岩燈等，以高度對比、簡單花樣或單色的物品，提升學生視覺注意力。

5. **視覺提示**：樓梯的入口處需有充足的光線，讓學生能夠看清楚樓梯第一階的位置，在每一層臺階的止滑凹槽塗上色彩鮮豔的漆。口頭上提醒學生慢慢下樓並扶著扶手，並且強調腳在臺階上著地的位置，建立學生的深度知覺。並在最後一個臺階上，做上明顯的記號。此外，也要減少樓梯間牆面上的裝飾。

6. 燈光照明（莊素貞，2017）：一般而言，燈光從後方照射最容易看清楚目標物，雖然自然光最好，但對有些視皮質損傷學生而言，可能需要特別燈光照明才能有較好的視覺效能。視皮質損傷學生的視覺功能好壞變化極大，對光線的敏感度也有很大的差異。有些視皮質損傷學生會有畏光的問題，有些則喜好凝視燈光。有時候燈箱的使用，有助於視皮質損傷學生視覺聚焦與提升學習興趣；但必須注意，有時候也會造成視覺刺激過度，眼睛不舒服的反效果（Wright, 2000）。

(二) 教學方式調整

專業團隊可透過視覺延宕、目標物距離、物品特徵、臉孔辨識、結構化作息與活動等教學策略的調整，協助視皮質損傷學生發揮其功能性視覺。

1. 視覺延宕：允許學生至少有 20 秒的視覺延宕來對焦／眼神注視到目標物，延宕時間會隨著學生的功能性視覺增加而遞減。但當呈現新物品、累了或是刺激過多時，延宕時間又會加長（Boston Children Hospital, 2013）。因此，教師或專業團隊必須要盡可能去瞭解視皮質損傷學生的功能性視覺，以及學生對身處情境的感受與回應。

2. 目標物距離：將能引起學生視覺注意力的移動、發亮、反光物品，先放在 45-46 公分以內的距離。當學生功能性視覺進步後，距離再增加至 150-300 公分之間（Roman-Lantzy, 2007）。

3. 物品特徵：教師應使用熟悉物品的特徵及顏色為基礎，選擇幾樣新的物品，來訓練學生（Boston Children Hospital, 2013）。例如：如果學生最喜歡的物品是紅色的憤怒鳥，則新的視覺訓練物可以使用單純紅色的物品。選擇適合學生能力的課程內容，不要試著去訓練學生觀看其他的顏色或新事物，須依照評估結果設計不同程度的課程。訓練一段時間後，學生或許忽然就會觀察到有紅色與黃色兩種顏色的物體。當這個現象發生時，就是一個提示，表示學生該再重新做視皮質損傷功能性視覺評估。

4. **臉孔辨識**：視皮質損傷學生因腹流路徑受損而表現出臉孔失認症狀（prosopagnosia），專業團隊必須預先將臉孔失認症狀的症狀告知學校教師。教師在每天早上的點名時間，可以要求每個學生在穿著上加徽章等辨識度高的物品，讓視皮質損傷學生能夠藉由物品來記住人名，以免學生會有強烈的挫折感，導致喜歡獨處或只是與大人交談而被認為有自閉症的行為傾向（Bunltjens, Hyvarinen, Walthes, & Dutton, 2010）。

5. **結構化作息與活動**：由於視皮質損傷學生有視覺新經驗適應困難的問題，他們偏好注視舊物品而非新的，缺乏視覺好奇感，因此為視皮質損傷學生安排有結構、規律的日常生活作息與活動是非常重要的（莊素貞，2017）。

(三) 定向行動教學調整

專業團隊可透過空間概念及標示路徑來協助視皮質損傷學生的定向行動訓練，說明如下：

1. **空間概念**：將視覺嚴重受損的視皮質損傷學生，置放在一個小空間，這個空間可以是一個大的置物箱或是餐桌底下，我們可以在上方使用橡皮筋垂吊發光物品，學生伸手可及的範圍內置放鮮豔紅色發亮物品，來讓學生學習前、後、左、右、上、下的概念。

2. **標示路徑**：視皮質損傷學生只會注意到移動的物品而忽略固定的物品，因此在教導視皮質損傷學生定向與行動時，必須將路徑上固定的路標、物品以紅色或反光閃亮貼紙標示出來。絕對不能認為跟隨著移動的人群走就安全了，臨時停在路徑上的攤販或是腳踏車都可能會造成視皮質損傷學生受傷，使用手杖有其必要性。當計畫定向與行動教學時，環境調整及個別化教學應該要考慮到視皮質損傷行為特徵影響學生的程度。教導學生學習環境中的視覺提示時，專業團隊應該先將主要的地標物（例如：鮮豔的紅色交通號誌）拍下近照。等學生能夠記住後，再以漸進的方式將交通號誌上其他顏色及周遭的背景環境，拍下照片再教導及一一辨認。最後，才帶學生實際行走。定向與行動的教學需要大量環境的調整，並且配合視皮質損傷的行為特徵來計畫。

(四) 輔助科技

專業團隊可協助視皮質損傷學生，學習使用已開發的軟體來增進視覺功能，目前有兩款針對視皮質損傷學生開發的軟體，說明如下：

1.「Tap-n-See Zoo」第一版，於 2011 年 1 月由 Little Bear Sees LLC. 所開發，2013 年 5 月更新第二版。此款軟體的螢幕單色背景及移動的動物，能引起視皮質損傷學生的視覺注意力，藉由觸碰目標物，發出有趣的聲音回饋來鼓勵學生。此軟體能矯正以下幾點視皮質損傷視覺行為特徵：

(1) 移動的物品能引起視覺注意。

(2) 在視覺環境簡單的情形下，較易辨識。

(3) 顏色偏好。

(4) 視覺引導動作上的缺損。

2.「My Talking Picture Board」也是由 Little Bear Sees LLC. 所開發，於 2012 年開發設計。此軟體能設計與錄製多媒體音效，提高學生學習動機，並可加入功能性圖文（例如：照片、圖樣）輔助學習認知領域課程。此軟體能矯正以下幾點視皮質損傷視覺行為特徵：

(1) 移動的物品能引起視覺注意。

(2) 在視覺環境簡單的情形下，較易辨識。

(3) 對新穎事物辨識的困難。

問題省思與討論

1. 請列舉並說明視皮質損傷的五項特徵。
2. 請簡述四點專業團隊進行訪談時應注意的事項。
3. 請簡述 VIIAF 模式教學原則。
4. 就教學策略方面，請具體說明環境調整的六項方式。
5. 就教學策略方面，請具體說明五個教學方式調整的例子。

第十三章

雙重殊異學生

前　言

許多才智出眾的特殊需求學生，因障礙的表面效度，掩蓋了他們卓越的才能。社會大眾只注意到雙重殊異學生表現出的缺陷，而忽視了他們非凡的才能。屏除障礙的表面效度，身心障礙學生中的資優學生與非身心障礙學生中的資優學生應占有相同的比例。然而，社會大眾易將雙重殊異學生侷限為需要特別照顧的群體，阻礙學生發展創造力、藝術天分、科學天賦等能力，雙重殊異學生，亟需資優教育與身心障礙教育的服務。

本章將探討雙重殊異學生的學習需求、特質與鑑定、直接照顧者的角色，最後是雙重殊異學生的教育模式與教學技巧。

第一節　學習需求

傳統智力理論的觀點認為智力以語文能力與數理邏輯能力為核心，智力測驗侷限在認知能力方面，無法預測學生的實際表現。Gardner（1983）提出多元智能論，認為個體都擁有一套獨特的智力組合體系，由八種智能組成，分別為：(1) 語文智能：包括溝通、閱讀、撰寫的能力；(2) 邏輯數學智能：包括數字運算與邏輯思考的能力；(3) 空間智能：包括認識環境、辨別方向的能力；(4) 音樂智能：包括聲音辨識、欣賞與韻律表達的能力；(5) 肢體動覺智能：包括支配肢體完成精細動作或做有目的的表現的能力；(6) 人際智能：包括知覺他人情緒、動機及意念，並做適當反應的能力；(7) 內省智能：包括能區辨與瞭解自己的感覺，以適切引導自己的行為；瞭解自己的長處、短處的能力；(8) 自然智能：包括察覺大自然運作，能夠辨別不同的物種、喜歡自然的能力。每一種智能都是獨立運作的系統，不同系統間會彼此互動，影響整體的智能表現。

雙重殊異學生的定義為：具有非凡的才能或潛能，即使身繫障礙依然能有卓越表現。身心障礙包括發展遲緩、聽覺、語言、視覺、身體或情緒失常、學習等障礙或者患有其他健康問題，可能為單一障礙，或多種障礙並存的個案。

二十世紀中葉，即使是重視資優教育的美國，專為雙重殊異學生而開設的方案還只是鳳毛麟角。Eisenberg 與 Epstein（1981）首次開設這類教育課程時，他們發現偌大的紐約市裡，竟然沒有一家專為雙重殊異學生而設的特殊教育服務機構。直到二十世紀 70 年代，人們仍然認為資賦優異與身心障礙是兩個互斥的概念。Grimm（1998）在德州進行的一項研究發現，4% 的校區並沒有鑑別出患有學習障礙的資優學生，未將他們納入特教課程中。

《特殊教育法》規定身心障礙學生必須受到特殊的照顧。但是，雙重殊異學生在學校表現得一切正常，就可能會被一些特殊服務機構忽略（例如：特殊教育學校、資源班、身心障礙或資優教育教師等）。換言之，智力超群的資優學生，雖然實際成就受到自身患有的障礙所牽制，但由於日常的表現達到學齡水準，與同班同學水準相當，因此人們容易忽略他們過人的天賦，認為不需要將他們納入資優課程中。從特殊教育的意義來說，特殊教育應該為學生提供符合個別需求的評估與指導，並幫助資優學生補救學業方面的不足、克服各種障礙帶來的問題，同時培養其獨特的天賦。就這幾個方面來說，對雙重殊異學生的協助與服務是遠遠不夠的。

身心障礙學生通常由受過訓練的特教專家進行教育輔導。這些專家缺少與資優學生相處的經驗，指導過程中主要著重於輔導學生各方面的障礙，學生的天賦也因此更不容易被發掘出來。特別是嚴重身心障礙如視多障的學生，常被班級裡其他同學排斥。

一些自閉症患者其實具有過人的天賦，例如：天寶・葛蘭汀（Temple Grandin），她患有自閉症，2 歲時被診斷為失聰與患有腦損傷。8 歲時，她的智力測試分數卻高達 137。她於 42 歲獲得了博士學位，卻仍在為自己的社交困難而煩惱著。她有許多獨特且突出的貢獻，包括發表了數十篇學術論文、著有多本關於自閉症與動物科學方面書籍。此外，愛因斯坦也具有自閉症特徵，但他若出生在標準化測驗工具如此發達的現代教育體系中，他很可能會被安置於身心障礙的特殊教育服務機構中，而埋沒他超凡卓越的數理才能。如印象派大師莫內（Claude Monet）、海倫・凱勒

（Helen Adams Keller）、史提夫・汪達（Stevie Wonder）與雷・查爾斯（Ray Charles），他們全都是視障者，這些名人以卓越的天賦與才能而著名，並不受他們身患障礙的限制。

學障資優學生通常是班級中的破壞分子。這類學生在學校的表現不如其他的資優學生，甚至也比不上普通的學障生。儘管學障資優學生有學習障礙，他們卻擁有較強的自信心，他們熱衷於展現自己的優點，因此家長與教師會認為他們有良好的自我概念。可是，這類學生會理所當然地認為學習任務對他們來說輕而易舉，因而不會對自身障礙（如語言障礙）帶來的學習困難做出相應的心理準備。遇到困難、沮喪、焦慮與害怕受挫的心理，會加深學童的防衛行為。

通常教師知道學生患有某種障礙，就會不論其擁有的天賦，立刻降低對學生的期望。而學生面對教師較低的期望，則會認為自己真的一無是處。人們通常對資優學生要求較高，若學生患有身心障礙，就容易受到挫折。

許多藝術家都有情緒障礙。具體來說，他發現了為數眾多的創意藝術家與作家都患有某些憂鬱症。然而沒有證據顯示，在成長時期，這些人的創作天賦曾被人發掘，進而參與任何資優教育方案或特殊教育方案。

美國於 1986 年的《殘障兒童教育修正法案》（Amendments to the Education for all Handicapped Children Act）99-457 公法，1990 年修訂為《殘障者教育法案》（Individuals with Disabilities Education Act），將特殊教育的服務範疇擴展到 3-5 歲的兒童，此法協助美國各州政府執行為嬰兒與幼童提供的早期療育服務。這是有史以來第一次將幼童及其家屬列為服務對象，並且為他們提供個別化家庭服務方案（IFSP）。此外，美國國會通過的《身心障礙兒童保護法案》（The Handicapped Children's Protection Act）99-372 公法，這項法案協助家長們透過法律的手段來保護孩子們受到適當教育的權利。但是這些法律仍忽略雙重殊異學生的教育需求與接受適性的服務。這樣的忽略，非常有可能錯失一些具有卓越天賦的雙重殊異學生，阻礙他們的潛能，無法貢獻於國家社會發展。總而言之，雙重殊異學生的天賦長期被人們忽略，社會上也缺乏專門為他們而開設的特教課程。

第二節 特質與鑑定

一、特質

吳昆壽（1999）提出雙重殊異學生的身心特質，包括活力充沛、注意力持久、能自我瞭解與接納、對自我有高度的期望。此外，亦有挫折容忍度較低、溝通能力較差、自信心低落等負面的身心特質。在學習方面表現出的特質，包括理解力與記憶力佳、學習動機強、課業表現優良、能被同學接納、家長展現高度的關懷與支持。此外，亦有表達能力差、對課業壓力的承受度較低等負面的學習特質。

Whitmore 與 Maker（1985）認為雙重殊異學生的正向特質，包括渴望成功、能堅持目標、優異的分析與創造性的問題解決能力、普通常識豐富、記憶力佳。負面特質則有：脆弱的自我概念、在某些學業技巧領域顯現困難、對於不如意的表現顯現生氣及強烈的挫折、人際關係的問題。

雙重殊異學生所表現出的正面特質與一般資優學生大致相似，而負面特質在一般身心障礙學生中也會顯現（吳昆壽，2016）。正面特質與負面特質兩相影響的結果，雙重殊異學生所表現出來的資優特質與表現出來的障礙特質，會造成學生壓力不相稱的表現的影響。而擁有的資優特質為完美主義，障礙特質為在某些方面成就低下，可能造成學生挫折。

Pledgie（1982）提出教師觀察雙重殊異學生的五項指標性項目：(1) 有高級的、精緻的語彙；(2) 容易記得訊息；(3) 能從事擴散性思考；(4) 興趣廣泛；(5) 表現幽默感。Pledgie 建議，如果教師從以上指標可發現雙重殊異學生的潛在能力，應與直接照顧者討論，邀請直接照顧者成為共同觀察者，給予雙重殊異學生有足夠的機會發揮其才能。

二、鑑定

由於雙重殊異學生同時具有資優才能與障礙特質，因此鑑定工作極為不易，影響因素包括 (1) 偏執的期待：人們只注意到資優障礙學生障礙狀態，而不是他們的才能。(2) 障礙的效果：障礙可能限制真正能力的發揮，以致影響標準測驗的正常表現。(3) 發展的遲緩：障礙學生在其生理與心理發展上顯得相當不一致。(4) 專業的不足：評量人員缺乏專業的敏感度。

為了增加具有高潛力的障礙學生有被選入資優教育方案的機會，Friedrichs（1990）建議給予障礙學生各種表現機會，以引發他們的潛能或當前優異的表現。或者鑑定時，對於其優勢加重評量。美國補償與促進雙重殊異學生的教育方案，鑑定程序如下（Karnes, 1984）：(1) 一般的方案：提供各種機會證明或引出其能力。(2) 才能的篩選：要求教師與直接照顧者，以非正式的觀察來評量學生的表現。(3) 才能的鑑定：組織多重領域的成員，共同決定是否合於標準。(4) 深度的評量：較細節性的評量，作為評量進步的指標。

Shwedel 與 Stoneburner（1983）認為，在篩選與鑑定的過程，軼事紀錄可以提供雙重殊異學生充分的訊息，這些訊息可以說明學生在家裡、學校與社區的功能性表現。教師的長期觀察對於雙重殊異學生的鑑定是有幫助的，教師觀察的項目可以包括高級的語彙、記憶力、因果關係的知覺、擴散性思考、注意力、好奇心、幽默感（Pledgie, 1982）。

綜合以上研究結果，雙重殊異學生的鑑定原則應具備以下六項原則：

1. 資優方案鑑定資料來源應多元，例如：智力與成就測驗、教師報告、創造力測驗、學生訪談、自我推薦、家人或同儕推薦、檔案資料。

2. 教師可挑選標準化測驗的項目，針對學生的優勢能力進行鑑定，例如：魏氏智力測驗的作業量表，可單獨使用於聽覺障礙者，而語文量表可單獨使用於視覺障礙者。

3. 降低資優方案分數門檻，保障因障礙引起的低分。

4. 運用標準化評量如標準化智力測驗，以及非標準化評量如檔案評量（包括教師的觀察量表、軼事筆記、同儕或自我提名、家庭－社區調查、兒童的作品等）與實作評量。

5. 與家庭成員確認有關學生在校外的表現。

6. 資優與障礙是相互掩飾的。一個資優學生同時伴隨某些身心障礙特質，往往因身心障礙的標籤，使得資優才能難以顯現。因為身心障礙的表面效度，導致學校教師容易忽略具有資優特質的身心障礙學生。

特教專業團隊應謹慎找出一些特殊指標來鑑定雙重殊異學生，並透過多元方式進行鑑定，以提供雙重殊異學生資優教育方案計畫的協助，發揮學生的潛能與天賦。

第三節　直接照顧者的角色

雙重殊異學生的直接照顧者，除了關照學生身心障礙方面的特殊需求，也要留心於他們天賦的發展。身心障礙學生的直接照顧者投注在學生身上的資源、時間、精力、注意與耐心，通常遠比非身心障礙學生的直接照顧者多許多，這對身心障礙學生來說是好事，但有時候也可能帶來壞處。

直接照顧者精心的教育，提供雙重殊異學生成長、感官刺激、知識、語言與技巧的發展。從直接照顧者豐富的家教中，學到許多與自己身處的環境有關的事物，這對雙重殊異學生是一大好處。但過於全能的直接照顧者，可能會剝奪學生學習技巧、發展獨立與成就自信的機會。某些案例顯示，直接照顧者可能否認學生的身心障礙；或者用學生的身心障礙當作藉口，允許學生逃避責任。如此，學生很快就會以同樣的藉口逃避不喜歡的事物，這將會妨礙學生發展獨立與學習技巧。

慣於指使他人的行為，如「我做不到，你要幫我！」，可能導致學生過於依賴或是拒絕努力。這類學生或他們的直接照顧者會抱怨學校、教師、同學與周圍的人不幫助學生學習，而不會鼓勵學生為自己的學習承擔責任。指使他人、依賴成性及逃避責任，也會帶來不好的影響。

直接照顧者其中一方，過度關照學生，反而造成另一方被排除在學生的成長之外。例如：點字、手語或特殊教學方法等技巧，直接照顧者其中一方可能也要學會。如果直接照顧者另一方（通常是父親）沒有學習這類技巧，他可能會被排除在親子關係之外，可能因此被認定不是個好的直接照顧者。如果學生是男性，與之親近的直接照顧者是母親，這個問題會特別嚴重。與父親疏離剝奪男學生重要的成長楷模，並且阻礙他的成長與獨立。當男學生長大成人後，會對母親心存感激，但同時也會因為自己過度依賴母親，而對母親感到憤怒與不耐。

社團法人臺北市視障者家長協會、新北市愛明發展中心、社團法人臺南市佑明視障協進會與社團法人彰化縣視障者關懷協會，經常辦理視障學生的成長團體活動、親子活動與科學夏令營，透過這些活動，直接照顧者可以瞭解視障學生的優勢能力與學習風格，並在活動的過程中，促進家庭成員間的互動。

在美國，一項「發掘與促進前途無量的殘障資優青年」（The Retrieval and Acceleration of Promising Young Handicapped and Talented）（RAPYHT）計畫（Johnson, Karnes, & Carr, 1997）致力於雙重殊異學生的早期教育。在 RAPYHT 計畫裡，直接照顧者直接參與，幫助學生克服自身障礙，並發展天賦。該計畫鼓勵直接照顧者在課堂中幫助學生，並建議一些直接照顧者可以在家中與學生一起進行的活動。大型團體集會、小型團體討論、個人研討會、團體通訊及直接照顧者圖書館（parent library），都是家庭參與的方法。專業的工作人員將學生的家庭成員，視為計畫的夥伴（Karnes, 1984）。

雖然直接照顧者應該一直參與學生的教育，但養育雙重殊異學生的壓力與需求更需要直接照顧者與正式或非正式的教育團隊互相合作。直接照顧者必須接受指引，擱置學生的身心障礙情況，適當地為雙重殊異學生設定較高的期望。

第四節　教育模式

吳昆壽（2016）認為對於雙重殊異學生而言，學校教育至少包含兩種功能：(1) 提供有意義的認知經驗，使得學生能達成學業上的成就目標。(2) 提供有意義的情意經驗，使得學生能瞭解他們自己為有意義的個體與社會整體的一分子。

研究指出雙重殊異學生教育方案的限制，包括直接照顧者與專家對於雙重殊異學生的認識有限、一般或資優教育的教師對於有障礙或難教的學生，不一定具備積極的態度、不適當鑑定工具與方法的使用，加重此一領域發展的困難、教育經費的限制（Johnsen and Corn, 1989）。

為雙重殊異學生設計的課程，在類型與內容上，可能與非雙重殊異資優學生的課程範圍有所差異。但同樣包含了促進、充實、分組與諮詢等策略；同時，課程目標亦為發展學生的能力、促進高成就發展以及加強創意與其他高階思維技巧。然而，雙重殊異學生的教育課程也必須包含與學生的障礙情形相關的內容。

資優課程不該將雙重殊異學生首先歸類為障礙學生，其次分類為資優學生，而應該將他們列入資優學生的範疇，只是因為自身障礙的限制，需要一些特別的協助。因此，課程最初該著重在識別與促進雙重殊異學生本身的優點。其次，則要避免身心障礙造成學生發展聰明才智與展現潛能的絆腳石。

Whitmore 與 Maker（1985）提出，教師對雙重殊異學生有高度的期望，可激勵他們達成較高的成就。教師應給予雙重殊異學生充分的機會，培養學生應用高層次的、抽象的思考技巧。雖然雙重殊異學生可能因感官功能受到限制，阻礙高階、抽象思考技巧的發展。與感官功能無礙的學生相比，有感官障礙的學生容易用更具體的方式描述事情。但教師不該將高階、抽象思考技巧較弱的學生看成「缺乏能力」，而應該是「要更注意這類學生的不足之處」。與非雙重殊異資優學生相比，雙重殊異學生更需要接觸培養創意、解決問題、批判性思考、分類、歸納、分析、綜合，以及評量能力的課程。

吳昆壽（1996）研究指出，教師在教導雙重殊異學生時最關心的是：雙重殊異學生本身要有一個健康的自我觀念、教師應強調優點更甚於注意缺點、在教學上應加強學生的優點、對於學生充滿自信、鼓勵同儕支持、教導獨立的學習能力與克服挫折的技巧、不斷地給予雙重殊異學生情緒上的支持，以及教師本身應受諮商訓練。如此，更能有效協助雙重殊異資優生發展其潛能。

一、輔助科技

許多具有資優特質的身心障礙學生，可透過輔助科技的應用與服務的調整，建立他們的學習模式，如此，這些學生方能表現出他們個別且卓越的天賦。

通常身心障礙學生投注在學習上面的心力，比非身心障礙學生來的多。例如：清華大學榮譽教授李家同在美國柏克萊大學攻讀博士學位的指導教授—雷格博士，他是一位對光線完全沒有反應的重度視障者。他在求學期間透過視障者錄音服務社錄製上課的教科書，同時也透過學校公告的方式，招募志工為他報讀感興趣的期刊論文。在當時尚未有針對視障者設計的輔助科技，雷格博士需以點字方式完成他的計算機程式，再以朗讀的方式請人登錄在卡片上並送至計算機中心。雷格博士必須比其他同儕投注更多時間在學習上，尤其是在轉換適當的學習教材上。隨著輔助科技的進步，已經可以解決部分視障學生閱讀困難與教材轉換不易的問題，但與其他同儕比較，視障學生仍需花費更多的時間與心力在學習上，方能有傑出的學習表現。視障學生可利用擴視機、語音報讀軟體、掃描軟體與智慧型手機等輔助科技，並透過教室環境調整、課程調整、評量調整等服務，協助視障學生與非視障學生一起學習。

其他身心障礙學生亦可利用服務調整的方式進行學習，如聽障學生可請手語翻譯員與課堂講師並肩站在講臺上，將講師講授的內容用手語翻譯給聽障學生。此外，聽障學生亦可透過智慧型手機，解決與他人溝通的問題。學障學生因為閱讀文字的成效不彰，因此他們上課時會非常專心聽講，全神貫注地觀看圖解、圖示，花在閱讀上的時間相對來說少很多。此外，學障學生亦可透過語音報讀軟體或有聲書籍進行閱讀與學習，以解決他們文字閱讀理解的困難。

許多圖書館錄製有聲書籍協助視障者與閱讀困難的學習障礙者，更有效率的閱讀。李家同教授創立的清華大學盲友會，除錄製不同類型的有聲書籍之外，亦錄製數學與科學學習的教科書。彰化師範大學的視覺障礙資料小組，除錄製大量的有聲書籍之外，亦專注於錄製人文社會科學領域之大學教科書。

在擴展雙重殊異學生學習與人際溝通能力方面，輔助科技的重要性與日俱增。例如：手寫能力差的學障學生，可透過學習文書處理程序來獲得改善。對這類學生來說，用電腦完成寫作作業有兩大好處：鼓勵他們流暢的文字表達能力，並且有助於他們行為獨立，不再依賴他人。

輔助科技能免除教師教學與指導的繁雜工作，還能減少學生的日常表現出現極大的差異（身心障礙學生與非身心障礙學生均適用）。教師可利用語音報讀軟體、擴視軟體與網路，協助具視覺損傷的雙重殊異學生搜尋與教學主題相關的學習內容，並可透過合作學習的方式，在教學平臺上進行討論與學習。

身心障礙與資賦優異教師應熟練輔助科技的類型、特性與最新的發展趨勢，以尋求最適當的輔助科技協助身心障礙學生學習與溝通。因此，師資培育機構應在身心障礙或資優教育之師培課程開設輔助科技相關課程，藉此協助師培學生培養輔助科技應用的專業素養。此外，學校應協助在職教師發展輔助科技專業課程，促進學校教師利用輔助科技協助具有資優特質之身心障礙學生課程上的學習。

若缺乏輔助科技的應用，雙重殊異學生的才能將被埋沒。例如：威斯康辛大學「殘障者藝術計畫」（Arts for the Handicapped Project）的教師設計了許多輔具，協助身心障礙者減輕障礙造成的限制，讓他們能透過藝術表達自己。這項計畫幫助優秀的身心障礙藝術家展現自己的天賦，能藉此讓他們更進一步學習藝術的高級工藝與技巧。

身心障礙學生在運用輔助科技進行學習時仍會遇到一些困難，例如：(1) 教室空間狹小不易置放輔助科技器材；(2) 輔助科技價格昂貴，需透過政府或慈善機構經費補助；(3) 輔助科技可能不便移動於不同的教室使用。此外，在輔助科技學習的過程中，雙重殊異學生需投注許多的時間與精力方能熟悉輔助科技的特性與應用。一旦雙重殊異學生能掌握使用輔助科技的技巧，他們就能發展出個人的學習成就與創意表現。

特教專業團隊必須提供雙重殊異學生所有可能的資源，藉此幫助他們熟練透過輔助科技學習並與他人溝通。若沒有這些輔助科技，學生所具備的潛能將無法展現。特教專業團隊必須確保輔助科技的應用能促進雙重殊異學生的學習與人際溝通，並透過各種機會向社會大眾或教育團體倡導雙重殊異學生的特質、學習需求與輔助科技的助益。如此，雙重殊異學生便能藉此展現天賦、發展才能。

二、自我概念

他人的拒絕、標籤作用、教師期望較低等因素，導致雙重殊異學生覺得自己的能力、價值不如人。因此，雙重殊異學生的教育課程中應包含協助學生建立正確的自我概念。課程活動不單只要協助學生邁向成功，還要幫助他們理解自己成就的價值。

Nielsen 與 Mortorff-Albert（1989）發現，參與資優及學習障礙課程的雙重殊異學生，他們的自我概念比只參與學習障礙課程的雙重殊異學生強。當學生達到課程的要求時，合適的資優課程能幫助學生增強自我價值。這類成就可透過兩大標準來評量：第一個標準是將該成就與非身心障礙學生相比，這能讓身心障礙學生明白自己的表現是有價值的，優於其他人。第二個標準強調身心障礙學生要達成目標，必須具備獨特的天賦、特殊的努力，才能克服自身障礙，獲得成功。若雙重殊異學生知道別人對他期望很高，並且溝通障礙已經解除，他們的學業成就與創意表現是無人能比的。透過取得高成就的挑戰，這些學生能實際擁有正面的自我概念，這在他們的成長過程中是不可或缺的重要元素。

三、社交技巧

非身心障礙學生能隨意地運用所有的感官、自在地到處走動，藉此學習社交技巧，讓同儕接受自己。身心障礙學生需要更具體、更專門地學習社交生活，因為他們與其他同儕一樣需要歸屬感。要達成這一目標的確是一大挑戰。

雙重殊異學生需要與其他聰明、靈巧、有類似障礙及相同目標興趣的同儕交流，這樣他們才不會感到自己是孤身一人。同儕支持是解決雙重殊異學生自我概念與社交問題的有效方法。此外，因為缺少經驗，雙重殊異學生可能需要「社交訓練」。如此一來他們才不會做出錯誤的行為，如炫耀、強迫自己或完全離群索居。這些行為很常見，很多身心障礙學生或青少年因為太想成為「團體中的一員」，而採用了這類失敗的自我保護策略。

非身心障礙學生可能也需要接受「同理心訓練」，藉此理解身心障礙學生的問題與感受，這樣他們就不會欺負或排擠身心障礙學生。透過團體討論，鼓勵身心障礙學生與非身心障礙學生互相交流，以發展身心障礙學生的社交技巧與發展非身心障礙學生的同理心。

第五節 教學技巧

有許多課堂教學技巧能加強不同學生群體間的交流與對彼此的正面觀感，同儕互相指導也能有效促進不同學生間的「好感」。非身心障礙資優學生可以教導雙重殊異學生，或者，身心障礙學生能教導其他同儕或年紀較小的學生。當焦慮、低自信、低成就的學生成為指導者的角色，他們能學到新技巧、對自我的感覺會較好，對學校的態度也有所改善。除此之外，年幼的學生也能加強課業的表現與學習技巧。藉由同儕互相指導的方式，所有的學生都能進一步發現每位同儕獨特的需求與學習風格，進而尊重彼此，並體認多元文化的價值。

一、良師典範

研究雙重殊異者成功人士的童年生活，嘗試找出學障資優生成功的個性與行為。對成功的雙重殊異者來說，他們似乎都不理會自身的障礙，反而有意識地努力控制或掌握自己的生活，堅持、學習、創新與個人支持系統等適應方式，造就了他們的與眾不同。他們為自己設立明確的目標，並能重新組織或解讀自己的學習障礙經驗。他們有能力面對自身障礙的挑戰，因為他們要與之共存甚至克服障礙。教導這些特質無論對教師還是學生來說，聽起來像是強人所難。然而，一旦明白這些特質造就了雙重殊異人士的成功，儘管身繫障礙，身心障礙學生也能受到激勵與鼓舞。

在 Reis、Neu 與 McGuire（1995）進行的一項有趣的研究中，發現 12 名患有學習障礙的資優大學生，他們的天賦都掩蓋了學習障礙，其他人甚至一開始都不知道他們有學習障礙。12 名學生中許多人儘管智力測驗分數高，卻沒有編入資優課程中，有 3 名學生已被提名進入資優課程，但後來因為測試分數不佳未被納入資優教育中。這些患有學習障礙大學生過去的學習經驗有好也有壞。好的是有教師會為了他們做出一些調整，例如：延長考試時間與激勵他們。壞的像是社交問題、與教師相處不愉快，以及某些學科表現特別不好。成功的學障大學生認為，如果小學與中學時教師能教導學習策略，而不只是教授課程的內容，他們可以學習的更好（Reis, McGuire, & Neu, 2000）。在校外遇到好的經驗，也是學障學生繼續學習並最終適應學校的原因之一。這類學生過去的經驗，提供了學障資優學生教師有用的教學啟發。

雖然對大部分資優學生來說，一對一指導能產生效用，但對身心障礙學生來說，若能與也有學習障礙的成人一起搭配，效果特別顯著。這樣配對不但能提供這類學生良好的學習策略，成人也能因為他們擁有相似的學習障礙，更容易發現學生的特質（Hetherington & Frankie, 1967）。

二、鼓勵獨立學習

一對一教學是身心障礙學生教學課程的一大特徵。然而，這些學生有時候會變得太過依賴教師，只集中注意力在自己身上，以及將學習的動力與教師不斷給予的正面評價聯繫在一起。依賴性會限制學生的動力與成就。因此，必須鼓勵身心障礙學生發展內在積極性，視學習與成功為努力的獎勵，還要促進他們獨立學習的能力。除此之外，學生需要獨立、自發性的學習經驗，以及具合作性質的小團體活動，讓他們能在團體中擔任領導與組員。

幫助學生選擇方法化障礙為轉機時，獨立自主是非常重要的。例如：有書寫障礙的學生可以將自己的故事說給教師聽；用錄音筆錄下故事；用點字機寫作故事。第一項會增強學生的依賴性，後兩項則能保有學生的獨立性。視障學生可以：請他人朗讀資料給他們聽、自己讀點字材料，或是聽 CD。第一項也會保有學生的依賴性；反之，後兩項則加強獨立性。偶爾且適當的依賴的確能幫助學生，但太過依賴只會讓已經有障礙的學生受到更多阻礙。

獨立、自發性學習及作為班上群體的一分子學習，對所有學生都很重要，特別是資優學生，因為他們將來必須面對極具挑戰性的大學課業與複雜的專業課程。為雙重殊異學生提供獨立的學習機會時，我們必須創新、與時俱進，這點與非身心障礙資優學生並無差異。

人們通常只注意到雙重殊異學生的障礙，而沒有發現他們的天賦。很少資優課程是為雙重殊異學生設計的。大部分情況下，學校都沒有照顧到雙重殊異學生的需求。因為特教專業團隊要鑑別這些學生是一件困難的事。因此，教師，甚至是直接照顧者都常常忽略了。透過多元的鑑定方式，特教專業團隊可找出潛在的服務對象，才能提供適當的服務。此外，特教專業團隊成員應包括身心障礙教育專家與資優教育專家，如此，方能檢視出雙重殊異學生的特徵與設計適當的教育方案。

問題省思與討論

1. 請簡述 Gardner 多元智能論的八種智能。
2. 請簡述雙重殊異學生的正面與負面特質。
3. 請簡述六點雙重殊異學生的鑑定原則。
4. 請列舉至少五項教師教導雙重殊異學生時關心的事項。

第五部分：職業準備與職場支持

第十四章

生涯與職業發展

第一節　生涯發展
第二節　生涯成熟
第三節　職業興趣與職業能力
第四節　職業適應
問題省思與討論

前　言

近年來，由於特殊教育新思潮的倡導、《特殊教育法》與相關法令的規定，加上生涯規劃與輔導觀點的引進，有關視障學生的生涯發展已成為特殊教育研究的重要議題。過去多數的視障學生囿於傳統社會錯誤的認知印象，將其定位在「依賴者」的角色，阻礙視障學生個人生涯發展。但除了外在社會環境因素外，視障者本身的障礙所造成的生理限制，也迫使他們在生涯發展時面臨困境。有關生涯發展的相關問題，是個人一生中所需積極思考與面對的，對視障學生而言，更具其重要性。

視障學生在《特殊教育法》中雖屬低出現率的特殊需求學生，然而，根據內政部統計處的資料顯示，1994 年以來，視覺障礙人口成長率大都維持在 6% 以上（內政部，2009）。視障學生的生涯發展除注重自我能力、興趣與價值觀的覺察外，更擴及對職場生涯的探索，並學習發展生涯規劃的能力。黃國晏（2010）的研究發現，學校針對各年級的視障學生提供不同的測驗評量，如人格測驗、性向與興趣測驗等，能協助學生進行興趣探索，促進學生自我認識。

本章先說明視障者的生涯發展，並探討視障者的生涯成熟、職業興趣與職業能力，最後說明視障者的職業適應。

第一節　生涯發展

狹義的生涯，係指與個人一生所從事工作或職業有關的歷程，也就是所謂的職業生涯；廣義的生涯，則是指個人整體生命的發展，亦即除了終身的事業外，尚包含個人整體發展的所有層面的活動。生涯發展有五大特性：(1) 終身性：概括個人一生所扮演的各種角色。(2) 總合性：個人一生中所扮演的角色之總合。(3) 企求性：個人依其需求、價值觀等個人特質，進而產生個人所企求的目標。(4) 工作性：個人在一生中扮演許多角色，而個人在工作上扮演的角色更是重要、核心的角色之一。(5) 發展性：個人隨年齡增長與經驗的累積，漸漸形構出自我概念、職業興趣、職業能力，並加以整合進而做出職業選擇且持續發展。生涯發展的研究可以澄清階段性的生涯規劃需求，進而實現個人的生命意義。

Super（1990）的發展階段理論加入了角色理論，以個體的生活空間與生活廣度為兩個主要向度，其中生活空間指個體在各發展階段中扮演著許多不同的角色。生活廣度指的是個體的發展歷程，橫貫個體的一生。Super 提出生涯彩虹圖，說明生涯是個人因素與社會因素交互作用的結果。個人在一生中扮演著許多不同的角色，就如同彩虹同時具有多種顏色。個人一生的生涯發展可分為五個階段：成長期、探索期、建立期、維持期、衰退期。個人在每一個階段中，都有不同的任務要達成，前一階段的任務達成度將影響下一階段的發展。以下分別敘述各階段的內容及任務。

一、成長期

0-14 歲。在此階段，個人受需求所控制，透過角色扮演、嘗試經驗，逐漸發展出個人喜好。個人的喜好成為決定個人行為與期望的重要因素之一。除此之外，隨年齡的增長，個人漸漸加入其他考量因素，開始會去思考工作的意義、各種內外在條件，以及如何提升個人的能力。綜合以上，可歸納出在此階段的發展任務為：發展自我概念、發展對工作的正確態度及瞭解工作的意義。

二、探索期

15-24 歲。在此階段，個人依據其興趣、能力、需求、價值觀、機會等因素，進行各種嘗試與探索，並漸漸發展出自己的職業興趣。此時，個人將從一般性的選擇階段，更進一步躍進到特定性的選擇階段。個人擁有較具體的特定目標，並透過學校教育或職業訓練，充實自己的職業能力，以期能順利進入就業市場。個人選定某一職業，並嘗試將此職業發展為長期的職業目標，職業適應若未如預期的好，將重新進入新的探索階段。綜合以上，探索期的發展任務為發展職業興趣與職業能力，並希望有好的職業適應。

三、建立期

25-44 歲。在此階段，個人有良好的職業適應，在工作上進入穩定的階段。但也因為工作上手、穩定，此時若稍微有些變動，將會對個人造成影響，因此自我調適極為重要。在安逸穩定的職業發展階段，個人也追求自我實現，期望能在工作上得到肯定、升遷、表現傑出、突破自我等。綜合以上，建立期的發展任務為透過自我調適擁有良好的職業適應，並在穩定中求進步，增進能力以滿足自我實現需求。

四、維持期

45-65 歲。在此階段，由於個人的年齡漸增，體力有下降之趨勢，身心逐漸衰退。因此，在工作上未如前一階段積極求表現與進步，大多呈現維持的狀態。此時，個人在維持工作力之餘，也會將時間與精力投入發展其他社會角色，待退休後能適應新的生活。綜合以上，維持期的發展任務為維持個人在工作上應有的態度表現。此外，亦將時間與精力投入發展其他社會角色。

五、衰退期

65 歲以上。在此階段，個人的工作步調會漸趨緩慢，依據個人的身心狀況及意願，停止工作，離開就業市場，展開退休生活。

此外，Super 也創造生涯發展拱門模式，將每個部分以「基石」（segment）來比喻，此模式基礎有三大部分：左邊是生理基石，係指個體生理遺傳的基礎；右邊是地理基石，係指個體的成長環境，中間上面拱形則是這兩個基石延伸的交互作用。生理基石支持了個人心理特質的發展，包括興趣、價值、需求、智慧；地理基石影響社會政策及就業實況，包括社區、學校、家庭、經濟、社會、同儕團體、勞工市場，拱形的部分則是由生涯發展階段與角色自我概念串聯而成，主導個人的生涯選擇與發展（金樹人，2011）。

Super 提出的生涯發展理論較其他生涯發展理論對身心障礙者更適用，考慮到身心障礙者在生涯發展的需求，在各階段間的小循環，以及在階段間的轉換，面對自身狀態而有新的成長、再探索及再建立的歷程，對身心障礙者的情況有更多的解釋。

國內針對視障者生涯發展的研究指出，視覺障礙學生對於本身潛能、就業前景缺乏清楚的認識，影響對生涯選擇的認知（花敬凱，2004）。另一份研究結果指出，求學階段的情緒困擾會影響生涯發展的規劃，視力因素不是生涯轉換的唯一導火線；個人特質會左右其生涯轉換的進展，多方面的支持系統扮演生涯轉換的重要推手（柯淑菁，2013）。影響傑出視障者職業生涯發展之因素可能有：個人職業表現、個人心理特質、個人職業挫折等因素（邱睿儀，2003）。

視障保齡球選手透過比賽與獲獎的過程中，能感覺到自己是主人的成就感，讓性格由負面、自信不足轉為正面、開朗及勇於自我挑戰，促使視障者未來生涯發展有正面的影響（魏杏真，2013）。葉昭伶（2013）針對自僱型視障按摩師職業生涯發展歷程，分階段討論視障者建構初期職業生涯方向、勇闖職場、職業探索、職業性向、未來規劃等方面。透過研究參與者的豐富就業與生活經驗，看到他們在生涯發展考慮下投入工作，找到職業發展方向，持續自我滿足，達成自我設定的職業生涯目標的過程。

雖然生涯發展的歷程似乎可以用總體性敘述來歸納分析，但受到各種因素的影響，亦可能造成差異。歸納影響生涯發展的重要因素，有角色、個人、情境（Super, 1990），以及天賦與特殊才能、環境條件及事件、學習經驗、任務取向技巧等（Zunker, 1994）。有助於身心障礙者生涯發展的因素，多與內控因素有關，包括強烈的成就動機、能接納自己的障礙、正面的自我概念、解決問題的能力等。

根據許天威、蕭金土、吳訓生、林和姻及陳亭予（2002）針對 160 位大專校院身心障礙學生（視障、聽障、腦性麻痺等）的調查研究指出，絕大多數的身心障礙學生限於本身障礙及社會環境因素，無法適切的規劃生涯發展的藍圖。再則，身心障礙者因其障礙類別及障礙程度，個別間的異質性高，因此，在進行身心障礙者生涯規劃時，應有整體性評估與計畫。

視覺障礙者之生涯發展，在不同的階段都有發展的目標：

1. **兒童時期**：認識職業類別，藉此發展個體對不同職業類別的工作概念。

2. **青少年時期**：建立基本的工作習慣，學習如何獲得工作、持續工作與選擇休閒生活方式。

3. **青年時期**：注重職前訓練與準備，利用假日充實工讀經驗，此類經驗將影響其日後就業選擇。

4. **成年時期**：成為勞動市場的生產者，貢獻職場的專業技能，增加工作責任感。

5. **晚年時期**：退休與回顧一生之職涯歷程。

影響視覺障礙者生涯發展之因素，可分為內在因素與外在因素。內在因素包含性別、年齡、個人特質、特殊殘障因素；而外在因素則包含視覺障礙者的重要他人、直接照顧者、教師、同儕等因素（蕭金土，1994）。因此，在視障者的生涯發展歷程中，有關個人之內在特質、性別、障礙程度、家庭背景、社會環境及其交互作用等，都會是影響其生涯發展之要素。吳武典（1995）指出，對身心障礙者而言，生涯發展應強調生活中心、實用技藝與能力本位的特質，使其順利從學校轉銜到社會。

李永昌（2001）對視障者工作現況做研究，發現影響視障者的就業因素有七：(1) 雇主對視覺障礙者的認知（接納度的問題）；(2) 視覺障礙者的教育問題；(3) 社會大眾的接納度；(4) 視障者的專業能力；(5) 視障者的人際關係；(6) 視障者的心態問題；(7) 資訊的取得問題。其中屬於環境因素的有雇主對視覺障礙者的認知與社會大眾的接納度。其餘因素，如教育問題、專業能力、人際關係、心態問題、資訊的取得等，則是屬於視覺障礙者個人本身的問題。視障對個人會產生三種基本限制：經驗範疇與種類的限制、移動能力的限制、控制環境能力的限制。由於行動能力與經驗的限制，視覺障礙者顯得被動、依賴，亦產生負面價值觀與社交退縮，影響其心理及社會適應。

Szymanski（2000）指出，在職業輔導時，應瞭解職業發展及相關理論，以及這些理論應用在身心障礙者身上的限制。當以一般生涯發展理論來解釋身心障礙者的生涯發展時，宜謹慎小心（Super, 1990）。其中有兩點需要特別注意：(1) 障礙發生的年齡：障礙發生的年齡，對個人的經驗具明顯的影響力。對先天視覺障礙者而言，可能會因缺乏早期探索之經驗，間接影響其生涯發展的歷程。以視覺障礙發生年齡而言，5 歲是個關鍵期。就教育觀點言之，視覺障礙發生在 5 歲之前者可視為先天視覺障礙者，視覺障礙發生在 5 歲之後者稱為後天視覺障礙者（萬明美，1996）。(2) 障礙的類別：不同類別的身心障礙者，有其獨特的發展路徑，例如：對視覺障礙者或聽覺障礙者而言，因其感官上的缺損，可能會造成生活經驗的不完整。

第二節 生涯成熟

Super（1990）提出「生涯成熟」一詞，指出生涯成熟是個體在生涯發展的連續過程中，個體所應到達的發展階段與實際到達的發展階段間的關係。生涯成熟是個人職業生涯發展的速率與程度，是一種多層面的架構，涵蓋的範圍更足以說明個人職業生涯發展歷程中，所達到的職業發展程度與職業選擇的能力及態度。

林幸台（1993）指出，生涯成熟是指個體面對生涯發展任務時準備程度的指標，是個體生涯發展水準與其同年齡者相同、超前或是落後的程度。陳麗娟（1983）指出，生涯成熟是指個人在職業選擇過程中，對工作的看法、獨立抉擇的程度、對個人職業興趣及對整個職業選擇歷程的認識。簡而言之，生涯成熟也是個人生涯發展中社會化的一環。個人生涯成熟度愈高，愈能達到個人在各生涯發展階段中的任務。

以中學階段學生為對象的研究而言，大多支持生涯成熟程度有隨年級增加的趨勢（蘇鈺婷，2002）。在生涯發展歷程中，中學階段學生是屬於探索時期，藉由家庭、學校等場域提供學習活動的體驗與工作經驗的觀察，進行自我檢討、角色試探或職業探索。此外，透過職業興趣的評量，可以幫助個體探索其職業興趣，從不同的職業領域中，有效的縮小學生感興趣的職業領域，透過職業興趣的探索，亦可協助中學學生探索先前未曾發覺的興趣領域，以為進行生涯規劃時提供更多資訊。

有關視覺障礙者生涯成熟方面的相關研究如下：

一份針對住宿與非住宿的視障學生及非視障學生進行生涯成熟之比較研究，其年級分布從八至十二年級皆有。研究結果發現：視覺障礙學生的生涯成熟水準與非視覺障礙學生一致；彼此在職業發展水準上亦無差異。Davidson（1974）以「德州生涯教育測驗」對九年級視覺障礙學生進行調查發現，視覺障礙學生的生涯成熟水準不僅在肢體障礙、聽覺障礙、智能障礙、語言障礙者之上，與其他非身心障礙學生相較，似有過之而無不及。

何華國（1987）以臺灣中部地區國民中學視覺障礙學生與非視覺障礙學生為研究對象，探討這兩類學生生涯成熟之狀況。研究結果發現：在生涯水準方面，視覺障礙學生與非視覺障礙學生的生涯成熟相當一致；在教育安置方面，就讀特殊學校與普通學校低視能學生其生涯成熟上無顯著差異；背景變項與生涯成熟之相關方面，國中視覺障礙學生的生涯成熟與其年級、性別、障礙程度、年齡、學業平均成績及直接照顧者教育程度各變項之間，並未存在顯著的相關；背景變項與生涯成熟之預測方面，以國中視障學生的年級、性別、障礙程度、學業平均成績及直接照顧者教育程度的總和貢獻，無法用來預測其生涯成熟水準。

曾仁美（1998）以「生活方式量表」、「職業態度量表」為研究工具，檢視國中視障學生的職業態度表現。在性別對生活方式的影響方面，發現女生在生活方式之「順從」項目，得分顯著高於男生。在年級對生活方式的影響方面，年級因素對國中學生生活方式的影響並不顯著。在障礙程度對生活方式影響方面，低視能學生在「隸屬－社會興趣」及「獲取注意」兩項生活方式項目上，顯著高於重度視障學生。在教育安置型態對生活方式影響方面，就讀普通教育學校的國中視覺障礙學生在「隸屬－社會興趣」及「獲取注意」這兩項生活方式的項目上，得分顯著高於就讀啟明學校的學生。

以上研究發現均顯示，視覺障礙學生與非視覺障礙學生的生涯成熟一致性高，也不因視覺障礙學生的教育安置方式而有顯著差異。

生涯發展是一長期持續而累積的過程，強調終身發展觀點。對視障者而言尤為重要。視障者因其本身視覺功能的限制，可能影響到其認知發展、動作發展、社交技巧等，因而面臨較多阻礙，再加上社會大眾對於視障者的誤解與迷思，例如：認為視障者無助可憐、能從事的職業有限，更造成視障者面臨身體感官限制以外的心理問題。站在教育的角度，若能納入生涯發展觀點，進一步關心視障學生的生涯成熟，以宏觀的角度與思維，檢視視障學生在生涯發展各階段可能面臨的問題及其發展狀況，給予適性的教育與輔導（黃國晏，2010）。減少視障學生適應上的問題與具備良好的生活品質，協助視障學生在生涯發展過程中，透過生涯教育與轉銜計畫，更加瞭解自己並發掘自己的長處，進而發揮其最大的潛能。

第三節 職業興趣與職業能力

興趣是個人就個人喜好而積極主動接觸、參與某事物或活動的心理傾向。個人在選擇職業時，興趣具有舉足輕重的地位。個人會因興趣而選擇或排斥某些職業。興趣會隨個人生涯發展而有所改變，在生涯發展歷程中，個人在不知不覺中對於某些事物或活動的興趣會減弱，也會發現在不知不覺中建立了新的興趣。

職業興趣可說是個人對特定職業的喜好程度。林幸台（1987）指出職業興趣是：個人在遺傳與環境交互影響下，隨生活經驗累積而逐漸發展出的偏好，用以應對環境及解決問題的策略，進而影響個體生涯選擇的方向及在職業適應與滿意的程度。

吳武典、邱紹春、吳道瑜（1997）探討中學階段身心障礙特殊班畢業生就業狀況發現，多數在選擇工作時，所考慮的條件以自己的能力、工作的地點與自己的興趣為主。足見職業興趣是影響工作選擇的重要因素之一。Corn（1985）的研究顯示，青春期階段的視覺障礙者較喜歡從事藝術型的工作，或從事銷售、戶外休閒等領域的工作。Winer、White 與 Smith（1987）曾指出，視覺障礙者與非視覺障礙者在職業興趣方面存在著差異現象，男女皆然。特別是男性視覺障礙者在進行職業選擇時，會考慮到本身障礙的限制。Jones（1995）的研究顯示，男性視覺障礙者選擇最多的是藝術型與研究型，而女性視覺障礙者選擇最多的是藝術型與社會型，其所選擇的職業興趣類型均異於非視覺障礙者。視覺障礙者在其職業興趣選擇上，傾向避開本身之弱勢或不便，如需使用視力或是環境移動之職業。而較傾向選擇大眾刻板印象的職業類型，如樂器演奏之藝術型的職業。黃國晏（2010）指出，學校可提供視障學生職業探索課程，協助視障學生進行職業性向的自我探索。此外，學校亦可提供就業講座資訊，協助視障學生與直接照顧者有更多瞭解視障者就業訊息之機會。

根據生涯發展理論，生涯態度較成熟的個體，會衡量自己的能力與職業的要求，逐漸刪除不適合的職業類別，進而縮小職業興趣範圍；反之，若生涯態度較不成熟的個體，憑藉直覺、幻想，未能顧及現實層面及個人能力，故其職業興趣可能會較不容易聚焦在某職業領域。

職業是生涯發展的核心，與個人的生涯發展有緊密的關係。專業能力是影響從事何種職業的基本因素，但影響職業選擇的更重要因素是社交能力。許多機構與學者針對勞動者的職業能力進行分析，ASTD（American Society for Training & Development）強調所有的工作種類所需要的六種能力，共十六項：(1) 基本能力（basic competency）：包括閱讀、書寫、計算能力；(2) 溝通能力：聽、說能力；(3) 適應能力（adaptability skills）：包括問題解決能力、創意思考能力；(4) 發展能力（developmental skills）：包括自信、動機、目標設定、計畫能力等；(5) 人際處理能力（group effectiveness）：包括人際互動能力、團體工作、協商能力；(6) 影響能力（influencing skills）：包括瞭解組織文化、分享領導能力（Overtoom, 2000）。

其中溝通能力及人際處理能力，皆屬社交能力的重要內涵。Eaton 與 Wall（1999）針對視障者的社交能力需求的訓練內容，包含能主動尋求他人協助、交談技巧、頭部的轉向及面向他人（與之交談者）、人際空間距離、肢體語言、面部表情、外表儀容、餐桌禮儀等。Trent（1987）在模擬的情境中，探討雇主們決定錄用視障求職者的因素。研究結果發現，雇主特別關注視障求職者在面談時所表現出的負面行為，例如：面無表情、眼神的迴避等，可見雇主極為重視視障求職者的社交溝通能力，此職業能力需求成為影響視障求職者能否成功就業的重要因素。

紐澤西州的就業中心（Job Seeking Clinic, JSC）於 1992 年為盲及低視能者舉辦一連串的求職訓練計畫，計畫內容包含自我覺察、職業探索、求職信的書寫技巧、自我儀容表現、面談技巧等（Ryder & Kawalec, 1995）。此外，Mitchell（2001）指出賓夕法尼亞州視覺障礙者職業復健機構，在 1992 年為盲及低視能者舉辦暑假轉銜計畫，計畫訓練內容包括就業上所需的溝通技巧、社交技巧、點字技能、獨立行動能力、求職能力、個人日常生活能力、搭乘大眾交通工具的能力等。

Wolffe（1999）說明為協助視障者成功進入職場，其所需的職訓內容應包含 (1) 基本技能：閱讀能力、書寫能力、計算能力、溝通能力、學習能力、思考能力、推理能力、決策能力、問題解決能力等。(2) 個人特質：負責任、自尊、人際關係等。(3) 工作相關能力：善用資源、妥適安排工作計畫、操作設備、使用科技、組織、分析與評估資訊、瞭解公司組織文化等。

萬明美（1996）指出，輔導視障者進入職場工作除需加強職業所需的特定技能外，溝通技能、禮儀技能、定向行動技能、職業適應技能（包括求職技巧、安全常識、工作態度及接受指令等技能）、獨立生活技能等，皆是協助視障者成功進入職場的相關條件，視障者若具備這些技能，將有助於視障者成功進入職場。

林千惠、徐享良、張勝成及林宏熾（1996）研究發現，有效預測視障者職業能力的指標有：(1) 社區適應能力；(2) 知覺動作能力：能分辨物體顏色與明暗、能分辨各種聲音、能分辨物體形狀大小、能分辨方向等；(3) 姿勢變換能力：能跨過地面障礙物、能長時間站立或坐著做事、在行進或工作時，能保持身體平衡等；(4) 工作態度與習慣；(5) 移動能力：能往返特定工作場所、能安全上下樓梯、能探知障礙物以安全走動等。

綜合以上國內外研究可歸納出，一個人的職業能力的內涵，包括 (1) 適應性技能：個人的工作態度、溝通能力、社交關係等；(2) 功能性技能：與工作有關的基本技能，例如：服裝儀容、基本聽說讀寫算能力、擬定個人工作時間計畫等；(3) 特定工作技能：工作上專業性的技術。對於不同的障礙類別，其職業能力評估著重的項目有些微差異。以視障工作者來說，是否具備定向行動能力、溝通能力、點字讀寫能力、社交能力等，是評估視障者職業能力的重點。

此外，針對僱用視覺障礙者的雇主的研究發現，雇主在考量是否僱用視障者時，最重視的兩項技能為「工作技能」及「自我指導監督的能力」，而最不重視的技能為「自理能力」及「行動能力」（Lin, 1995）。McBroom（1995）發現，雇主認為能成功就業的視障工作者應具備的職業能力，有 (1) 自信及果斷；(2) 良好的溝通技巧；(3) 忍受度及耐心；(4) 組織能力，包括對工作環境的熟悉；(5) 問題解決能力；(6) 隨機應變的能力。DeMario、Rex 與 Morreau（1990）的研究發現「社交技巧」是最重要的職業能力需求，其次才是定向行動、求職技能。成功就業的視障工作者的共同特質為：擁有正向的自我概念及良好的工作態度，並有明確且實際的職業目標。此外，也具備良好的定向行動能力及溝通能力，能在其生活環境中獨立生活、建立社交網絡。

綜合以上雇主對視障者職業能力需求的相關研究可以發現，雇主重視視障者具備的一般能力更勝於特定的工作技能。雇主對視障者職業能力的需求，特別重視視障者的溝通、社交、獨立行動能力。由此可見，對於視障者的職業訓練，除了訓練工作所需具備的特定技能外，也應重視視障者的工作態度及其他一般的職業能力，例如：溝通能力、社交技能及定向行動訓練。

第四節　職業適應

明尼蘇達職業適應理論（Minnesota Theory of Work Adjustment, MTWA）的基本概念為：個人的工作人格與工作環境的適配及交互作用。其中，工作人格是指個人的工作能力與需求；工作環境包含工作之能力要求與增強物系統。個人的工作人格與工作環境的適配，例如：個人所具備的工作能力符合所從事工作之能力要求，以及個人所從事之工作能滿足個人的薪資需求或自我實現需求等。而個人的工作人格與工作環境交互作用則屬動態的歷程，此交互作用的歷程能夠解釋個人的工作人格與工作環境的適配如何達成及維持。

對身心障礙者而言，就業的障礙普遍存在，對整個社會來說，社會成本及社會負擔相當沉重，而對家庭問題與社會問題亦無法得到充分改善（盧琬貞，2002）。根據「美國國家殘障委員會」（National Council on the Handicapped）向美國總統及國會所提的「邁向獨立」（Towards Independence）報告中，指出三項會阻礙身心障礙者有效轉銜與就業的主要因素（引自林宏熾，2000）：包含 (1) 雇主對身心障礙者的歧視態度；(2) 在工作環境中或交通設施方面、物理環境上或溝通上的障礙；(3) 缺乏適當的訓練機會。Sitlington、Clark 與 Kolstoe（2000）則提出無法訓練自己符合時間的需求，或被時間束縛是職業適應最嚴重的一項障礙，並且依據工作場所的大小及複雜性，人際關係的互動比起工作表現能力在職場上要重要許多。

影響視障者職業適應的因素，包含個人因素、環境因素、支持因素。分述如下：

一、個人因素

視障者的視覺功能、輔具之運用、獨立行動能力、職業興趣、職業能力、心理調適、就業意願、人際關係、教育訓練、教育程度等。其中，視覺功能常是最直接影響視障者職業適應之因素。視障者可能因視覺功能缺陷而限縮可以選擇之職業類型，也較易造成難以快速上手之情況產生。此時，若有適合視障者的輔具，將可以協助視障者克服視覺功能的缺陷，減少工作障礙的產生，如此將有助於視障者的職業適應。運用輔具可以幫助視障者就業，並且有助於提升其工作效能。Obiakor 與 Algozzine（1995）認為一位視障教育教師所需設備，包括盲用電腦與相關軟體、電子視覺輔助、點字設備、說話計算機、放大鏡、聲音記錄及點字教材等。亦有研究指出，運用盲用電腦及網路可以增進視障教育教師的教學品質及獨立性（張寶珠，2003）。

視障者的職業興趣與職業能力，也會影響視障者的職業適應。舉例來說，若視障者對於一份工作感興趣且具備相當之職業能力，可想而知，視障者將能有較好的職業適應。然而，即便視障者對於一份工作感興趣也具備工作能力，在工作上仍難免會遭遇挫折與阻礙，例如：對工作環境不熟悉、不易察覺同事的非語言訊息等，此時，心理調適與建立良好的人際關係即為應正視的問題。視障者遭遇挫折時若能自我調適，並且與同事建立互助合作的情誼，將有助於視障者增進職業適應力。

此外，教育訓練與教育程度也是重要的個人因素。視障者因為對教育訓練與工作無法正確的接受回饋，而使其需要更長的時間來熟練工作。陳飛燕（2000）指出，教育程度與背景、工作經驗、人格成熟度，以及心理及生理條件等都會影響重度視障者對工作的熟練度。

二、環境因素

包括無障礙環境與職場安全、雇主進用意願低落、缺乏友善職場環境、視障者就業政策、社會福利政策不完善等。視障者因視覺功能缺陷而造成獨立行動較為不便，常須使用手杖，仰賴導盲磚及點字標示等。再者，若視障者缺乏安全的工作環境，例如：障礙物眾多或路面不平，都將會影響到視障者的職業適應。此外，在視障者就業政策與職場環境方面，視障者面臨缺乏就業資訊、職業選擇受限、就業政策與配套措施不完善等問題。因此，視障者就業機會較少，雇主對視障者的職業適應存有疑慮，使得視障者在職場上難以獲得接納。

臺灣近年來雖然有愈來愈多的視障者進入一般競爭性職場就業，卻遭受歧視，朱貽莊（2015）於其研究中提到，部分視障工作者在職場上會遭受歧視，未能與其他員工有同等之地位。有 61% 的大學畢業的視障者所得僅是最基本的工資，這樣的收入使視障者的就業意願大大的降低。邱永祥（2001）指出家人的支持最具影響力，其次是雇主的僱用態度，以及在其就業後的工作角色行為、工作滿意度、工作表現與整體職業適應均有正面與顯著的影響。阮芬芳（1997）針對 195 位已就業的視障者，調查其工作不滿意的原因，包括視障者認為自己的社會地位不高、同事不能體諒與理解、生活單調、不能輕易更換工作與無良善的無障礙設施、工作沒有保障、所學不能應用在工作上與交通不便。

三、支持因素

可分為情感性支持、實質性支持、資訊性支持與評價性支持。House（1981）提出 (1) 情感性支持：如關心、接納、理解、包容、尊重等；(2) 實質性支持：經濟或實務的協助，如就輔員的協助、專車接送、職務再設計等；(3) 資訊性支持：當個人面臨困難欲解決問題時，所得到的勸告、建議與忠告等；(4) 評價性支持：經社會比較或肯定的方式，以達到自我評價的目的。

以下分別探討視障者家庭支持、職場形成的支持、重建服務支持對視障者職業適應的影響。

一、視障者家庭支持

對視障者的態度與支持，將影響視障者的職業適應。舉例來說，家庭成員若對視障者過度保護，可能造成視障者有較低的自尊、缺乏問題解決能力、挫折容忍度低、過度依賴等問題。這樣的情況可能造成視障者缺乏應具備的職業能力，而無法順利進入職場，或者進入職場後未能有好的職業適應，頻頻遭遇挫折，且不能克服困難。由此可見，家人應找到無過與不及的平衡點，給予視障者適時的協助與支持，卻不過度保護。家人正向的支持與鼓勵不可或缺，Wolffe（1999）指出，家庭支持使視障者對其職業有更積極正面的態度，並且經由家人的協助可以讓視障者無須擔憂往返家庭與職場的問題。親密的家人總是能提供最有力的支持，對於視障者來說也不例外。擁有家人的支持與鼓勵，想必能協助視障者加強心理調適，抱持正向的態度面對工作上所面臨的困難，化危機為轉機，不但跨越障礙，更能增添力量、創造機會。

二、職場形成的支持

視障者在職場工作時，經由雇主、同事、就輔員等人之協助，提供視障者職業訓練服務、培養良好的社交技巧及人際關係維持能力，有助於視障者的職業適應，穩定就業並維持良好的職場社會關係。這樣的職場自然支持模式，有別於支持性就業服務模式。職場自然支持模式不只是由復健諮商專業人員為視障者提供就業相關服務與訓練，雇主及其他同事在得到相關諮詢服務與支援後，亦能有效協助視障者的職業適應。相關研究指出，友善的職場環境能提供視障者許多職場自然支持，例如：視障者申請職務再設計未必能得到完善的協助，尚需雇主及其他同事在職場中提供視障者所需的協助，視障者方能得到更多實質的、情感的支持等，更激發視障者的工作潛能。

三、重建服務支持

視障者所需的重建服務，包含定向行動訓練、輔具應用服務等。視障者由於視覺功能之限制，缺少視覺線索使得獨立行動有困難。面臨此障礙限制，若視障者有定向行動能力，將能獨立行為、克服視覺障礙。如此，視障者在職場上可安全獨立行走，減少因視覺功能缺陷所造成的阻礙。此外，現今科技日新月異的時代，有許多科技輔具可協助視障者在工作上更加順利。例如：透過語音報讀系統、點字觸摸顯示器、適合視障者使用的智慧型手機介面等，將有助於視障者獲取資訊，以及運用這些科技輔具於工作上。因此，學習與選用適合的科技輔具對視障者來說相當重要，視障者若學會使用科技輔具並善加應用，將能提升其職業能力，且有利於職業適應。

黃俊憲（2002）研究指出，重度視障者在就業前、謀職階段、就業初期、持續就業期會面臨許多困難與挑戰。在職業適應上所需的支持系統，包括個人（工作能力、心理調適）、親友（家人支持、同事支持）、服務的支持（輔具、職務再設計）及其他支持（就業輔導員、獲取資訊）等。趙曼寧（2014）訪談 20 位視障者及 3 位職業重建專業人員，探討視障者職業生涯發展歷程及其影響因素。發現視障者於求職時所面臨的困境，包含政策與職業重建執行問題、缺乏符合興趣的就業職種、個人因素與環境因素等四大類。面臨以上困境，其因應方式主要有專業機構協助、家人或同儕的支持以及自我賦能等三大面向。視障者在職時所面臨的困境，包含個人調適、職業適應、人際溝通及輔具資源問題等四大類。面臨以上困境，其因應方式有尋求專業機構的協助、家人或同儕的支持、自我倡導與自我精進等四大面向。視障者就業成功之影響因素，包括個人因素與環境因素；其中個人因素，包括獨立特質、自我決策、先前工作經驗、問題解決能力、正向樂觀態度、為自己設定目標以及建立專業能力等；環境因素，包括重要他人的期許、工作環境的適配以及成功典範的激勵等。

問題省思與討論

1. 請簡述 Super 生涯發展五階段之內容。
2. 請從個人面向說明影響視障者職業適應之因素。
3. 請從環境面向說明影響視障者職業適應之因素。
4. 請說明家庭支持對視障者職業適應的影響。
5. 請說明職場自然支持對視障者職業適應的影響。
6. 請說明重建服務支持對視障者職業適應的影響。

第十五章

職業重建與職務再設計

第一節　促進就業之法規

第二節　職業重建資源

第三節　適性的就業方向

第四節　職務分析與職務再設計

問題省思與討論

前　言

先進國家的視覺障礙者能夠在競爭性職場從事專業工作，這些國家開放的社會文化與職場友善的環境，易協助視覺障礙者貢獻他們專業知識與技能，因具備專業知能的視覺障礙者被視為國家的重要人力資本，政府與職場應提供友善且支持性的協助。本章將詳述促進視障者就業之法規、職業重建資源、適性的就業方向、職務分析與職務再設計。

第一節　促進就業之法規

勞動部（2010）調查臺灣地區 6,472 位 15-64 歲視覺障礙者及多重障礙者，就業率為 29.1%；林聰吉（2015）調查臺灣地區（含澎湖縣及金門）2,011 位 18-65 歲視覺障礙者，從事支領薪水工作者為 36.1%。透過這些調查，全國的視障就業人口就業率大多皆為三成。同時，先進國家視障者的就業率約為四成，從勞動部（2010）與林聰吉（2015）的研究看來，臺灣視障者的就業率顯然還有至少一成的進步空間。透過政府機關制定的政策，例如：定額進用、保障特定職業支持服務及身心障礙考試等方式，可促進視障者就業率之提升。

自從 2008 年司法院公告保障視覺障礙者從事按摩業之法令違憲以來，視覺障礙者從事按摩業的比例逐年減少。林聰吉（2015）的調查顯示，從事按摩業的視覺障礙者其比例由 2010 年的 24.6%，下滑至 2015 年的 20.0%，從事按摩業的視障者比例有降低的趨勢。而視障者的職業種類隨著時間的推移，可發現新興職種日趨多元。近年來政府提供相關協助就業政策，臺灣在對視障者之就業環境已有明顯之改善。臺灣視障者的就業環境從法令的改變以及各項支持之提供，已見到許多之變化。同時，視障者接受高等教育的人數逐年增加，足見視障者已具備進入競爭性職場就業之知能。

目前臺灣視覺障礙者重建服務多為政府自辦，服務方式與內涵可概略分為以職業重建與生活重建為主兩大類，分別由勞政與社政機關負責。為提升視障者就業率與增進其投入勞動市場機會，臺灣制定了相關法律來促進視障者就業。

一、《身心障礙者權益保障法》

(一) 第 16 條

身心障礙者之人格及合法權益，應受尊重及保障，對其接受教育、應考、進用、就業、居住、遷徙、醫療等權益，不得有歧視之對待。公、私立機關（構）、團體、學校與企業公開辦理各類考試，應依身心障礙應考人個別障礙需求，在考試公平原則下，提供多元化適性協助，以保障身心障礙者公平應考機會。

(二) 第 38 條

各級政府機關、公立學校及公營事業機構員工總人數在 34 人以上者，進用具有就業能力之身心障礙者人數，不得低於員工總人數 3%。私立學校、團體及民營事業機構員工總人數在 67 人以上者，進用具有就業能力之身心障礙者人數，不得低於員工總人數 1%，且不得少於 1 人。進用重度以上身心障礙者，每進用 1 人以 2 人核計。

(三) 第 38-1 條

事業機構依公司法成立關係企業之進用身心障礙者人數達員工總人數 20% 以上者，得與該事業機構合併計算前條之定額進用人數。

(四) 第 46 條

各級勞工主管機關為協助視覺功能障礙者從事按摩及理療按摩工作，應自行或結合民間資源，輔導提升其專業技能、經營管理能力，並補助其營運所需相關費用。前項輔導及補助對象、方式及其他應遵行事項之辦法，由中央勞工主管機關定之。醫療機構、車站、民用航空站、公園營運者及政府機關（構），不得提供場所供非視覺功能障礙者從事按摩或理療按摩工作。其提供場地供視覺功能障礙者從事按摩或理療按摩工作者應予優惠。

(五) 第 46-1 條

政府機關（構）及公營事業自行或委託辦理諮詢性電話服務工作，電話值機人數在 10 人以上者，除其他法規另有規定外，應進用視覺功能障礙者達電話值機人數十分之一以上。但因工作性質特殊或進用確有困難，報經電話值機所在地直轄市、縣（市）勞工主管機關同意者，不在此限。

(六) 第 60-1 條

中央主管機關應會同中央勞工主管機關協助及輔導直轄市、縣（市）政府辦理視覺功能障礙者生活及職業重建服務。

(七) 第 86 條

違反第 16 條第 1 項規定，處新臺幣 10 萬元以上 50 萬元以下罰鍰。

二、《就業服務法》

(一) 第 5 條

為保障國民就業機會平等，雇主對求職人或所僱用員工，不得以種族、階級、語言、思想、宗教、黨派、籍貫、出生地、性別、性傾向、年齡、婚姻、容貌、五官、身心障礙、星座、血型或以往工會會員身分為由，予以歧視。

(二) 第 25 條

公立就業服務機構應主動爭取適合身心障礙者及中高齡者之就業機會，並定期公告。

(三) 第 65 條

違反第 5 條第 1 項規定者，處新臺幣 30 萬元以上 150 萬元以下罰鍰。

三、《職業災害勞工保護法》

(一) 第 18 條

職業災害勞工經醫療終止後，主管機關得依其意願及工作能力，協助其就業；對於缺乏技能者，得輔導其參加職業訓練，協助其迅速重返就業場所。

(二) 第 22 條

職業災害勞工經醫療終止後，直轄市、縣（市）主管機關發現其疑似有身心障礙者，應通知當地社會行政主管機關主動協助。

(三) 第 27 條

職業災害勞工經醫療終止後，雇主應按其健康狀況及能力，安置適當之工作，並提供其從事工作必要之輔助設施。

四、《身心障礙者權利公約》

第 27 條

締約各國確認身心障礙者享有在與其他人平等的基礎上工作的權利，其中包括有權在開放、具有包容性與對身心障礙者不構成障礙的勞工市場與工作環境，自由選擇或接受工作機會並以此謀生。為保障與促進工作權的實現，包括在就業期間罹患身心障礙者的工作權（見附錄七）。

第二節　職業重建資源

一、職業重建服務要點

視障者進行職業重建之前需先進行個案之生活重建，根據衛生福利部與勞動部所訂定的「視覺功能障礙者生活重建及職業重建服務要點」，揭示生活重建的服務內容，包括個案管理、功能性視覺評估及視光學評估、定向行動訓練、生活技能訓練、資訊溝通能力及輔具訓練、心理支持、家庭支持、社交活動及人際關係之訓練、轉銜服務、其他生活重建及資源連結服務，其中生活自理能力是視障者邁向就業的基礎。視障者由於視覺功能受限，造成生活上諸多不便，透過提供視障者所需的生活重建資源，協助視障者具備獨立生活的能力。

視覺障礙者職業重建的服務內容，包括職業重建個案管理服務（含職涯諮商及評量、擬定職業重建服務計畫）；功能性視覺評估、視光學評估及職業輔導評量服務；職前適應訓練；資訊溝通能力及就業輔具訓練；職場環境定向行動訓練；職業訓練；就業服務；創業輔導；職務再設計；其他職業重建及資源連結服務。

提供視障者個別化的職業重建服務，將有助於視障者順利找到適合的工作，穩定就業。視障者職業重建服務之重要內涵，說明如下。

(一) 職前適應訓練

透過職前適應訓練，協助視障者具備獲取就業資訊、撰寫履歷表、與雇主溝通及面試等能力，對於職場工作有正確的認識，並學習職場禮儀、人際關係處理技巧。訓練的內容，包括職業認識、人際訓練團體、職場禮儀、求職技巧（如獲取工作機會資訊、撰寫履歷表）、模擬面試等。提供視障者所需的職前適應訓練，並透過職場體驗、工作經驗分享等方式，增進視障者對工作的瞭解，協助視障者找到適合的工作，順利就業。

(二) 就業輔具訓練

透過生活重建中資訊溝通能力及輔具訓練，協助視障者具備訊息記錄、整理、書寫、表達與閱讀等能力。視障者可透過輔具，增進視覺功能，改善因視覺功能損傷所造成的障礙。隨後藉由輔具需求評估，判斷視障者的輔具需求及適合選用的輔具為何，然而，輔具僅是一項工具，學習善用輔具才能真正為視障者提升效能。視障者常用的輔具種類繁多，每一種輔具的功能及使用方式不一，因此，視障者必須選用符合自身需求的輔具，並且熟習使用技巧。在職場上，視障者可能因工作上的需求，必須使用之前未使用過的輔具，此時，透過就業輔具訓練，提供視障者所需的輔具，並實施相關訓練，協助視障者於工作時克服障礙。

(三) 職業訓練

透過職業訓練，協助視障者具備工作所需的專業能力與工作執行績效。此職業訓練服務的內容，包括各類職業訓練及工作見習等。經由職業訓練的過程，以及訓練後的能力檢核，期望協助視障者達成預期的訓練目標。訓練過程中，亦需評估視障者輔具應用的情況，提供相關的訓練服務及心理支持。透過職業訓練，協助視障者在職場上發揮己長，順利執行工作。

(四) 就業服務

為協助視障者穩定就業，透過就業服務，提供視障者所需的支持與協助。就業服務的內容，包括工作媒合、陪同面試、就業安置、職務再設計、職場輔具借用、職場定向行動訓練、職務內容輔導與訓練、密集輔導、追蹤輔導、創業協助等。

二、職業重建中心與窗口

透過職業重建服務，能協助視障者找到適性的工作機會，並順利進入職場、穩定就業。因此，除了訂定與落實相關法規外，亦設置職業重建服務窗口，提供個別化的服務。勞動部勞動力發展署委託民間團體，設立全國性「視覺障礙者職業重建服務中心」。此外，各直轄市、縣（市）政府，均設有身心障礙者職業重建服務窗口。中心與窗口的服務資源及內容，說明如下：

(一) 視覺障礙者職業重建服務中心

視覺障礙者職業重建服務中心的服務範圍擴及全國，提供視障者個別化的直接服務與間接服務。透過提供功能性視覺評估、個別化職業重建訓練、職場穩定就業輔導、輔具評估與借用等直接服務，以及提供各窗口專業諮詢與服務資源支持等間接服務，強化服務效能。此外，透過加強宣導推廣，開創視障者的就業機會與多元性。圖 15-1 為視覺障礙者職業重建服務中心流程。

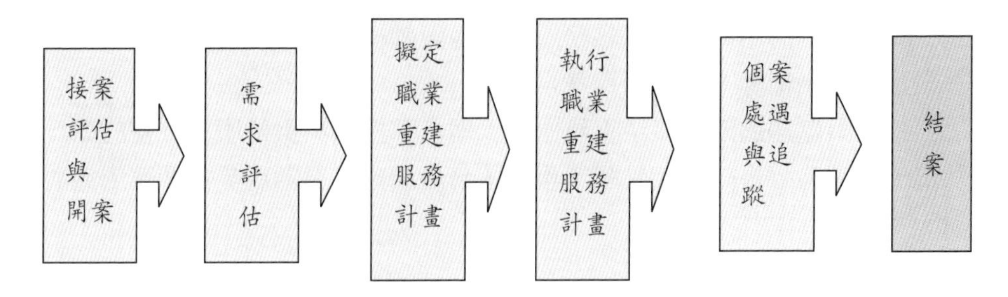

◆圖 15-1　視障者職業重建服務中心之服務流程

1. **中心接受接案評估及開案**：首先經由晤談，判斷視障者是否適合進入職業重建服務中心接受服務。

2. **需求評估**：開案後，透過功能性視覺評估、定向行動能力評估、讀寫媒介評估等，以及經由晤談、觀察及各種職業輔導評量，評估視障者之職業重建服務需求，以及所需職業重建服務資源，必要時得轉介職業輔導評量專案單位，提供職業評量相關服務。

3. **擬定職業重建服務計畫**：從職涯發展的觀點，依據需求評估結果，與視障者共同討論，研擬職業重建服務計畫，內容包括就業前準備與職前適應訓練、就業媒合與就業支持、穩定就業後支持服務等。

4. **執行職業重建服務計畫**：依個別職業重建服務計畫，提供以下服務或訓練：

(1) 職前適應（核心職能）訓練或服務：定向行動、讀寫能力訓練、視障輔具應用、視覺功能訓練、非視覺感官應用訓練、盲用電腦基本文書與上網訓練、職類認識與職場導師諮詢服務、求職技巧訓練等。

(2) 職業（專業能力養成）訓練：依視障者的職業目標，辦理專業個別（或團體）訓練課程、協助參與一般非專為視障者所開辦之專業訓練、輔導視障者於職場中進行特定職務之模擬職場實習等。

(3) 就業服務及追蹤輔導：針對有就業意願及就業能力尚不足獨立在競爭性就業市場工作之視障者，提供支持性就業服務，協助其在一般職場中就業，並提供就業後至少三個月之追蹤輔導服務。服務內容，包括就業機會開發、就業媒合、陪同面試、就業安置、職務再設計、職場輔具測試、職場輔具借用與訓練、職務內容輔導與訓練、職場導師諮詢服務、雇主服務、密集輔導、追蹤輔導等。

5. **個案處遇追蹤**：職業重建個案管理員掌握職業重建服務計畫的執行狀況，定期追蹤視障者接受職業重建服務之成效，召開或參與個案處遇討論。

除了以上的直接服務內容，中心亦提供間接的服務內容。例如：提供直轄市、縣市政府有關視障者職業重建服務的專業建議及協助解決相關問題；視障就業輔具借用；個別化評量或訓練支援。此外，中心亦積極辦理促進視障者就業之活動，並透過網路或製作出版文宣品，提供相關服務措施及成功案例分享。

(二) 身心障礙者職業重建服務窗口

為協助視障者在職業重建過程中獲得連續、適當的專業服務，整合各種服務資源，以個案管理的方式，有效連結及運用各項職業重建服務資源，協助視障者適性及穩定就業。窗口提供的職業重建服務方式及內容如下：

1. **諮詢**：於開案前或服務過程中，提供職業重建服務及相關資源等資訊，供視障者或相關人員參考。

2. **接案評估及開案**：於晤談後，判斷視障者是否適合進入職業重建服務中心接受服務。

3. **需求評估**：於開案後，透過晤談、觀察或各種職業輔導評量方式，評估視障者之職業重建服務需求及所需職業重建服務資源，必要時轉介職業輔導評量專案單位，協助進行相關評估工作。

4. **研擬職業重建服務計畫**：從職涯發展之觀點，依據需求評估結果，與視障者共同討論，並研擬職業重建服務計畫，內容包括：就業前準備、就業媒合與就業支持、穩定就業後支持服務等。

5. **執行職業重建服務計畫**：職業重建個案管理員親自執行職業重建服務計畫，或透過派案、資源連結等方式，委由適當之職業重建服務專案機構、就業服務機構或其他相關單位提供服務。

6. **個案處遇追蹤**：職業重建個案管理員掌握職業重建服務計畫的執行狀況，定期追蹤視障者接受職業重建服務之成效，召開或參與個案處遇討論。

7. **結案**。

此外，勞動部為協助直轄市及縣（市）政府結合當地資源，辦理促進視覺障礙者就業業務，訂定「補助地方政府辦理促進視覺功能障礙者就業計畫」，補助範圍包括視覺障礙者職業重建服務（中心）；視覺障礙者職場適應訓練；視覺障礙電話服務員進用及推廣；視障工作者電腦技能課程；其他視覺障礙者就業促進相關事項。

視覺障礙者職業重建服務（中心）運用「補助地方政府辦理促進視覺功能障礙者就業計畫」，可接受補助的服務對象為15歲以上，有職業重建服務需求之視覺障礙者，以及視覺功能漸失，有職業重建服務需求者。計畫可自行或委託辦理，並以就業為導向，以個案管理服務方法，提供個別化職業重建服務，並視個案職業重建服務需求評估結果，提供定向行動、讀寫能力、盲用電腦、生活自理等職前訓練；其服務對象應優先由職業重建服務窗口及公立就業服務機構轉介，有剩餘名額時，受委託單位得自行開案，個案服務情形應登錄於「全國身心障礙者職業重建個案服務資訊管理系統」。

三、專業團隊成員

重建服務團隊組織龐大，主要涵蓋七種不同專業領域的人員：(1) 重建教師；(2) 職業重建個案管理員；(3) 就業服務員；(4) 低視能專家；(5) 定向行動專家；(6) 職能治療師；(7) 醫護人員與心理學家。其中，重建教師、職業重建個案管理員與就業服務員的角色，在重建服務過程中與視障者有密切的接觸，因此，以下將分別說明此三種專業領域人員的服務內容。

(一) 重建教師

重建教師提供視障者溝通與日常生活技能的指導，依不同的服務對象調整其教學內容，例如：對於年長者，重建教師主要協助他們具備生活自理及處理家務的能力。而對於青年人，重建教師能協助其學習基本及特定技能，以進入職場工作為目標，協助其具備扶養自己與家庭的能力。簡而言之，重建教師提供視障者的技能指導項目，包含生活調適技能、個人與家庭管理、溝通技能、休閒活動等。

(二) 職業重建個案管理員

職業重建個案管理員的職務內容，包含：(1) 為視障者辦理就業轉銜；(2) 提供視障者職業重建諮詢、進行視障者重建開案評估；(3) 為視障者擬定職業重建服務計畫，以職涯發展觀點，與視障個案共同討論。職業重建服務計畫內容，包括就業前準備、就業媒合、就業支持、穩定就業後支持服務等；(4) 分派或連結適當服務、獲取與整合資源。例如：連結職業重建服務專案機構、就業中心或其他相關單位，提供職涯輔導諮詢、職業輔導評量、職業訓練、職場見習、職場學習及再適應、支持性就業服務、庇護性就業服務、居家就業、創業輔導、職務再設計等；(5) 服務追蹤及結案評定。

(三) 就業服務員

就業服務員的職務內容，包含：(1) 為視障者擬定就業服務計畫；(2)

提供視障者就業諮詢；(3) 協助視障者開發就業機會；(4) 向視障者推薦與介紹就業相關資訊；(5) 為視障者提供追蹤輔導；(6) 為視障者提供職務再設計及就業支持服務。

第三節　適性的就業方向

余月霞、花敬凱（2004）翻譯 Graves、Moore 與 Patterson（1997）研究指出，準備好就業的視障者具備的特質，有 (1) 自我認知：能瞭解自己的興趣、能力、價值、個性等。(2) 職業選擇：能依自身能力與目標在就業市場找到適合之工作。(3) 尋求工作的能力：能搜尋工作資訊並具備求職面試技巧等。(4) 穩定工作的能力：能保住工作，並在職場中求進步與成長。協助視障者取得適性的工作機會是職業重建服務的目標之一。從視障者職業重建的角度來看，視障者客觀的生理限制、人格特質、能力、職業興趣與期待、成就動機、輔具的應用條件、雇主的接納態度等，皆是視障者尋求適性的就業方向需考量的面向。

勞動部（2014）提出，職業重建人員可根據上述的面向，協助視障者從多面向綜合考量，找出適合的就業方向，再進一步找出可能的職類目標。以下分成「找出適合的就業方向」以及「找出可能的職類目標」兩階段，加以說明。

一、找出適合的就業方向

此一階段將從視障者的人格特質、能力、職業興趣與期待三個面向，找出視障者適合的就業方向。說明如下：

(一) 視障者的人格特質

Costa 與 McCrae 提出五大類人格特質，各類人格特質及其典型特徵為（李鈴惠，2008）：(1) 親和性（agreeableness）：個人對於他人所定之規範的遵循程度。遵循程度愈高，則其親和性程度愈高。特徵為有禮貌、令人信賴、待人友善、容易相處。(2) 勤勉謹慎性

（conscientiousness）：個人追求目標之專心、集中程度。若目標愈少、愈專心致力其中，則勤勉程度愈高。特徵為努力工作、成就導向、不屈不撓、守紀律、有責任感。(3) 外向性（extraversion）：個人對於與他人間關係感到舒適之程度。若感到舒適的程度愈高，則表示愈外向。特徵為有自信、活潑外向、主動活躍、喜歡表現、喜歡交朋友、喜歡參與熱鬧場合。(4) 情緒穩定性（emotional stability）：激起個人負面情緒之刺激與強度。個人所能接受的刺激愈少，則其情緒敏感性愈高。特徵為易焦躁、易沮喪、易緊張、過分擔心、缺乏安全感、杞人憂天、較不能妥善控制自己的脾氣。高度情緒不穩定的人，會明顯出現恐懼與憤怒兩種情緒。(5) 經驗開放性（openness to experience）：個人興趣的廣度及深度。若個人興趣多樣化，但相對深度較淺，則其開放性愈高。特徵為具有開闊心胸、富有想像力、好奇心、原創力、喜歡思考、求新求變。透過此一面向的評估，協助視障者依其人格特質，並結合多項評估資訊，獲取完整的分析資料。綜合研判，找出適合的就業方向。

(二) 視障者的能力

視障者的教育程度、職訓經驗、工作經驗、專業證照、工作技能、對職場的認識、求職技巧、生活自理、認知能力、社交技巧等，都是評估視障者能力的參考依據。此外，視障者使用輔具的能力，亦需納入考量。然而，視障者的能力並不是穩定不變的。評估視障者的能力現況，並不代表視障者僅能以當下的能力條件設定就業方向。應綜合多面向分析資料，協助視障者找出可行性較高，且符合視障者能力條件的適性就業方向。

(三) 視障者的職業興趣與期待

從許多視障重建服務經驗可發現，視障者對於職業興趣與期待的表達或想像較為貧乏。或許因為環境對於視障者可從事的職類限制較多，因此，視障者的職業興趣與期待較為限縮、保守，多選擇按摩、電話客服、音樂表演、點字翻譯校對、盲用電腦教學等這些刻板印象職類。並不是說這樣的選擇不好，但從視障者職業重建的角度來看，職業重建專業人員可試著鼓勵視障者，先不預設可行或不可行，嘗試從不同的角度思考，例如：過去的工作經驗或者日常生活中喜歡做的事等，並多與人分享、討論，找出更多可進一步評估可行性的方向。

二、找出可能的職類目標

經過第一階段三個面向的綜合評估後，已找出幾個視障者適合的就業方向。接下來，進入第二階段，找出視障者可能的職類目標。以視障者當前的評估結果及職場環境來看，綜合各項評估結果與條件，進一步找出視障者此刻最有可能的職類目標。然而，未被選擇到的其他適合的就業方向，並不是不適當，只是因為以當前的個人與環境及交互作用的因素來看，有更適合的選擇，或許隨視障者的生涯發展變化，另一個就業方向成為更適合的選擇，因此，第一階段的分析資料仍是非常寶貴的。以下將詳細說明此一階段評估的面向，透過多面向的評估，不只可以釐清、找出視障者可能的職類目標，也可以從中發覺視障者在邁向目標的過程中所需的重建服務與訓練內容，作為職業重建個案管理員為視障者擬定職業重建計畫的重要參考。

(一) 視障者「客觀的生理限制」與「輔具的應用條件」

參考視障者的功能性視覺評估與輔具評估資料，並針對以下五個問題，依序釐清與思考。五個評估問題，依序分別為：

1. 這些職業方向，分別具有哪些專業或基本條件的要求？

2. 暫且摒除視障個案的能力現況，以個案的視力狀況，要達成這些要求，會面臨哪些限制或挑戰？

3. 這些限制或挑戰，哪些可以透過當前輔具改善？哪些仍存在困難？

4. 可以透過輔具改善的限制或挑戰，以個案當前對於該輔具的使用現況，以及既有的能力條件，還需要哪些訓練？訓練後的檢核標準為何？

5. 若仍然難以透過當前輔具改善限制或挑戰，可以透過「訓練其他感官的功能代償」或「不同的執行方法」來處理嗎？如果可以，需要哪些訓練？訓練後的成效檢核標準為何？

透過相關評估資料及上述五個問題，將可更進一步瞭解視障個案在此方面的狀況為何。此外，可以邀請相關的專業人員，共同召開討論會議，以獲取較為客觀的評判結果。

(二) 視障者的成就動機

成就動機（achievement motivation）指在一活動中為達到目的、成功，而堅持不懈的努力（廖鳳池、陳美芳、胡致芬、王淑敏、黃宜敏編譯，1991）。在此指的是，視障者為達成可能的職類目標，所表現出的積極態度。視障者因受客觀的生理限制與現實的環境阻礙等因素影響，在邁向就業目標的過程中，不可避免地必須面對各種不同的困難與挑戰，因此，在實現就業理想的過程中，須有成就動機的支持，才更可以成功克服困難與挑戰。從成功就業的視障者特質來看，高成就動機是不可或缺的共同特質之一。高成就動機是視障者成功就業的必備要素，若視障者的成就動機不足，可透過相關的重建服務（如家庭支持、心理諮商、成長團體等），協助視障者更有機會實現就業的理想。

(三) 雇主的接納態度

雇主是否能接納視障者，是影響視障者能否成功就業的關鍵因素。重建諮商師為有效促進視障者尋求適性的工作，可透過職務開發，以教育的角度出發，協助雇主瞭解視障者的身心特質，以及進用身心障礙者的政策與相關服務，以接納的態度進用視障工作者。重建諮商師進行職務開發時，可採取的策略有以下三項：(1) 協助雇主瞭解符合資格的視障者及其求職的可能性；(2) 強化機構與社區的關係，並與雇主建立夥伴關係，強化人際網絡；(3) 掌握社區內各種就業機會資訊，依照視障者的職業興趣與能力，協助視障者尋求適性的工作。若是過去有成功的視障者就業案例，較能給雇主信心，讓雇主採取接納的態度。余月霞、花敬凱（2004）翻譯 Graves、Moore 與 Patterson（1997）研究指出：(1) 重建諮商師建議雇主使用相關資料庫，例如：工作調適網（Job Accommodation Network, JAN），透過此線上網路平臺，雇主可與已有僱用身心障礙者經驗的其他雇主聯繫，彼此交流。此外，重建諮商師可協助視障者從歷年建立的雇主資料庫中，找尋較願意接納視障者的雇主。隨著職業重建相關服務的推動，逐漸累積愈來愈多的友善雇主，就算這些名單當中的雇主尚未有僱用視障者的經驗，仍可列為潛在的雇主。(2) 重建諮商師可提供雇主與員工相關的訓練課程，協助公司員工瞭解視障者的身心特質，破除員工對視障者的誤解與迷思，協助雇主與員工對視障者有正確的認知，能與視障者建立良好的互動關係。

經過各項評估過程，從多方面加以考量，找出若干個視障者可能的職類目標，接下來，職業重建人員必須根據評估分析結果，為視障者訂定職業重建計畫。此時，職業重建人員須與視障者共同設定重建的目標，由此可見，視障者在評估分析的過程中充分參與是必要的條件，職業重建人員應協助視障者充分瞭解各種決定的利弊得失。視障者本身掌握了決定權，當視障者考量各種因素後做出決定，即便視障者所做的決定未必完全符合評估分析的結果，職業重建人員仍應尊重視障者的決定。然而，除了協助視障者自決，亦應協助視障者瞭解為自己的決定負責的重要性。既然決定權在視障者手中，視障者也必須學習負起做決定後的責任。沒有人能夠知道哪一個決定是最好的，只能說是相對適合的決定。而所有評估分析的結果，即便當下看似與視障者的決定不太相關，仍有其價值。視障者的職業生涯是連續變動的，所有的分析結果，都有其參考的價值。綜合上述，職業重建人員應協助視障者於評估分析過程中充分參與，協助視障者為自己做決定，並為自己的決定負責任，最終期望能協助視障者在理想與現實中權衡，順利找到適性的工作而穩定就業。

第四節　職務分析與職務再設計

一、職務分析

針對視障工作者所做的職務分析，目的是能找出視障工作者較適合的工作項目或內容，以及發覺視障工作者的工作障礙或限制，並透過職務再設計，解決視障工作者在工作上面臨的問題。可見，視障工作者能否有較好的職業適應、穩定工作，職務分析扮演相當重要的角色。

欲進行職務分析，首先，可透過晤談與觀察等方式進行資料蒐集。晤談的對象，包括執行相同職務的工作者、主管人員。勞動部（2014）提出，晤談與觀察的內容可從 5W 與 2H 的角度切入。5W 的項目分別為：(1) What：工作項目；(2) Why：工作項目的執行目的；(3) Where：工作項目的執行地點；(4) When：工作項目的執行時間；(5) Who：工作項目是否需要與誰合作。2H 分別是：(1) How：如何完成工作項目；(2) How many：績效要求。在蒐集資料時，應重視視障工作者的身心特質，特別注意工作環境、移動的需求、電腦操作、非電子化資料使用等。此外，若能取得該職務的工作說明書或工作日誌，更能具體掌握職務分析的內容，有助於分析的進行。另外有一點須特別注意的是，視障工作者的螢幕報讀軟體或擴視軟體等科技輔具是否能支援工作上使用的應用軟體。在工作上，除了使用 Word、Excel、PowerPoint、Internet Explorer、Google Chrome 等常見的通用型應用軟體外，也可能會使用其他較不常見或公司自行開發的專用型應用軟體，若能安排視障電腦專家實際進行測試，可以避免分析上的盲點。

針對每一個工作項目逐一根據視障工作者的條件進行檢視，並分析出各個工作項目對於視障工作者的執行難易程度。視障工作者的條件除了能力外，還包括視障工作者使用輔具後仍存在的客觀障礙限制。由於每位視障工作者的功能性視覺與輔具的應用狀況差異很大，因此，在進行職務分析時，應參考視障工作者的相關評估資料，並綜合行為觀察，針對各工作項目，逐一進行檢視，從中推估視障工作者較適合的工作項目，以及在工作上可能面臨的困難，如此才能進一步透過職務再設計，解決工作上的問題。

二、職務再設計

支持性就業服務提供深入且持續之職場支持等專業服務，為視障工作者開發多元就業職種，且能在一般競爭性職場就業。Moore、Graves 與 Patterson（1997）提出四種支持性就業服務模式：(1) 小型企業模式：社區企業進用數名身心障礙員工，訓練範圍廣且管理嚴密，通常以論件計酬的方式給付員工薪水。(2) 機動工作隊模式：由身心障礙工作者與非身心障礙工作者共同組成機動工作隊，到不同地方簽約承包工作，如清掃房屋、協助農務、草坪維護等，在鄉村地區十分適用。(3) 小生產圈模式：此模式與機動工作隊類似，由製造商或承包商僱用身心障礙工作者與非身心障礙工作者一同工作，融合程度高。(4) 個別化安置模式：在職場中僅有一位身心障礙工作者，透過職場密集訓練，不斷評估與追蹤，提供必要的支持服務。

臺灣的支持性就業服務型態分為兩種：(1) 個別服務：由就業服務員以一對一之個別服務方式，協助視障工作者在競爭性職場就業。(2) 群組服務：由就業服務員以每組至少 3 人之服務方式，協助視障工作者在競爭性職場就業。此外，視障工作者在競爭性職場工作時，亦能透過職務再設計的協助，順利並穩定就業。

為協助視障工作者獨立在競爭性就業市場工作，有關單位或人員得向主管機關申請職務再設計補助。可申請職務再設計補助的單位或人員包含：(1) 雇主；(2) 經中央主管機關指定業別之身心障礙自營作業者；(3) 公、私立職業訓練機構；(4) 接受政府委託辦理職業訓練之單位；(5) 接受政府委託或補助辦理居家就業服務之單位。

依據勞動部「推動身心障礙者職務再設計服務實施計畫」，職務再設計的內涵包括：(1) 改善職場工作環境；(2) 改善工作設備或機具；(3) 提供就業所需之輔具；(4) 改善工作條件；(5) 調整工作方法；(6) 為協助身心障礙者就業有關之評量、訓練所需之職務再設計服務。應用職務再設計，有效解決視障工作者在工作上面臨的問題，增進視障工作者職業適應、穩定就業。以下分別詳細敘述職務再設計之內容（勞動部，2014）。

(一) 改善職場工作環境

指為協助身心障礙者就業，所進行與工作場所無障礙環境有關之改善。具體的做法如下：

1. **光線調整**：室內光線昏暗將造成視障工作者移動、尋找物品時面臨困難，在工作場所加裝燈光照明設備，符合視障工作者之需求，如此，視障工作者即可解決移動、尋找物品困難等問題。

2. **顏色對比貼條**：視障工作者工作時可能需要上下樓梯、在不同樓層的辦公室移動，在移動的過程中，因為梯階邊緣沒有對比顏色的處理，造成視障工作者面臨踩空、跌倒的風險。針對需要經常上下樓梯的視障工作者，可依其需求增設梯階邊緣顏色對比貼條，協助視障工作者順利上下樓梯，減低移動時受傷的風險。

3. **點字標示**：視障工作者在放置許多儲藏櫃的工作環境中，因無法辨認各個儲藏櫃的標示，僅能依靠記憶來分辨各儲藏櫃中所存放之物品，因此工作執行緩慢，若能在各個儲藏櫃貼上點字標示，將可改善此問題。

(二) 改善工作設備或機具

指為促進身心障礙者適性就業、提高生產力，針對身心障礙者進行工作設備或機具之改善。舉例來說：

1. **電腦設備改善**：視障工作者於工作時必須長時間使用電腦，因視覺功能缺陷，即便已將螢幕上的文字放大，視障工作者仍需近距離看螢幕才能看得清楚。長時間以頭部前傾的方式近距離看螢幕，造成視障工作者因姿勢不正確而肩頸痠痛，身體上的不適導致視障工作者經常需要休息，影響工作的執行。透過職務再設計，於桌面下加裝鍵盤架放置鍵盤，將螢幕前移並且墊高，如此，有助於視障工作者近距離觀看螢幕，解決身體不適、工作效率不佳的問題。

2. **錄音室音控設備改善**：視障工作者於錄音室內依靠顯示音軌的螢幕以及音軌推送鈕等控音設備進行音控工作，而視障工作者因視覺上的限制，無法閱讀螢幕上的訊息，無法快速且準確的找到音軌推送鈕，工作面臨許多困難。透過職務再設計，將原本顏色相同的音軌推送鈕，貼上不同顏色且易於辨別的色條，協助視障工作者快速找到所需推送的音軌鈕。

3. **客服中心設備改善**：客服中心使用的客服系統，其畫面資訊的呈現，以及未考量到螢幕報讀軟體的無障礙需求，不利於視障工作者快速鎖定資訊。經職務再設計，優化客服系統的無障礙設計，符合視障工作者的操作需求。

(三) 提供就業所需之輔具

指為增加、維持、改善身心障礙者就業所需能力之輔助器具。現今科技輔具種類繁多，選擇適合視障工作者的輔具，並有效運用於工作上，將有助於視障工作者工作的執行。相關案例說明如下：

1. **收銀人員**：負責收銀工作的視障工作者使用「旋臂架攜帶型遠近擴視機」與10吋液晶螢幕，透過擴視機上的鏡頭，將原刷卡機上的內容，經擴視機轉至10吋液晶螢幕上，協助視障工作者清楚確認刷卡資料。

2. **公文收發人員**：負責公文收發的視障工作者因無法閱讀書面的公文資料，加上不能操作電腦將公文登錄於公文系統內，造成工作上的困難。透過「自動閱讀機」掃描書面資料，讀取內容後，再透過「螢幕報讀軟體」與「觸摸顯示器」，操作系統，進行內容的登錄。

雖然視障工作者有合適的輔具可以使用，也熟習使用的技巧，卻不能保證可以透過使用輔具完全解決工作上面臨的問題。原因可能有：辦公系統特殊或缺乏無障礙設計、工作上需要處理特定的報表、文書檔案有特定格式的要求等，這些問題僅靠使用輔具並未能克服，尚須職務再設計提供職場輔具訓練。透過縣市政府職業重建窗口協助連結或直接轉介職務再設計服務，針對個別輔具需求，提供評估及相關使用訓練；或者，連結勞動部勞動力發展署委辦之「視覺障礙者職業重建服務中心」，提供訓練服務。

(四) 改善工作條件

包括提供身心障礙者就業所需手語翻譯、視力協助等。以視障工作者為例，經職務再設計，提供視力協助員服務。相關案例說明如下：

1. **出缺勤管理人員**：一位負責管理出缺勤的視障工作者因無法閱讀打卡內容而在工作上面臨困難，經由視力協助員提供報讀服務，解決視障工作者閱讀上的困難。

2. **教師**：教師因視覺上的缺陷，在準備教材、閱讀書面資料時面臨困難，視力協助員協助教師處理視覺資訊、排版校對、報讀書面資料等。

3. **巡迴輔導教師**：巡迴輔導教師常需至不同學校進行學生的輔導工作，外出交通、使用教具、閱讀書面資料面臨困難，視力協助員在巡迴輔導教師搭乘大眾運輸工具時提供引導服務，以及協助報讀書面資料與使用教具。

(五) 調整工作方法

透過職業評量及訓練，依身心障礙者特性，分派適當工作，包括工作重組、調派其他員工與身心障礙員工合作、簡化工作流程、調整工作場所、避免危險性工作等。舉例說明如下：

1. **調整工作場所**：視障工作者由於視覺功能缺陷，難以順利執行繪製工程設計圖、工地勘察等工作項目，要從使用輔具或改善工地環境方面調整有其困難，但是，可以透過調整工作方法，讓視障工作者負責其他內勤的工作。

2. **調派合作人力**：視障工作者在執行工作任務時可順利完成大部分的項目，但是在某個環節卻常常面臨阻礙，此時，若可由其他員工來分攤此工作項目，視障工作者便能順利完成工作任務。

3. **工作重組**：因視障工作者只能夠順利完成某些特定的工作項目，經職務再設計，將工作任務切割，視障工作者僅負責其中的某個工作項目，適材適用。

(六) 爲協助身心障礙者就業有關之評量、訓練所需之職務再設計服務

視障者參與職業訓練期間，面臨無法閱讀書面教材的問題，經職務再設計，除了使用自動閱讀機等輔具外，因教材以圖表呈現的比例很高，另需要點字版本的教材才可以順利閱讀所有內容。

由上述案例可知，透過職務再設計，可以解決視障工作者在工作上面臨的困難與問題，而這不只需要經過思考與創意發想，更需要職務再設計團隊掌握視障工作者的條件、問題與需求，對症下藥，要達成此目的必須經由各專業人員彼此合作，才能協助視障工作者有效解決工作上面臨的問題。然而，職務再設計服務不可避免的必須經過一些評估與行政程序，對於必須使用輔具才能工作的視障工作者來說，透過輔具借用管道，可解決

等待職務再設計審核期間輔具空窗期之問題。勞動部勞動力發展署委託辦理的視覺障礙者職業重建中心計畫中，配備了若干的視障輔具，可供臨時性借用，待職務再設計的審核完成、取得所需的輔具補助後，再歸還輔具。

由此可見，職務再設計需考量許多因素，才能確保職務再設計服務對視障者是有幫助的。成功的職務再設計應包含以下幾種特性：

1. 功能性：職務再設計須具備實用價值。無論是改善工作環境抑或是改善設備機具，所有的調整均要符合所需，表現功用。

2. 適用性：透過職務再設計，調整機具或工作環境，這些調整必須能適用於視障者與其他非視障員工，而不會因此干擾或阻礙其他員工執行工作。

3. 可取得性：輔具、設備的可取得性，可能是影響職務再設計效度的關鍵因素。視障者若無法取得所需的輔具設備，不能順利執行工作，將可能面臨失去就業機會的危機。

4. 維修成本：職務再設計提供視障者所需的科技輔具，其成本包含買價、維修費用及其他（如訓練費用）；也就是說，必須持續挪出預算，因此，若能簽訂維修契約，將多一層保障、減少維修花費。

5. 可接受度：職務再設計強調功用性的同時，也要考慮視障者的可接受度。舉例來說，視障者能透過高效能望遠鏡順利執行工作，但是，視障者可能會無法接受輔具對外觀的影響。再另舉一例，視障者可能需要利用點字印表機印出他可閱讀的點字資料，點字印表機發揮其功用性，卻在列印時製造巨大噪音，令視障者無法接受。

6. 機械工程：機械工程應實用、簡單、符合需求；也就是說，職務再設計可以是唾手可得的工具與設備的應用，而不是仰賴製造特定的工具設備。舉例來說，視障車床操作員可以透過安裝在車床上的指南，協助執行定位的工作。

問題省思與討論

1. 請說明重建教師、職業重建個案管理員與就業服務員三類專業人員提供的服務內容。
2. 請簡述重建諮商師進行職務開發時可採取的三項策略。
3. 請說明如何運用 5W 與 2H 於職務分析時的晤談與觀察？
4. 請說明職務再設計的六項內涵。
5. 請簡述成功的職務再設計有哪六項特性？

第十六章

導盲犬

第一節　導盲犬的歷史與概念

第二節　導盲犬的挑選與生命史

第三節　申請導盲犬之考慮項目

第四節　視障者的角色

第五節　導盲犬服務現況

問題省思與討論

前言

人類很早就發現狗能勝任許多工作。人類長期依賴牠們保護房舍與牲畜，牠們也藉此換得家庭的溫暖。狗兒敏銳的嗅覺與發達的動態視力，讓牠們在打獵時派上很大的用處。古文明中早有人類使用導盲犬的相關記載。導盲犬是一種訓練有素、優秀的工作犬，常被人們稱為「視障者的眼睛」。牠們是視障者可靠的行動輔具，主要任務在於帶領視障者及早避開行進間的障礙物，以及突如其來的車輛，協助視障者更安全、更有效率地獨立行動。

本章先從導盲犬的協助歷史說起，再說明導盲犬的概念、挑選與生命史，並說明使用者的申請條件與角色，最後探討導盲犬的服務現況。

第一節　導盲犬的歷史與概念

一、導盲犬的歷史

早在西元一世紀的羅馬賀庫雷姆（Herculaneum）廢墟所殘存的壁畫，呈現狗以牽繩引領視障人士的情景。十三世紀中國卷軸畫《黃河之春》中，也有盲人與狗在人群中行走的情景。在龐貝古城的壁畫、荷蘭著名畫家林布蘭的蝕刻畫中，都可以看到導盲犬引領著視障者的圖樣。我們能藉由圖畫，推測這些狗當時的任務與工作方式。

1819 年，維也納的 Johann Wilhelm Klein 神父在他的著作 *Textbook for Teaching the Blind* 中指出，導盲犬必須由非視障訓練師加以訓練。他也是第一個建議在導盲犬的鞍具上添加一個堅硬的引導手杖的人，認為這樣的做法可以比軟性的拉繩，更讓使用者明確的感受到導盲犬動作上的引導。

第一次世界大戰期間，德國 Oldenburg 成立世界第一所導盲犬訓練學校。1916 年，第一隻完成訓練的導盲犬交給一位戰爭失明的退役士兵使用，開啟了導盲犬協助視障者行走之濫觴（傅郁馨，2011）。1923 年 Potsdam 也成立了類似的訓練機構；至 1927 年，估計已有 4,000 位德國人使用導盲犬。

1925-1926 年，美國 Dorothy Harrison Eustis 女士兩度前往德國參觀導盲犬訓練課程。Eustis 女士原為德國狼犬的飼主及訓練師，她從導盲犬訓練學校習得導盲犬訓練方法後，1927 年在美國報紙上發表了一篇介紹德國狼犬從事導盲犬工作的文章，引起了當地許多視障者的注意。一位在 16 歲時因創傷而失明的 Morris Frank，向 Eustis 女士表示了想協助建立美國導盲犬服務的高度熱忱。Morris Frank 在 1928 年成為了第一個透過使用導盲犬，而達到個人獨立的美國視障者。

1929 年，Morris Frank 也協助 Eustis 創立了美國第一所導盲犬訓練學校 The Seeing Eye（Gerald & Fishman, 2003）。因 The Seeing Eye 的成功，社會更瞭解到定向行動對於障礙者工作、上學以及獨立生活的重要性，因此，障礙者的獨立自主以及使用導盲犬替代手杖作為行動輔具才逐漸受到關注（Blasch & Stuckey, 1995）。

臺灣目前負責培育、繁殖與訓練導盲犬的機構，為臺灣導盲犬協會與惠光導盲犬教育基金會。1993 年惠光導盲犬教育基金會從澳洲皇家導盲犬協會，引進臺灣一對導盲種犬，開始本土配種導盲幼犬的工作。1996 年，在日本專家的協助與訓練下，臺灣第一隻導盲犬正式上路。2004 年，臺灣本土訓練成功的導盲犬加入服務視障者的行列，證明了臺灣擁有本土訓練導盲犬的能力。臺灣導盲犬協會成立於 2002 年，主要目標是建立並推動導盲犬本土化培訓制度，除了負責本土導盲犬培育之外，亦協助香港導盲犬服務中心培育導盲犬訓練員，促進國際導盲犬之培育技術交流。

二、導盲犬的概念

導盲犬為幫助視障者獨立行動的協助犬，具備工作與服務的概念。協助犬在國外非常普遍，一隻受過專業訓練的協助犬，能增進使用者的自尊、自信，以及對個人生活的自我滿意度。協助犬可為生理損傷者提供協助，促進生理損傷者個人獨立自主的能力，更自主地與他人互動、增加社會參與，進而提升個人生活品質。

三、導盲犬的邊際效應

導盲犬的成功經驗，開啟了專業人員訓練不同協助犬為其他生理損傷者提供服務的大門。包括訓練導聽犬幫助聽障者，協助聽障者留意特定環境聲音代表的意義，如門鈴聲或電話聲（hearing ear dogs）；訓練協助犬協助乘坐輪椅的人士，幫他們拉輪椅、開門、聽口令撿東西等。導盲犬、導聽犬這類的協助犬，不僅實質上提供使用者多方面協助，還能直接或間接地改善其生活品質及身心健康。全美國有許多類似的機構進行協助犬訓練；視障者使用導盲犬成功的經驗，也促成了美國身心障礙者法案（ADA）的制定。該法案保障身心障礙者擁有合法的權利，能在公眾場合不被拒絕地使用協助與服務性質的動物。

四、導盲犬任務執行方式

導盲犬的身上繫有導盲鞍，並連結一個堅固的 U 字型把手，導盲鞍把手能傳達導盲犬細微的動作，協助視障者瞭解導盲犬的意圖、行進的速度與方向。導盲犬經過訓練，過馬路時會從馬路的一頭筆直地走到另一頭去。導盲犬也會記住視障者會在哪裡轉彎，依據路線改變行進的方向。

建築物的門口對導盲犬來說等同於目的地，因此牠們會盡可能為視障者尋找建築物的主要入口。牠們也會記住之前去過的地方，讓再次拜訪變得十分簡單。導盲犬一般都會從一個路口直接走到下個路口，除非視障者想走進某間商店、辦公室，或是有障礙物擋住動線需繞道而行。行走時，導盲犬會保護視障者不撞到障礙物，包括柱子與行道樹等固定物體，以及來往的行人。導盲犬也會注意視障者的頭部上方是否有危險的障礙物，如樹枝或彎曲的柱子。

在一般情況下，導盲犬遇到障礙物會繞道而行，但有些時候道路太窄，沒辦法讓視障者與導盲犬一起通過。此時，導盲犬會停下，協助視障者分析並判斷路況。遇到路面改變，例如：街邊高突處與樓梯，導盲犬會停下來，提示視障者前方路面有落差。路面改變也包括任何會令人跌倒的障礙，例如：樹根隆起，造成人行道路面高低不平。發現導盲犬停下後，視障者必須確認路面的高低變化。在下達前進指令之前，視障者應要大方稱讚導盲犬。

導盲犬的訓練內容也包含，能適時「善意違背」視障者不適當或不安全的指令。在車水馬龍的交通中，「善意違背」尤其重要。雖然視障者決定何時要穿過馬路，但導盲犬接受的訓練告訴牠們要留意車子，以及該讓車子先行通過。因此，如果視障者做了錯誤的判斷，導盲犬會善意地違背「前進」指令。即使聽從了前進的指令，但在路中間遇到來車時，導盲犬正確的反應是放慢或停下腳步，等車子通過之後再走。

對視障者而言導盲犬如同白手杖都具有行動輔具的概念，導盲犬不僅引導視障者方向，同時可以提供環境訊息給視障者。視障者透過抓住穿在導盲犬身上的導盲鞍，可以知道導盲犬行進的方向與速度。藉此，視障者能達到有效且安全的獨立行動。

五、導盲犬的三項重要概念

導盲犬有三項基本且重要的概念，包括：(1) 協助犬；(2) 行動輔具；(3) 獨立行動，下列分別簡述之：

(一) 協助犬

導盲犬能幫助視障者獨立行動，具備協助犬、工作犬或輔助犬的概念。協助犬的運用在國外相當普遍，一隻受過訓練的協助犬，能增進使用者的自尊、自信及生活滿意度，直接或間接地改善使用者的健康與生活品質。導盲犬除了增加視障者的自信與獨立性，還能帶動視障者與公眾接觸的意願與互動。多數的視障者會藉由介紹自己的導盲犬來開啟社交活動，導盲犬是視障者社交活動的橋梁，讓社會大眾藉由導盲犬這個話題拉近與視障者之間的距離（Miner, 2001）。

(二) 行動輔具

視障者最常用的行動輔助方式有三種，包括白手杖、人導法與導盲犬。在重建中心及專業定向行動訓練課程中，常用人導法與白手杖，但最能提供視障者全面性的環境訊息的是導盲犬（王育瑜，1998）。無論是白手杖或導盲犬，使用目的都是協助視障者能獨立行動。隨著獨立行動能力的增強，視障者自尊、生活自理與職業生涯亦將隨之同步發展（柯明期，2003）。李永昌（2001）指出，視覺障礙者之行動能力愈佳，就業之比率亦隨之增高。由此可見，行動能力是視障者重建的基礎，導盲犬的使用是為了協助視障者增進行動能力，以建立穩定的重建基礎。

(三) 獨立行動

導盲犬如同視障者的眼睛。視障者帶著導盲犬外出，大幅度的減少擔心被人或物體絆倒、不小心與人碰撞等意外，能幫助視障者更加自由且獨立。某些持手杖的視障者單獨出門時會感到緊張，但與非視障者一起出門便會比較放心。導盲犬為視障者帶來自信心，也給了他們積極的動力，視障者開始願意走出戶外體驗生活。許多視障者都認為與導盲犬一起出門，比自己拿手杖出門輕鬆許多。導盲犬一開始只是協助行動，但也慢慢建立起視障者對自己的信心，發現自己有能力嘗試更多事情（Miner, 2001）。

獨立行動能力能協助視障者正常生活與工作，是重建工作的一項主要課題。視障者重建工作之主要功能有三，分別為：心理重建、社會重建以及職業重建。定向行動能力之優劣將與此三種功能有極密切而直接之影響；導盲犬的使用，是協助視障者獨立行動的第一步，更是視障者重建的重要方式。

第二節　導盲犬的挑選與生命史

一、導盲犬的挑選

導盲犬必須具備健康、聰明與溫和性情的特質。導盲犬的工作不容出錯，不但壓力大且十分機械化，因此溫和穩定的個性是最不可或缺的特質。大部分導盲犬體重約在 20-32 公斤之間。這樣的體型適合配戴導盲鞍，且因為體型適中，導盲犬趴在桌子、餐廳餐桌與巴士座椅下都不會感到不舒服。

拉不拉多犬是最常見的導盲犬種，因為牠們的個性溫和、沉著穩重，服從性較高，學習能力也很強。黃金獵犬也經常被訓練為導盲犬，因為牠們聰明活潑，也喜愛與人類親近。由黃金獵犬及拉布拉多犬所繁殖出來的混種犬種，稱為黃金拉拉，承襲了兩種犬種的優點，目前黃金拉拉擔任導盲犬也是相當常見的。國外經常使用的德國狼犬也是非常好的選擇，除了作為導盲犬外，德國狼犬還能成為搜救犬、軍犬、警犬等其他類型的工作犬，是非常優異的犬種。拳師犬則適合對長毛狗過敏的視障者使用；貴賓犬及邊境牧羊犬也能訓練為導盲犬。

與視障學員完成配對之前，所有的犬隻都會結紮。許多學校內受訓的導盲犬至少有一部分是導盲犬學校自行培育的。因為自行培育的犬隻較好控管，有利於將來成功培育出合格的導盲犬，也能方便學校掌握犬隻的數量、健康狀況、個性與體型。

二、導盲犬的生命史

依據惠光導盲犬教育基金會（http://www.guidedog.tw/dog.php?gid=5）的資料指出，導盲犬的一生大致上可以分成寄養家庭期、訓練期、工作期與退休期四個時期，以下分別詳細說明。

(一) 寄養家庭期（2 個月至 1 歲）

導盲犬在幼犬階段時就應有與人類接觸的機會，如此才能建立對人類的信任，適應且熟悉與人類一起生活，有助於幼犬經社會化與訓練後，自信地勝任導盲犬的工作。因此，通常幼犬在 2 個月大時，就會離開母犬，進入寄養家庭中生活。寄養家庭除了扶養幼犬長大，也對幼犬進行居家生活習慣及社會化的訓練，教導牠們服從命令與建立生活常規，例如：不隨地排泄、不亂吠叫、不偷食、不上家具等。在幼犬成長過程中，應盡可能讓牠們接觸人類的各項活動，適應各種不同環境。寄養家庭可以記錄幼犬的成長日記，供指導員日後訓練時作為參考。

(二) 訓練期（1-2 歲）

幼犬約 1 歲時，生理方面已成熟，心理方面也準備好能面對訓練。此時，牠們回到導盲犬訓練學校，適應犬舍生活後通常八到十隻犬一起，由經過專業培訓的指導員負責為這群未來的導盲犬展開訓練，訓練期約在 3 個月至 5 個月之間。

導盲犬訓練成功的關鍵是：導盲犬與使用者在一起時感到開心，且打從心裡願意為使用者服務。訓練過程中，當導盲犬真心為使用者服務時，指導員可透過讚美的方式來獎勵，而非使用食物等增強物。

訓練期的最初幾週，在學校內接受訓練。這段期間，導盲犬開始練習使用導盲鞍。對導盲犬而言，戴上導盲鞍表示該出去散步了。在訓練初期就訓練導盲犬聽到「hup-up」（預備前進）指令時，便要開始領路。訓練導盲犬聽從定向指令，訓練過程中，若導盲犬做錯了，指導員會糾正導盲犬，以口頭訓誡或用快速拉緊狗鏈的方式糾正。當導盲犬能掌握基本指令，並能尊重與信任指導員，此時可進行下一階段的訓練。

導盲犬先學會了基本服從後，接著，指導員會循序漸進訓練導盲犬留意交通狀況，如此，當使用者下了錯誤指令時，導盲犬能善意違背不適當的指令。每個訓練剛開始，指導員都會完整示範一次步驟，接著再漸次讓導盲犬自己完成每個動作。如果導盲犬做錯了，害使用者跌倒或碰撞，要先糾正並鼓勵牠再試一次，做對了便給予讚美。導盲犬愈學愈多之後，要獨立完成的工作就愈來愈多。

訓練過程中，指導員會經常評估每一隻導盲犬的表現。指導員也會特別設計，營造吵鬧且複雜的環境，藉此評量導盲犬在此環境的表現。評量項目，包括導盲犬對噪音的敏感度、對工作的態度、對糾正的接受度、整體表現等。大部分學校在評量時至少會加入一次蒙眼測試，由指導員蒙上眼睛與導盲犬一同行走測試路線，過程中，由另一位指導員來評量導盲犬的表現。

由上可知，在導盲犬的訓練期中，由指導員有計畫並循序漸進地訓練導盲犬。訓練從初階到高階共有三階段：(1) 初階：路口停止、直線行走、上下階梯等。(2) 中階：尋找定點、避開障礙、搭乘公共交通工具等。(3) 高階：路況判斷、蒙眼測試等，通過測試後，即成為合格導盲犬。

(三) 工作期（2-10 歲）

每位視障者適合的導盲犬類型不同，視障者應依其個別需求尋找適配的導盲犬。因此，指導員會經評量與測試，協助視障者與導盲犬做合適的配對。例如：行走測試（或稱 Juno 測試）。指導員會讓視障者握住導盲鞍把手的一端，自己握住另一端，藉此評量哪一對視障者與導盲犬最適合彼此。此外，指導員還會評量視障者的個性、協調性、平衡感、走路速度以及對犬種的喜好。

訓練合格的導盲犬與視障者配對後，由指導員進行共同訓練，培養導盲犬與視障者的默契，並且熟悉視障者居家附近路況、建築物及工作路程等。導盲犬聽從視障者指令，並順利帶領視障者抵達目的地。若雙方適應良好，導盲犬即可正式值勤。

導盲犬剛到視障者家初期，視障者必須給予導盲犬更多的照顧與關心。初期，導盲犬應戴上狗鏈，便於視障者隨時糾正導盲犬的錯誤行為，待導盲犬建立生活常規後，即可解開狗鏈。在導盲犬適應新環境的階段，視障者應用心教導，協助導盲犬養成好習慣，如固定時間大小便。當導盲犬適應了新環境，並對新工作感到放鬆後，視障者就不再需要特別關照。視障者要在每天空閒的時候，為導盲犬進行服從訓練，並經常打理導盲犬的清潔衛生。這些動作一天只需要幾分鐘就能完成，且成效十分卓越，能讓導盲犬表現更好、更健康，外表更乾淨整潔。

視障者帶導盲犬回家後，偶爾也會遇到一些問題，特別是在視障者與導盲犬剛開始相處的前幾個月。因此，指導員應定期訪視與輔導視障者，瞭解導盲犬的工作狀況及視障者的使用情形。

(四) 退休期（10 歲之後）

當導盲犬約 10 歲時，視障者可能會漸漸感覺到導盲犬走路速度變慢、難以從事引導工作，需要給予更多鼓勵來激發導盲犬的工作動機。當這些情況頻繁出現時，視障者應該諮詢專業人員，如導盲犬指導員，瞭解導盲犬是否能繼續工作。指導員針對身體不適或年紀過大之導盲犬予以評估，若導盲犬不適合再繼續工作，則為牠尋找合適的收養家庭，讓牠安養天年。

第三節　申請導盲犬之考慮項目

導盲犬學校的政策各有不同，但相同的申請前提是視障者必須擁有良好的健康狀況、平衡感、方向感，以及具備與導盲犬能夠長期相處的性格，且其家庭與工作場域皆需能接納導盲犬等因素，因此，並非每一位視障者都適合使用導盲犬（王育瑜，1998）。各導盲犬學校對於聽力損傷但仍有剩餘視力的申請者，或輕度視障申請者，能否申請導盲犬，各有不同規定。

除了參考定向行動專家與眼科醫師的檢查報告之外，在接受申請之前，訓練學校通常會要求申請者進行實地測驗，由導盲犬學校人員評估是否接受申請。這類測試報告在視障學員與導盲犬配對的過程中，是極其重要的。

下列八點是視障者申請導盲犬前要考慮的項目：個人喜好、生活環境與活動狀況、剩餘視力、年齡、聽力、身體與心理健康狀況、定向與行動技巧及審核申請者。

一、個人喜好

雖然導盲犬申請者並不一定要愛狗，但絕對不能極度討厭或者懼怕狗。導盲犬需要每天餵食、大小便以及清潔照顧，偶爾也要帶去看獸醫。這些事每天都會占用導盲犬使用者一些時間。對喜歡狗狗陪伴的人來說是種享受，但有些人可能會認為這類事情很瑣碎，但很快他們就會發現，其實非常簡單。當視障者因需要照顧導盲犬感到猶豫時，定向行動專家不該就此勸他們打退堂鼓，而應該提醒他們，這是申請導盲犬必須考慮的事。

二、生活環境與活動狀況

導盲犬需要規律的工作與照顧，才能保有高效率的行動協助能力。導盲犬平均每天最少要工作的路程約 1.6 公里，因此導盲犬的申請者應該要時常出門活動。合格的導盲犬樂於接受新環境的挑戰，因此導盲犬可能會特別適合需要經常拜訪新環境的視障者。導盲犬的視力與記憶力，配合主人聽音定向的技巧，能夠最大程度地減少視障者記憶特定地標或資訊的繁雜工作。也因此，出門活動將不再是一件苦差事，對那些有導盲犬陪伴的視障者來說，認路變得輕鬆許多。

三、剩餘視力

多數具有剩餘視力的視障者，並不適合與導盲犬一起行動。因為對平時利用剩餘視力行動，並只在辨別物體與偶爾的探查中才使用手杖的視障者來說，與導盲犬一起行動對他們並沒有幫助。這類的視障者因為有高度的剩餘視力，會提前停下或轉彎，繞行過障礙物，讓導盲犬毫無用武之地。即使因為光線昏暗，導致這類視障者必須依賴技巧熟練、認真負責的導盲犬引路，他們也會發現，由於導盲犬並未特別受過這類訓練，因此也起不了太大的作用。

但對視力退化，而剩餘視力相對來說尚可應付日常生活需要的視障者，若能學會有效使用導盲犬，並與導盲犬建立良好的工作關係，與導盲犬搭檔也不是天方夜譚。通常在訓練過程中，會利用眼罩來幫助這類視障者降低在過度時期可能遇到的問題。各導盲犬學校對招收不同剩餘視力的申請者，有不同的條件與規定。

四、年齡

國外研究發現，高中視障學生很少通過導盲犬的申請審核。其中一個原因是，未滿 18 歲的青少年並不具備照顧與指揮導盲犬所需的成熟心智與責任感。學校的環境為導盲犬工作也帶來許多困難。因為學校有許多青少年朋友，除了同儕壓力之外，也會給予導盲犬與其年輕的主人過多不恰當的關注。若學校有校車接送學生上下學，也無法保證導盲犬每天有適當的工作量。申請成為導盲犬使用者，並沒有最大年齡的限制。但因為訓練過程需要耗費許多體力，年長者多半會覺得體力負擔太大。不過，對那些擁有良好體力，且希望繼續保有獨立活動的年長者，與導盲犬配合應該也不成問題。

五、聽力

重度聽障者，通常無法準確判斷交通狀況，因此並不適合使用導盲犬。不能準確判斷交通狀況會導致一連串錯誤的指令，會給導盲犬帶來過多的壓力。然而，若聽障者願意在過馬路時尋求他人協助，以及其所居住的環境交通狀況簡單，聽障朋友也不是絕對不能使用導盲犬。事實上，輕度到中度聽障者依然能與導盲犬配合得十分良好。導盲犬能讓聽障者出門時更安全、放心，也能藉由動作提供更多道路訊息給聽障主人。

六、身體與心理健康狀況

導盲犬申請者必須身體健康。不單是因為訓練是一項耗費體力的活動，也因為導盲犬跟主人回家之後，每天都會需要規律的運動。導盲犬使用者必須有良好的協調性與平衡感，智力最少須達到平均標準，情緒也要穩定。美國導盲犬訓練學校 Guiding Eyes for the Blind 嘗試教導身心發展遲緩的視障者使用導盲犬。這類嘗試獲得的成果有限，因為導盲犬尚未普及，且大部分發展遲緩的視障者不願換掉原來的嚮導。

因糖尿病視網膜病變的視障者，非常適合使用導盲犬。導盲犬需要規律的運動與照顧，而運動是控制糖尿病的一個重要方法。一些特殊情況，例如：癲癇症、輕微的小兒麻痺、心臟問題，或其他輕微的身體健康問題，都不妨礙患者申請使用導盲犬。但導盲犬學校接受這類有其他障礙的視障者申請時，可能會需要較長的準備時間。

七、定向與行動技巧

已接受定向行動課程的視障者有較好的技巧與自信心，因此導盲犬訓練學校在挑選申請者時，是否完成定向行動課程、是否具有獨立行動的經驗，成為篩選時愈來愈不可或缺的考量條件。導盲犬工作時需有高度集中的注意力，因為分心會讓使用者脫離路線造成危險，因此導盲犬使用者最好要擁有良好的定向行動技巧，以確保行動時的安全。此外，導盲犬訓練學校也會為申請者進行測試。

導盲犬訓練學校可透過表16-1，對申請者的定向行動能力進行評估。

◆表16-1　定向行動能力評估表

項目	評分（良好／普通／待加強）	簡述
直線前進 straight line	良好	能使用殘餘視力與白手杖，以中快腳步維持直線行進。
跨越馬路 crossing	良好	保持直線到達對面人行道。
交通判斷 traffic judgment	良好	利用殘餘視力判斷車流，無車才跨越馬路。
反應與協調 flexibility	良好	揮動手杖幅度不大，因爲白天還有些許視力能避開障礙物。
方向感 sense of direction	良好	大約能説出自己與捷運站、協會的對應位置。
新路線的理解能力 comprehension	良好	仍能根據指導員的描述建立心理地圖，加上自己的殘餘視力判斷路況。

資料來源：臺灣導盲犬協會。

此外，導盲犬訓練學校對申請者進行定向行動能力的評估後，還應針對申請者的定向行動能力，依表16-2中的各個向度來進行整體評估狀況之撰寫。

◆表 16-2　定向行動能力整體評估表

定向行動能力整體評估表	
評估路線：	
1. 是否有能力以手杖行走三條以上路線？ (1)　(2)　(3)	
2. 整體評估表現：(　) 好 (　) 普通	
3. 評估摘要：	簡述情形
a) 生長背景	
b) 教育背景	
c) 家庭背景	
d) 與家人互動	
e) 工作背景	
f) 經濟來源	
g) 活動範圍及行動力（常走路線）	
h) 固定行程	
i) 休閒活動	
j) 個性	
k) 如何得知導盲犬的資訊	
l) 對導盲犬的看法與期待	
m) 家人與朋友的支持度	
n) 與導盲犬的互動 / 對導盲犬的控制力	

八、審核申請者

導盲犬訓練學校通常花很多時間審核申請者。國外的審核過程中，定向行動專家占有重要的角色。申請者向導盲犬訓練學校遞交申請後，定向行動專家便會對申請者進行行動測試。測試內容包括申請者的協調性、平衡感、體力、定向技巧、聽音辨位能力、重新找回方向的能力，以及已掌握的行動知識多寡。申請者出門可能遇到的環境以及外出的固定路線等資料十分有用，申請者整體的能力、個性、責任感，以及能否進行成熟的判斷也同樣重要。如果申請者尚有剩餘視力，該視力在行動中產生的作用也有參考價值。學校也會記錄光線明暗程度對申請者的影響狀況。導盲犬申請者應檢視自身的定向行動能力、生活與工作狀況，方能獲得導盲犬最適當的服務。

第四節 視障者的角色

視障者可透過指令與導盲犬成為合作無間的工作夥伴。為了確保導盲犬工作順利，有些事是視障者必須要做的，例如：適時下達指令、稱讚與鼓勵，以及適當糾正錯誤行為。視障者需具備良好的定向行動能力與心理地圖，對周遭環境有一定的方向感，對導盲犬下達明確的方向指令，才能準確地到達目的地。

一、心理地圖

在下達「前進」指令之前，視障者必須先準確地判斷交通狀況，並利用標準的聲源定位技巧決定正確的行進方向。有時候，導盲犬會想依習慣轉向，但還是會依據視障者決定的方向前進。導盲犬並不負責決定是否要穿越馬路。如果視障者決定了錯誤方向與前進方向超過 45 度角，導盲犬就會感到困惑，此時牠們可能會帶視障者直接斜穿過馬路，或是大轉彎。

如果走到了路口，或是剛過完馬路，視障者必須清楚地下達「左轉」或「右轉」指令，因為視障者明確的指令，可讓導盲犬知道行進的方向。為了下達清楚的指令，視障者除了要利用聲音與手勢，也必須利用自身的感官與身邊的環境，將自己調整到合適的方向。

二、讚美與糾正

視障者都有學過正確的訓練技巧，以便維持導盲犬的訓練。導盲犬做對了要好好地稱讚牠。讚美是訓練時不可或缺的技巧。讚美能強化導盲犬對正確行為的認知，也能減輕導盲犬的壓力。相反地，導盲犬做錯事，害視障者跌倒或碰撞時，需要訓斥並糾正。依據每隻導盲犬的習性與錯誤行為的嚴重性，糾正時可能會需要口頭訓誡，或以較嚴厲的拉狗鏈方式糾正。糾正的用意在於讓導盲犬理解自己做錯了，之後視障者會要求重複相同的動作，做對了就給予讚美。

視障者除了需具備良好的定向行動能力與心理地圖外，還需要有堅強的心理，因為除了平時的照護外，還要面對每一隻導盲犬生命的週期。視障者永遠不可能遇到兩隻擁有相同性格的導盲犬，將每一隻相遇的導盲犬當成自己的家人時，除了照顧的責任，也會面臨生老病死的各個階段，最重要的是視障者必須瞭解同一隻導盲犬不可能永遠都在自己身邊，當導盲犬到了退休的階段時，視障者一方面必須面對夥伴的分離，另一方面要開始適應新的導盲犬，以及新的相處方式。

第五節　導盲犬服務現況

傅郁馨（2011）的研究從「服務輸送過程」與「使用者服務使用狀況」兩個層面，探究視障者接受導盲犬服務的現況與問題。

一、服務輸送過程

(一) 服務申請前的相關資訊不足

林萃蘋（2005）的研究指出，目前尚未使用導盲犬之視障者，對導盲犬多抱持消極的態度，主要原因在於沒有機會深入瞭解。申請者對導盲犬有錯誤的認知，例如：導盲犬一定要住在主人的房間裡。視障者在申請導盲犬服務之前，相關資訊的瞭解並不足夠，因此對導盲犬產生錯誤的認知；也可能因為不瞭解導盲犬而導致降低申請的意願，使得臺灣目前的申請者並不多，還可能導致所訓練的導盲犬數量多過於申請者數量的問題。

深究此問題的產生，可發現主要原因在於，導盲犬服務的專責單位，近年來對於導盲犬的教育宣導，大多偏重於一般民眾，較少針對視障團體（林萃蘋，2005）。紐澳地區 Guide Dogs Queensland（GDQ）設有重建服務部門，此部門為視障者提供第一線服務，評估每一位服務申請者之生活型態與能力程度。對於使用導盲犬有興趣的視障者，會由重建服務人員進行初步評估，建立視障者對導盲犬行動的正確認識，再連結會內導盲犬服務以安排後續專業評估（Guide Dogs Queensland, 2010）。

從美國及紐澳的經驗反觀臺灣，目前的服務現況並未論及任何與視障服務單位的互動與合作，因此，針對視障者在申請導盲犬服務之前，對於相關資訊的瞭解並不足夠的問題，可能歸因於專責單位較少針對視障團體進行導盲犬的教育宣導。

(二) 申請者評估與篩選機制不明確

雖然目前臺灣導盲犬服務，對於申請者的評估與篩選，有其自製的評估表與確切的評估面向，包括申請者個人、生活環境與定向行動能力的評估。根據目前導盲犬服務的現況可以得知，申請者的評估與篩選皆由導盲犬指導員為之。單就導盲犬指導員的判斷來進行評估與篩選，似乎仍不夠恰當與周延。在缺乏其他評估審核機制的狀況下，是否會造成判斷失誤？導致不適合使用導盲犬的視障者進入服務體系，或者適合使用導盲犬的視障者無法進入服務體系？

根據國外文獻指出，在視障者行動選擇權上的首要提供者，是定向行動專業人員，他們往往握有決定視障者個人是否進入導盲犬訓練機構的重要影響力。Whistock（1997）引自 Milligan（1999），從 Milligan 針對 15 所導盲犬訓練學校（13 所位於美國、2 所位於加拿大）所做的調查發現，13 所有回覆的導盲犬訓練學校中，有 10 所學校指出，在允許申請者進入導盲犬訓練方案之前，必須有定向行動專業人員的建議；且在申請程序中，定向行動專業人員的建議都會被徵求與考量（Milligan, 1999）。

導盲犬基金會（Guide Dog Foundation for the Blind, 2008）也指出，為了評估申請者的定向行動能力，會請申請者在申請時附上定向行動專業人員所填寫的評估表及報告，來瞭解申請者之定向行動能力，並且繳交 10 分鐘左右申請者在家中活動的影片，以利評估工作的進行。此外，亦有多所導盲犬訓練學校會要求申請者於申請時，另外附上眼科就診的診斷書以及身體醫療報告。當申請者所有資料皆已備齊後，才由學生甄選委員會（Student Selection Committee）召開會議，評估申請者之資格，以及服務是否符合申請者的需求（Guide Dog Foundation for the Blind, 2008）。

從美國與臺灣針對導盲犬申請者的評估與篩選機制可以發現，彼此的做法存在著許多的差異，根據目前臺灣導盲犬服務的現況，並無法完全得知專責單位在評估審核機制上的運作情形。

(三) 資源轉介機制的缺乏

使用導盲犬的前提是，視障者必須有良好的健康狀況、良好定向行動能力，並能長期與導盲犬相處的個性，而且他的家庭與工作場所必須能夠接納導盲犬的存在等，因此，並不是每一個視障者都符合使用導盲犬的條件（王育瑜，1998）。當視障者提出導盲犬服務申請後，必須經歷一段詳細而縝密的評估，來決定申請者是否適合使用導盲犬。根據目前導盲犬服務現況，若評估結果為申請者適合使用導盲犬，便會進一步協助申請者與合適的導盲犬進行配對，但若評估結果認為申請者並不適合使用導盲犬，或者有任何其他原因不符合導盲犬使用的資格，導盲犬服務專責單位目前並未發展其他服務方案給予協助，相關資源轉介機制的有無也在目前現況中無法得知。

參考美國導盲犬服務的做法，導盲犬基金會（Guide Dog Foundation for the Blind, 2008）指出，若申請者並未被接受，組織人員將會書面告和申請被拒絕的理由。如申請者需要進一步之定向行動訓練，會列出其居家附近可提供此訓練的單位清單供申請者參考；當申請者狀況有所改善時，組織人員會鼓勵他再次提出申請。針對不適合使用導盲犬的申請者，組織人員也會提供其他行動輔助的建議或其他組織的方案供其參考。導盲犬基金會（Guide Dog Foundation for the Blind, 2008）指出，若有申請者需要其他進入導盲犬服務前的相關準備或需求，例如：定向行動能力的訓練、生活自理能力的加強；組織人員將會提供一個特殊計畫來協助申請者達到目標，並協助申請者取得任何組織中沒有提供的額外服務。

紐澳地區的導盲犬服務提供方式，主要由重建服務人員或社工員針對視障者進行支持、資訊提供與建議、全面性的評估，再藉由會內團隊的合作，針對視障者發展個別化的方案計畫。對於尚未具備導盲犬使用能力的視障者，Guide Dogs Victoria 會安排「導盲犬前訓練」（pre-guide dog training），將導盲犬行動視為長期目標，協助視障者連結相關重建訓練，以提升其導盲犬使用能力（Guide Dogs Victoria, 2010）。

綜合上述，可發現臺灣與美國、紐澳地區的導盲犬服務，針對不符合導盲犬使用資格的視障者有不同的應對方式。根據目前現況的呈現，並無法得知臺灣導盲犬服務如何協助這些無法申請導盲犬的視障者滿足其需求。而美國與紐澳的導盲犬服務，在針對此問題的做法，則是會清楚告知申請者未被接受的原因，並且提供相關建議，甚至協助申請者取得任何導盲犬服務組織中並未提供的額外服務。

(四) 缺乏專業人員的合作

在提供導盲犬服務的過程中，因為缺乏相關專業人員的配置，如缺乏定向行動訓練師介入服務；或者因缺乏組織間彼此合作的機制，可能間接影響到使用者所接受到的服務品質。

參考美國的經驗與作法，Lambert（1990）提出建議，認為理想上，在每個訓練中心都必須要有心理師或社會工作員，至少在諮商能力上有基本的基礎。且重建服務機構應該鼓勵其社會服務人員，關注有關導盲犬取得與使用的相關問題。除此之外，Valentine、Kiddoo 與 LaFleur（1993）也指出，社會工作人員可以扮演一個重要的倡導角色，提供法律的社會教育，並致力於住宅、餐廳、商店與交通運輸工具可近性的權益倡導。而針對特定個案在權益受到侵犯與剝奪時進行倡導，亦是社會工作人員另一個重要的角色。

至於導盲犬訓練與定向行動兩個領域，已開始學習互相補足與支持

（Milligan, 1999）。愈來愈多的定向行動專業人員，開始對於協助視障者瞭解如何與導盲犬共同合作感到興趣，他們在視障者思考使用導盲犬的初步階段，便提供具有參考價值的資訊以及建議給可能成為導盲犬使用者的視障者作為參考。定向行動專家的加入，使得視障者在導盲犬訓練學校的學習，因其行動技巧佳而有更好的進展（Lambert, 1990）。導盲犬基金會（Guide Dog Foundation for the Blind）也提供 O&M Seminar 的教育方案，讓定向行動專業人員能夠參與視障者接受導盲犬服務的過程，促進定向行動專業人員瞭解定向行動與導盲犬使用之間的關係（Guide Dog Foundation for the Blind, 2008）。

由此可見，在美國的經驗與作法，認為社工員、心理諮商師以及定向行動專家，都是協助視障者接受導盲犬服務過程中，能夠互相合作的專業人員。紐澳地區，還可發現導盲犬訓練學校另外設有重建服務人員或重建諮商師、社工員，以及定向行動訓練師等相關視障重建服務人員的編制。由這些專業團隊在第一線與視障者進行服務關係建立與全面性評估，隨後連結至導盲犬訓練學校相關專業服務，例如：定向行動訓練、獨立生活訓練、導盲犬服務、休閒娛樂課程等（Association for the Blind of WA, 2010）。

二、導盲犬服務使用狀況

(一) 服務申請前的心理建設不足

林萃蘋（2005）的研究發現，導盲犬訓練中心較少提及導盲犬會帶來的可能困擾。因此，多數視障者在使用導盲犬之後，才發現導盲犬的訓練與管教問題，遠比他們原先所想像的更加倍艱難。這種認知的落差，使得視障者在使用導盲犬初期感受極大的心理壓力，且有視障者認為，他們只知道導盲犬對他們有幫助，卻不知道怎麼去共同生活、相處，等到申請到了導盲犬才去面臨到這樣的問題，感覺太匆促了。

Lambert（1990）指出，在導盲犬訓練方案初期，受訓的視障者在理解導盲犬所傳遞的訊息時，可能會頻繁地出現許多錯誤，而視障者也可能以含糊不清、不一致的手勢動作來教導與命令導盲犬。因此，人與狗之間的合作過程，並不完全可以達到視障者的期待。這些錯誤與問題，會使得視障者感到心煩意亂，而對於感到不安全的視障者來說，他們會害怕失敗的狀況出現，例如：導盲犬出現麻煩或令人難為情的意外事件，像是迷路或者交通意外，這些錯誤與問題都可能會激起視障者的害怕與憤怒。因此，定向行動專業人員應該更加關注於瞭解使用導盲犬的益處，以及視障者可能有的相關需求。而重建服務機構也應該鼓勵其社會工作人員及定向行動人員，關注有關導盲犬取得與使用的相關問題。

接受導盲犬服務的視障者因為認知的落差，導致在使用導盲犬的初期感受到極大的心理壓力。以美國的經驗與作法，是期待透過重建服務機構的社會服務人員及定向行動專業人員，瞭解視障者的相關需求，藉此來協助解決視障者使用導盲犬初期的壓力與負面情緒。紐澳地區，則會由導盲犬服務專責單位內的重建服務人員或社工員與視障者進行第一線接觸與評估，瞭解其實際需求，並提供適切的後續重建服務建議與資源連結，避免視障者在缺乏任何資訊的情況下進入服務（Association for the Blind of WA, 2010）。

(二) 服務過程中的問題

根據目前導盲犬服務的現況可得知，當視障者提出導盲犬服務的申請後，必須先經過一連串的評估與篩選，確定為合適之申請者後，便列入等候導盲犬的名單。等候時間從半年至五年不等，當有適合的導盲犬出現時，便與導盲犬進行配對，配對成功後進行申請者與導盲犬間約一至二個月的共同訓練。若適應良好，導盲犬始能正式上路工作。工作過程中，持續由專責單位進行狀況追蹤，導盲犬服務的提供也暫時告一段落。

由整個服務接受過程可以得知，視障者接受導盲犬服務是一段漫長的歷程，接受導盲犬服務的過程中，會遭遇到許多心理問題與負面情緒。林萃蘋（2005）的研究便指出視障者可能遭遇的心理問題與負面情緒，例如：在等候導盲犬的期間，約半年至五年的時間不等，這段等候期間的情緒與心情是複雜的，有很多的不確定性與不安；與導盲犬進行一至二個月密集的共同訓練，有時候必須住宿於訓練學校，暫離原先的生活圈或者工作；共同訓練期間，必須學習相當多課程、與導盲犬培養工作默契，過程中容易因遭遇挫折與困難而影響個人情緒。從導盲犬學校畢業後，回到原本的生活，又必須與導盲犬重新適應新環境，且因導盲犬的出現，自己的生活型態可能因而改變，並多出許多照顧導盲犬的工作。使用導盲犬的過程中，在許多情況下會加重心理的負擔，也可能伴隨一些困擾出現，而面對社會大眾給予的反應以及社會態度的問題，都會造成視障者的壓力。導盲犬的工作年限為八至十年，年限到了之後必須與導盲犬分離，讓導盲犬退休安養，視障者的分離焦慮與不安便隨即產生。每幾年要替換一隻新的導盲犬，不斷重複適應新的導盲犬對視障者也是一種壓力。

問題省思與討論

1. 請說明導盲犬的三項重要概念。
2. 請簡述導盲犬生命史四個時期的內容。
3. 請簡述視障者利用導盲犬出行，會有哪三項優點？
4. 請說明視障者申請導盲犬的八項考慮項目。
5. 從「服務輸送過程」的層面，請說明視障者接受導盲犬服務的現況與問題。

附　錄

附錄一　身心障礙學生考試服務辦法

附錄二　低視能兒童視覺能力發展訓練活動

附錄三　定向行動技能檢核表

附錄四　盲用電腦能力指標

附錄五　視皮質損傷訪談問卷題目

附錄六　視皮質損傷視功能評估範圍

附錄七　身心障礙者權利公約第 27 條

附錄一　身心障礙學生考試服務辦法

民國 101 年 7 月 24 日

第 1 條

本辦法依特殊教育法第二十二條第二項規定訂定之。

第 2 條

各級學校及試務單位公開辦理各教育階段入學相關之各種考試，應依本辦法之規定提供身心障礙學生考試服務（以下簡稱考試服務）。

第 3 條

本辦法所稱身心障礙學生，指符合下列規定之一者：

一、經各級主管機關特殊教育學生鑑定及就學輔導會鑑定為身心障礙。

二、領有身心障礙手冊或證明。

第 4 條

考試服務之提供，應以達成該項考試目的為原則。各級學校及試務單位應依身心障礙考生（以下簡稱考生）障礙類別、程度及需求，提供考試服務。

前項考試服務，應由考生向各級學校及試務單位提出申請，經審查後通知考生審查結果，考生對審查結果不服得提出申訴。

各級學校及試務單位，應邀集身心障礙相關領域之學者專家、特殊教育相關專業人員及其他相關人員審查前項申請案。

前三項考試服務內容、申請程序及應檢附之相關資料、審查方式及原則、審查結果通知及申訴程序等事項，應於簡章中載明。

第 5 條

考試服務應衡酌考生之考試科目特性、學習優勢管道及個別需求，提供適當之試場服務、輔具服務、試題（卷）調整服務、作答方式調整服務及其他必要之服務。

第 6 條

前條所定試場服務如下：

一、調整考試時間：包括提早入場或延長作答時間。

二、提供無障礙試場環境：包括無障礙環境、地面樓層或設有昇降設備之試場。

三、提供提醒服務：包括視覺或聽覺提醒、手語翻譯或板書注意事項說明。

四、提供特殊試場：包括單人、少數人或設有空調設備等試場。

專為身心障礙學生辦理之考試，於安排試場考生人數時，應考量考生所需之適當空間，一般試場考生人數不得超過三十人。考生對試場空間有特殊需求者，應另依第四條規定提出申請。

第 7 條

第五條所定輔具服務，包括提供擴視機、放大鏡、點字機、盲用算盤、盲用電腦及印表機、檯燈、特殊桌椅或其他相關輔具等服務。

前項輔具經各級學校及試務單位公布得由考生自備者，考生得申請使用自備輔具；自備輔具需託管者，應送各級學校及試務單位檢查及託管；自備輔具功能簡單無需託管者，於考試開始前經試務人員檢查後，始得使用。

第 8 條

第五條所定試題（卷）調整服務，包括調整試題與考生之適配性、題數或比例計分、提供放大試卷、點字試卷、電子試題、有聲試題、觸摸圖形試題、提供試卷並報讀等服務。

前項調整試題與考生之適配性，包括試題之信度、效度、鑑別度，及命題後因應試題與身心障礙類別明顯衝突時所需之調整。

第 9 條

第五條所定作答方式調整服務，包括提供電腦輸入法作答、盲用電腦作答、放大答案卡（卷）、電腦打字代謄、口語（錄音）作答及代謄答案卡等服務。

第 10 條

身心障礙學生參加校內學習評量，學校提供本辦法之各項服務，應載明於個別化教育計畫或個別化支持計畫。

第 11 條

本辦法發布施行前，各項考試服務已納入簡章並公告者，依簡章規定辦理。

第 12 條

本辦法自發布日施行。

附錄二　低視能兒童視覺能力發展訓練活動

陳浙雲

一、辨別三度空間的幾何圖形

(一) 選出不同

從一堆積木中，將與其他積木不同者挑出，並指出不同處何在。實施時，可由容易分辨者逐漸進行至不易分辨者。

(二) 配對遊戲

1. 提示一塊積木，要兒童從另一堆形狀極不相同之積木中找出相同者。
2. 提示一塊積木，要兒童從一堆形狀相似的積木中找出相同者。

(三) 重複 (一)、(二) 項活動，漸次使用體積較小之積木。

(四) 比較

要兒童將方塊積木按大小順序排列，並使用大、小、高、矮、長、短、厚、薄……形容詞對其各作比較。

二、辨別色彩的異同

(一) 認識顏色

1. 提示紅、黃、藍、綠、黑、白六種顏色卡片，教導兒童顏色的名稱。
2. 擺出不同顏色的積木（或其他物體），要求兒童說出其顏色。

(二) 配對遊戲

1. 提示一積木（或其他物體），要求兒童從另一堆積木（或其他物體）中找出顏色相同者。
2. 提示一積木，要求兒童從另一堆積木中找出形狀、顏色均相同者。

(三) 深淺明暗

1. 提示用黑、白色做成不同明度的卡片，由黑而灰，教導深淺明暗的概念。
2. 提示用其他色彩做成不同彩度的卡片，並加說明。

3. 以 1.2. 色卡做配對遊戲。

(四) 聯想

拿出色卡，請兒童聯想一件與此色彩有關的事。例如：紅蘋果、口紅、紅臉頰……；黃香蕉、黃檸檬、黃色計程車……；藍天、藍海洋……；綠草地、樹葉、綠芭樂……；黑夜、黑暗、墨汁、黑頭髮……；白牙齒、白粉筆、白衣天使……。

三、辨認圖形輪廓

(一) 認識輪廓

1. 出示具體的圖形輪廓，讓兒童用手觸摸。
2. 要兒童按著圖形邊緣，用蠟筆（具黏性，繪成之圖形，可讓兒童觸摸）描繪於紙上。

(二) 分辨異同

1. 在紙上繪出一些圖形輪廓，請兒童找出不同者。
2. 在紙上繪出一些圖形輪廓，請兒童找出相同者。

(三) 仿畫輪廊

1. 提示圖形輪廓，並提供按此圖形輪廓繪有虛線的卡片，要兒童隨虛線的指引畫。
2. 提示圖形，要兒童不用卡片照樣畫出其輪廓（只要輪廓特徵表示出來即可，不要求尺寸與原圖形完全相同）。

(四) 追跡：運用遊戲方式加以趣味化

1. 玩「跟蹤遊戲」：例如：「銀行大盜偷了銀行的錢，怎麼辦？你能不能跟蹤他的腳印，看看他跑到哪裡去了？」請兒童依線索以手指在畫面追跡。
2. 玩「連連看」遊戲：例如：「請你從 1 到 56，按照順序連下來，你就可以知道草地上的動物是什麼了。」
3. 玩「走迷宮」遊戲：例如：「這隻小狗出來玩，忘了回家的路了，你能不能帶牠回家？」

四、辨別物體的概貌

(一) 從多件物體中，挑出不同或相同者（可利用身邊隨手可得者，如迴紋針、筆、橡皮擦、球、盒子、罐子、瓶子……）。

(二) 指出物體外貌間相同處與差異處：如拿出一堆大小、花色、質地均不相同的球（其他物品亦可），要兒童比較並說出不同點。

(三) 把物體輪廓和圖畫或實物相配合：如提示繪有電視機（或他物）輪廓之圖卡，請兒童說出在什麼地方看過此物。

五、形狀的統整

(一) 提示圖形（圓、方、三角、長方、十字、星、錐、半月……），並將該圖形分割後之迷津部分請兒童拼湊還原。

(二) 不提示圖形，直接要兒童將幾何圖形分割之迷津部分拼湊還原。

(三) 重複 (一)、(二) 步驟，但將幾何圖形迷津改為圖案較複雜的拼圖板（可以市面上有賣的拼圖板使用之）。

六、分類練習

(一) 提示多張物體圖片，請兒童依其用途歸類，如家具、文具、玩具、廚具、衣物、動物……。

(二) 將分成之各大類再依其特徵細分，如湯匙、鎚子均具有「柄」；蘋果、球、西瓜均為「圓形」；雞、鴨、鳥均有「二隻腳」……。

(三) 玩「指物遊戲」：提示物體所具備之特徵（性質），要兒童從多張物體圖片中指出。如「有兩隻靈敏的耳朵，看到人來就汪汪叫的是什麼？」（狗）、「這裡有郵票、釣魚鉤、蠟筆、信紙、大頭針、調色盤、迴紋針、信封……，其中哪幾樣當你要寫信給別人時用到？哪幾樣畫畫的時候需要？哪些可用磁鐵吸起來？……」

七、辨別物體內部細節

(一) 提示一張圖畫，詢問兒童畫中有關的細節，例如：「在這張圖中，街上有多少人？誰穿了紅色的衣服？他的頭上有沒有戴帽子？……」

(二) 提示一張圖片，請兒童於另一堆相似圖片中找出相同者或不相同者。

(三) 提示一圖案，請兒童於一張組合圖片中找出此圖案。

(四) 提示一細節，請兒童於幾張圖片中找出具此細節者。

(五) 玩「比比看」遊戲：例如：「這上、下兩幅圖畫看起來好像一樣，卻有五個不同的地方，我們來比賽，看誰先找出來。」

(六) 玩「找錯誤」遊戲：例如：「這張圖中有幾個地方教師不小心畫錯了，請你找找看。」

八、空間位置

(一) 提示不同的人物圖畫多張，請兒童依相同之空間位置加以分類，如站、臥、坐、從正（側）面看……。

(二) 提示圖形，請兒童找出空間位置不同之相同圖形。

(三) 重複 (二) 提高難度。

九、辨別複雜圖形中隱藏的部分

(一) 提示完整圖形，要兒童於一堆缺少部分細節的圖形中找出應屬何者。

(二) 玩「找找看」遊戲：例如：「圖中有尺、碗、杯子、胡蘿蔔四樣東西，都躲在畫面中了，請你把它們找出來。」

十、分割與組合

(一) 提示經分割的物體細節，請兒童指出其組合過後的形狀。

(二) 提示一圖形，請兒童指出可與什麼樣的圖形組合成形。

(三) 改用國字重複 (一)、(二) 步驟。

十一、辨認字形相似的單字

(一) 提示一字卡，要兒童從字形相似的字卡中找出與其相同者。

(二) 在一張印滿相似字的卡片上，請兒童圈出指定的字。

(三) 同 (二)，將字體之大小加以變化。

十二、辨認不同字體的單字

(一) 提示一張字卡，要兒童於一堆雜亂的字卡中找出字形、字體均與其相同者。

(二) 在一張印滿不同字體、大小、顏色的字之卡片上，請兒童圈出指定的字。

※ 實施原則

為使此項訓練活動獲得最佳之成效，在實施上應遵循下列原則：

一、指導者應態度親切有趣，寓教育於遊戲，勿使兒童視本活動為枯燥之學習，望而生畏。

二、指導材料之提供應由簡而難，由熟悉而生疏，逐步進行。

三、指導時每次只強調一個重點，兒童操作熟練後再進行下一步驟。

四、活動均以操作為主，避免指導者抽象語詞之說明。

五、對兒童之疑問偶而可加入口頭答覆，但不可太多，以免使兒童期望過多的協助。

六、本文所舉之例，非一成不變，可因應兒童個別差異，變化應用。

七、多利用生活周遭物品、市售玩具及圖書雜誌中現成之材料作代替物，可省卻指導者自製教具之時間和精神。

資料來源：取自 http:// www.cmsb.tcc.edu.tw/ 論著 / 南師 30/default.htm

附錄三 定向行動技能檢核表

（譯者：張千惠博士；資料來源：Chapter 16--Orientation and Mobility, Perkins Activity and Resource Guide. 1992 Perkins School for the Blind. Watertown, MA, USA）

Part-1：對於身體意象的瞭解

(1) 身體各部位：聽到大人口頭指示時，學生能夠指著（to point to）自己身體之各部位：

□頭	□手	□腳	□膝
□肩膀	□軀幹	□臀部	□足部
□大腿	□小腿	□眼	□耳
□鼻	□嘴巴		

(2) 呈現一個玩具娃娃給學生，學生能夠指著該娃娃的身體之各部位（依大人口頭指示）：

□頭	□手	□腳	□膝
□肩膀	□軀幹	□臀部	□足部
□大腿	□小腿	□眼	□耳
□鼻	□嘴巴		

(3) 口頭說出身體各部位之名稱：學生能夠稱呼（to name）出自己身體之各部位：

□頭	□手	□腳	□膝
□肩膀	□軀幹	□臀部	□足部
□大腿	□小腿	□眼	□耳
□鼻	□嘴巴		

(4) 依大人指示，學生能夠移動主要的身體部位：

□頭	□手	□腳	□膝
□肩膀	□軀幹	□臀部	□足部
□嘴巴			

(5) 口頭說出身體各部位：依大人指示時，學生能夠解釋身體各部位之功能：

□頭　□手　□腳　□膝

□肩膀　□軀幹　□臀部　□足部

□大腿　□小腿　□眼　□耳

□鼻　□嘴巴

Part-2：對於左／右的分辨能力

(1) □學生可以分辨出自己身體的左／右側

(2) □學生可以指出人體模型之左／右側（當模型與學生面朝同一方向時）

(3) □可以指出一個物體之左右側

(4) □依指示可以移到左方或右方的空間

Part-3：位置關係（positional concepts）

(1) 可分辨：□前　□後　□左右兩側　□頂部　□底部

(2) 可分辨人體模型之：□前　□後　□左右側　□頂部　□底部

(3) 可分辨某物體之：□前　□後　□左右側　□頂部　□底部

(4) 可做下列動作：□向前

□向後

□將 A 物置於 B 物上面

□將 A 物置於 B 物底下

□將 A 物置於 B 物周圍（如：左前、左後、右後方、右前方）

(5) 可將某物品放置在學生自己身體位置的：

□前方

□後方

□身旁

□頭上

□臀部下

(6) 可將 A 物放置於 B 物的：

□前方

□後方

□身旁

□頭上

□臀部下

(7) □將物品放在學生之面前，學生可以指出該物是放在他的前面。

(8) □將物品放在學生之後面，學生可以指出該物是放在他的後面。

Part-4：認知觀念之發展（concept development）

* 室內空間的概念

(1) 可說出組成一個辦公室空間的主要元素：

□牆壁

□牆角

□地板

□天花板

□窗戶

□門

(2) 可稱呼（to name）出各種不同作用的場所（室內的概念）：

□廚房

□浴室

□用餐處

□臥室

□陽臺

(3) 可稱呼（叫出名字）出不同場所中所用的家具：

□沙發

□椅子

□三角椅

□搖椅

□書桌

□辦公桌
□餐桌
(4) 可說出構成一棟建築物或公寓的主要元素：
□樓梯
□地下室
□電扶梯
□升降梯

* 室外空間的概念
(1) 可以說出家裡四周（前、後、左、右及附近）的環境（場所）：
□街道名稱
□人行道
□草地
□其他房舍的分布概況
□這個十字路口上有斑馬線及人行道
□學校、公園或某些房舍外有圍牆
□學校、公園或某些房舍外有草叢

Part-5 色彩概念
(1) □可分辨不同顏色（若該視障生仍有色覺）。
(2) □可分辨不同色彩所產生之深淺（shades）（若該視障生仍有色覺）。

Part-6 辨識形狀
(1) 可辨識基本幾何形狀：
□三角形
□圓形
□正方形
□長方形
(2) 可以辨識出在環境中，基本幾何形狀的物體（如圓形的餅乾盒或四方形的巧克力糖）。

Part-7 感官知覺的辨識能力

* 辨識聲音的能力

(1) 可分辨一般室內中常可能聽到的噪音：

□電話鈴聲

□他人的談話聲

□電風扇的噪音

□冷氣機的噪音

□行動電話鈴聲

(2) 可辨識一般於戶外常聽見的聲音：

□小汽車聲

□公車聲

□捷運列車進站的聲音

□機車聲

□汽車喇叭聲

(3) 頭可轉向聲音之來向。

(4) 走向聲音之來向。

* 辨識不同觸感的能力

(1) □用手辨識出不同材質物。

(2) □能用足部辨識出不同材質物（例如：能夠辨識出水泥地與泥土地之不同觸感）。

* 辨識不同嗅覺之物

(1) □可聞出熟悉常見之物（例如：水果、魚、肉類）。

(2) □可走向某一氣味之源頭。

* 視覺能力（此部分僅針對有剩餘視力者而施測）

(1) □利用視覺來閃避障礙物。

(2) □利用視覺來找出地面落差處（例如：紅磚道與柏油路面之高度差）。

(3) □利用視覺來找出標的物（例如：桌上的課本）。

Part-8 行走技能

(1) □會適度使用人導法。

(2) □會使用自我防護法。

(3) □能循著牆面或扶手追跡。

(4) □能適度使用「對角線」手杖技能法（diagonal cane skills）。

(5) □能適度使用「左右點觸式」手杖技能法（two-point-touch cane skills）。

(6) □能夠安全有效率地上下樓梯。

(7) □能夠開關門。

(8) □可在家中內獨自行走（不需扶助或提示）。

(9) □可在教室內獨自行走（不需扶助或提示）。

(10) □可在校園內獨自行走於熟悉的路線上。

(11) □可依循簡單之口頭提示，找到目的地。

(12) □可在人行道或走廊上保持直線行走。

(13) □可在安靜的住家附近獨自行走。

(14) □可於寧靜的住宅區內行走並橫越街道。

(15) □可於交通號誌管制路口橫越馬路。

(16) □可於繁忙之商業 / 購物區內獨自行走。

(17) □能夠使用公共交通工具（計程車、公車、捷運）。

(18) □可獨自於小型購物中心內行走。

(19) □可獨自規劃自己出門要走的路徑（包括走路與利用交通工具）。

(20) □可使用錄音筆或觸摸式地圖來計畫路徑，並能實際用於所規劃之路徑。

附錄四 盲用電腦能力指標

能力指標		低視生	盲生	對應的盲用電腦能力
1-2-1	能瞭解資訊科技在日常生活之應用。	適用	適用	認知部分
1-2-2	能瞭解操作電腦的姿勢及規劃使用電腦時間。	適用	適用	認知部分
1-2-3	能正確操作及保養電腦硬體。	適用	適用	能正確開關機
1-2-4	能正確更新與維護常用的軟體。	適用	適用	能自動更新作業系統或軟體。例如：防毒、導盲鼠、文書處理等軟體。
1-2-5	能瞭解資料安全的維護並能定期備份資料。	適用	適用	認知部分
1-3-1	能認識電腦病毒的特性。	適用	適用	認知部分
2-2-1	能遵守電腦教室（公用電腦）的使用規範。	適用	適用	認知部分
2-2-2	能操作視窗環境的軟體。	適用	替代	1. 能將電腦操作畫面設定成適合視障者操作的介面。 2. 能使用「九宮格0」回到桌面，且知道再按一次「九宮格0」則能使游標移至紙匣區。 3. 能用正確的方式，找到桌面上的檔案或資料夾。

（續）

能力指標	低視生	盲生	對應的盲用電腦能力
			4. 能使用「Win+Tab」瀏覽紙匣。 5. 能使用「Ctrl+ 九宮格 5」來確認現在焦點視窗的位置。 6. 能使用「Alt+F4」將所欲關閉的視窗關閉，而不會關錯視窗。 7. 能將常使用的軟體傳送到「桌面」當作捷徑。 8. 能爲常使用的軟體設定一個快速鍵。 9. 能將焦點視窗「最大化」或「最小化」。 10. 能使用視窗鍵關機或重新啓動電腦。 11. 能使用「九宮格 5」來確認目前導盲鼠所在位置的項目名稱、功能屬性與狀態。 12. 能根據一個項目的功能屬性，來決定適合的操作方式。
2-2-3 能正確使用儲存設備。	適用	適用	能使用「功能表」儲存檔案、另存新檔及列印文件。
2-2-4 能有系統的管理電腦檔案。	適用	適用	1. 能使用「Enter」鍵及「Backspace 倒退鍵」來回切換到不同層的資料夾目錄。 2. 能正確搜尋資料夾中的每個檔案而沒有遺漏（進入新的一層資料夾時游標需先往下再往上，才能找到第一個項目）。 3. 能建立一個新的資料夾。 4. 能重新命名檔案名稱。 5. 能使用「Ctrl+F」來搜尋想要的檔案。
2-2-5 能正確操作鍵盤。	適用	替代	1. 能熟記鍵盤的位置（含注音或英文文字鍵盤、游標鍵、九宮格數字鍵）。 2. 知道一般鍵盤上八個點字鍵的位置。

（續）

能力指標	低視生	盲生	對應的盲用電腦能力
2-2-6 能熟練中英文輸入。	適用	適用	1. 能進行「中文」及「英數」輸入法的切換。 2. 能使用輸入法輸入正確的英文、數字及中文。 3. 能使用微軟新注音增加詞庫中的新語詞，以提升中文輸入法的正確率。 4. 能進行點字鍵與一般鍵的切換。
2-3-1 能認識電腦硬體的主要元件。	適用	適用	能認識電腦（盲用電腦）的軟硬體主要設備。
2-3-2 能操作及應用電腦多媒體設備。	適用	適用	高階能力
2-4-1 能認識程式語言基本概念及其功能。	適用	適用	高階能力
3-2-1 能使用編輯器進行文稿之編修。	適用	減量（將學習目標中的圖片插入及調整與表格製作捨去）	1. 能使用「Shift+ 游標」選取文件中的文字。 2. 會使用複製、貼上、剪下、復原與全選等指令的快速鍵。 3. 能於記事本或 Word 中進行文件之編修。 4. 能使用「Ctrl+F」來搜尋文件中的文字。 5. 能使用「Ctrl+ 九宮格小數點」或點字觸摸顯示器後五方，來瞭解游標所在位置之中文字的字義。 6. 在進行中文選字時，能爲此中文字增加新的詞彙描述。 7. 瀏覽文件內容時，當點字顯示器無法全部顯示一行文字時，能使用「九宮格 4、6」來瀏覽。

（續）

能力指標	低視生	盲生	對應的盲用電腦能力
3-2-2 能操作印表機輸出資料。	適用	適用	能使用「功能表」來列印文件
3-2-3 能操作常用之繪圖軟體。	適用	不適用	不適用
3-3-1 能操作掃描器及數位相機等工具。	適用	減量	高階能力
3-3-2 能利用簡報軟體編輯並播放簡報。	適用	替代	高階能力
3-3-3 能使用多媒體編輯軟體，進行影音資料的製作。	適用	替代	高階能力
3-4-1 能利用軟體工具分析簡單的數據資料。	適用	替代	高階能力
3-4-2 能利用軟體工具製作圖與表。	適用	適用	高階能力
3-4-3 能認識資料庫的基本概念。	適用	適用	高階能力
3-4-4 能建立及管理簡易資料庫。	適用	適用	高階能力

（續）

能力指標	低視生	盲生	對應的盲用電腦能力
3-4-5 能針對問題提出可行的解決方法。	適用	適用	認知部分
3-4-6 能規劃出問題解決的秩序。	適用	適用	認知部分
3-4-7 能評估問題解決方案的適切性。	適用	適用	認知部分
3-4-8 能瞭解電腦解決問題的範圍與限制。	適用	適用	認知部分
3-4-9 能判斷資訊的適用性及精確度。	適用	適用	認知部分
4-2-1 能操作常用瀏覽器的基本功能。	適用	適用	1. 能使用組合鍵「Alt+D」找到網址列，再輸入網址進行連結。 2. 能使用「Ctrl+ 九宮格 0」與「Win+ 九宮格 0」開啓語音朗讀網頁內容。 3. 能將自己喜愛或常使用的網頁加到我的最愛。 4. 能在特定網頁使用網頁導盲磚的功能。
4-3-1 能應用網路的資訊解決問題。	適用	適用	1. 能使用任一搜尋引擎找到想要的文章、新聞及網站。 2. 能使用電子郵件收發信件。
4-3-2 能瞭解電腦網路之基本概念及其功能。	適用	適用	認知部分

（續）

能力指標	低視生	盲生	對應的盲用電腦能力
4-3-3 能遵守區域網路環境的使用規範。	適用	適用	情意部分
4-3-4 能認識網路資料的安全防護。	適用	適用	認知部分
4-3-5 能利用搜尋引擎及搜尋技巧，尋找合適的網路資源。	適用	適用、替代、減量	1. 能使用任一搜尋引擎找到想要的文件、新聞及網站。 2. 能知道如何在網頁中的各個連結中移動。
4-3-6 能利用網路工具分享學習資源與心得。	適用	適用	能使用任一網路即時通訊軟體，來與他人進行交談（例如：Skype）。
5-2-1 能遵守網路使用規範。	適用	適用	情意部分
5-3-1 能瞭解網路的虛擬特性。	適用	適用	認知部分
5-3-2 能瞭解與實踐資訊倫理。	適用	適用	認知部分
5-3-3 能認識網路智慧財產權相關法律。	適用	適用	認知部分
5-3-4 能認識正確引述網路資源的方式。	適用	適用	認知部分
5-3-5 能認識網路資源的合理使用原則。	適用	適用	認知部分

（續）

能力指標	低視生	盲生	對應的盲用電腦能力
5-4-1 能區分自由軟體、共享軟體與商業軟體的異同。	適用	適用	認知部分
5-4-2 能善盡使用科技應負之責任。	適用	適用	情意部分
5-4-3 能遵守智慧財產權之法律規定	適用	適用	情意部分
5-4-4 能認識網路犯罪類型。	適用	適用	認知部分
5-4-5 能應用資訊及網路科技，培養合作與主動學習的能力。	適用	適用	高階能力
5-4-6 能建立科技爲增進整體人類福祉的正確觀念，善用資訊科技作爲關心他人及協助弱勢族群的工具。	適用	適用	情意部分

資料來源：洪秀婷，2014。

附錄五　視皮質損傷訪談問卷題目

這份針對直接照顧者的訪談問卷，是指認視皮質損傷獨特行為特徵的有效工具。問卷共有25個問題（Roman-Lantzy, 2007），訪談題目如下：

1. 請告訴我，當你拿到玩具時，你如何引起「個案」對它的注意及興趣？
2. 當你展示一樣東西給「個案」看時，你如何知道他看到這件物品呢？
3. 「個案」是否有偏好的視野，或是偏好的頭部姿勢／擺放位置？
4. 「個案」是以看的方式或是摸的方式找到物品的？
5. 對於「個案」觀看物品的方式，你是否感到擔心？
6. 當你手拿物品給「個案」看時，你通常將物品擺在什麼位置？
7. 在你的家中，「個案」最喜歡的物品為何？
8. 如果有的話，請問你的醫生如何告訴你「個案」眼睛的情況？
9. 在什麼時候，「個案」會比較喜歡用眼睛看東西？
10. 「個案」最喜歡觀看什麼顏色的物品？
11. 當「個案」看到閃光、反光的物品時，它會有什麼樣的反應？
12. 請描述「個案」接近燈光或是天花板吊扇後的行為。
13. 你總是能夠明確的辨認出「個案」正在看的物品嗎？
14. 「個案」能夠立即注意到會動的物品？還是注意到固定不動的物品呢？
15. 當你認為「個案」在觀看物品時，他是如何擺放、調整他的頭部位置？
16. 你認為「個案」是否有偏好的顏色呢？
17. 「個案」在家裡，還是在新的環境中，比較容易注意到物品的存在？
18. 請描述一下，「個案」伸手觸碰物品時，如何擺放調整他的頭部位置？
19. 當你給「個案」觀看新奇事物時，他的反應為何？
20. 你會不會將「個案」以特別的方式置放，以幫助他看得更清楚？
21. 你有沒有擔心過「個案」的眼睛移動方式？
22. 當「個案」面前有很多的物品讓他觀看時，他會做出什麼樣的反應？
23. 「個案」比較喜歡看誰的臉？
24. 如果有兩樣物品在「個案」面前，一樣是新的事物、一樣是他個人的物品，你認為哪一樣物品他會比較喜歡？
25. 告訴我「個案」喜歡觀看的物品或玩具。

附錄六 「視皮質損傷視功能評估範圍」（CVI-RA）（Roman-Lantzy, 2007）

(一) 組間—CVI 特徵評估

專業團隊根據學生的視覺行為，在評估表的正確欄位記錄學生的評分結果，以下分別說明各欄位符號所代表的意義。

O：資料獲得經由觀察學生而來

I：資料獲得經由訪問學生而來

D：資料獲得經由直接接觸學生而來

R：代表已經消除的視覺行為

+：代表符合學生目前情形

+/–：代表部分符合學生目前情形

–：代表學生尚未達此功能水準

CVI 視功能評估範圍 1-2：代表個案的視覺功能反應極少。

O	I	D	R	+	+/–	–	
							可以憑感覺找出物品的位置，但對物品沒有適當的眼神注視。
							對吊扇或燈光有持續的注意。
							視覺任務有過長的延宕。
							在嚴格控制的環境中才有反應。
							能看到單色的物品。
							能看到移動及/或閃亮反光的物品。
							近距離才有視覺注意力。
							在觸摸眼睛或視覺威脅下，沒有眨眼反應。
							對人的臉不關心、不注意。

CVI 視功能評估範圍 3-4：代表個案有較多一致性視覺反應。

O	I	D	R	+	+/–	–	
							當環境被控制時，有視覺注意力。
							燈光對其較無吸引力，但稍後仍能注意到燈光。
							在幾次的凝視後，視覺延宕有稍微減少。
							當新穎的物品上有其熟悉物品的特徵時，會吸引學生的注意。
							在觸摸眼睛或有視覺威脅下，有眨眼反應，但此反應會延宕或不一致。
							有一個最喜歡的顏色。
							強烈表現出某一視野偏好。
							可以注意到在2-3英尺（約60-90公分）間的移動物品。
							觀看與觸碰對學生而言是兩者完全不相關的事。

CVI 視功能評估範圍 5-6：代表個案利用視力完成視覺功能性任務。

O	I	D	R	+	+/–	–	
							觀察的物品可能有兩至三種顏色。
							光已不再是一個干擾物。
							當學生感到疲倦、壓力大或刺激過度時，視覺的延宕才會發生。
							移動的物品是吸引其視覺注意的主要元素。
							學生能容忍低程度的背景噪音。
							持續呈現觸摸眼睛的眨眼反應。
							受到視覺威脅時，眨眼反應是時有時斷的。
							視覺注意力可拉至4-6英尺遠（約120-180公分）。
							在沒有發聲說話時，學生會先注意到熟悉面孔的出現。

CVI 視功能評估範圍 7-8：代表個案表現出視覺的好奇心。

O	I	D	R	+	+/–	–	
							會選擇較少受到視覺限制的玩具或物品來玩，但需要一到兩個階段的「熱身」。
							觀看時能克服聽覺上的刺激，學生可以對產生音樂的物品保持視覺注意力。
							視覺威脅的眨眼反應是一直存在的。
							很少出現視覺延宕。
							視覺注意力可拉至 10 英尺（約 300 公分）遠，而且目標物是呈現移動的狀態。
							對近距離的動態目標物，不需要額外的注意力。
							對於熟悉與新面貌微笑。
							會欣賞鏡子裡的自我影像。
							會注意到大部分對比度高的顏色與 / 或熟悉花色。
							會注意到簡單的書籍、圖片或符號。

CVI 視功能評估範圍 9-10：代表個案在多數功能活動中會使用視力。

O	I	D	R	+	+/–	–	
							選擇的玩具或物品，已不受視力限制。
							只有在最複雜的環境下，視覺反應才會受影響。
							沒有視覺延宕。
							沒有顏色或圖案的偏好。
							視覺注意力超出 600 公分。
							翻看書籍、二度空間（平面）的物品或簡單的圖像。
							利用視覺模仿動作。
							表現出能記憶視覺事件。

（續）

O	I	D	R	+	+/−	−	
							表現出正常的視覺社交反應。
							視野不受限制。
							用視覺引導並能同時伸手觸碰。
							能注意在複雜背景中的 2D 圖像。

Rating I : __________

(二) 組內—CVI 特徵評估

組內－視皮質損傷特徵評估評分方式如下：

0 分：表示視覺問題沒有解決，此行為是影響視覺功能的主要因素。

.25 分：表示此視覺行為特徵正在改善，但仍影響視覺功能。

.5 分：表示此視覺行為特徵正在改善，仍偶而影響視覺功能。

.75 分：表示此視覺行為特徵正在改善，已漸漸趨於正常。

1 分：表示此行為已不是影響視覺功能的因素。

	沒有解決		正在修正		已經消除
1. 顏色偏好	0	.25	.5	.75	1
評論：					
2. 移動的需要	0	.25	.5	.75	1
評論：					
3. 視覺延宕	0	.25	.5	.75	1
評論：					
4. 視野偏好	0	.25	.5	.75	1
評論：					
5. 在複雜視覺環境下辨識的困難	0	.25	.5	.75	1
評論：					

（續）

	沒有解決		正在修正		已經消除
6. 對光或無目的的凝視	0	.25	.5	.75	1
評論：					
7. 對遠距離的視覺辨識有困難	0	.25	.5	.75	1
評論：					
8. 異常的視覺反射	0	.25	.5	.75	1
評論：					
9. 對新穎事物辨識的困難	0	.25	.5	.75	1
評論：					
10. 視覺引導伸手觸碰能力的缺乏	0	.25	.5	.75	1
評論：					

Rating II : __________

附錄七　身心障礙者權利公約第 27 條

民國 95 年 12 月 13 日

第 27 條　工作與就業

1. 締約國承認身心障礙者享有與其他人平等之工作權利；此包括於一個開放、融合與無障礙之勞動市場及工作環境中，身心障礙者有自由選擇與接受謀生工作機會之權利。締約國應採取適當步驟，防護及促進工作權之實現，包括於就業期間發生障礙事實者，其中包括透過法律：
   (a) 禁止基於身心障礙者就各種就業形式有關之所有事項上之歧視，包括於招募、僱用與就業條件、持續就業、職涯提升及安全與衛生之工作條件方面；
   (b) 保障身心障礙者在與其他人平等基礎上享有公平與良好之工作條件，包括機會均等及同工同酬之權利，享有安全及衛生之工作環境，包括免於騷擾之保障，並享有遭受侵害之救濟；
   (c) 確保身心障礙者能夠在與其他人平等基礎上行使勞動權及工會權；
   (d) 使身心障礙者能夠有效參加一般技術與職業指導方案，獲得就業服務及職業與繼續訓練；
   (e) 促進身心障礙者於勞動市場上之就業機會與職涯提升，協助身心障礙者尋找、獲得、保持及重返就業；
   (f) 促進自營作業、創業經營、開展合作社與個人創業之機會；
   (g) 於公部門僱用身心障礙者；
   (h) 以適當政策與措施，促進私部門僱用身心障礙者，得包括平權行動方案、提供誘因及其他措施；
   (i) 確保於工作場所為身心障礙者提供合理之空間安排；
   (j) 促進身心障礙者於開放之勞動市場上獲得工作經驗；
   (k) 促進身心障礙者之職業與專業重建，保留工作和重返工作方案。
2. 締約國應確保身心障礙者不處於奴隸或奴役狀態，並在與其他人平等基礎上受到保障，不被強迫或強制勞動。

資料來源：法源法律網 https://www.lawbank.com.tw/treatise/lawrela.aspx?lsid=FL075167&ldate=20061213&lno=1

參考書目

中文部分

內政部（2009 年 5 月 26 日）。身心障礙者權益保障白皮書。取自 https://docs.google.com/viewer?a=v&pid=sites&srcid=ZGVmYXVsdGRvbWFpbnx0YWljaHVuZ2ljZnxneDo1NmU1MDg3ZDY3MDYyNjg4

方瑜（2011）。**學前發展遲緩視障幼兒學習定向行動技能之成效探討**（未出版之碩士論文）。國立臺中教育大學，臺中市。

毛連塭、陳文雄、劉信雄（1995）。**盲童定向移動研究**。臺南市：臺灣省視覺障礙兒童混合教育計畫師資訓練班。

王亦榮（1997）。視覺障礙兒童早期教育。**視障教育文粹**。臺南市：臺灣省視覺障礙兒童混合教育計畫師資訓練班。

王育瑜（譯）（1998）。**迎接視茫茫世界——盲的意義、影響及面對**。（原作者：Rev. Thomas J. Carroll.）。臺北市：雅歌。

王金香、陳瑋婷、蕭金土（2008）。視覺障礙學生壓眼固著行為介入成效之研究——以一名國小四年級啓明學校學生為例。**97 年度東臺灣特殊教育學術研討會論文集**，1-14。

王國羽（2012）。**障礙研究：理論與政策應用**。臺北市：巨流圖書。

王敏輯（2017）。**我國大專院校資源教室輔導人員工作現況與工作滿意度之研究**（未出版之碩士論文）。國立臺中教育大學，臺中市。

王瓊珠（2015）。大專校院身心障礙學生個別化支持計畫。**特殊教育季刊**，**135**，01-08。

台灣導盲犬協會（2018）。導盲犬的由來。2018 年 8 月 15 日，取自：http://www.guidedog.org.tw/aboutguidedog/about-1.html

朱貽莊（2010）。強化視覺障礙者獨立生活能力的新思維。**社區發展季刊**，**130**，334-348。

何世芸（2006）。**視障巡迴輔導教師專業知能調查之研究**（未出版之碩士論文）。國立臺灣師範大學，臺北市。

何世芸（2008）。有關視多障學生功能性視覺評估宜注意事項及相關活動設計。載於臺北市立松山高級工農職業學校（主編），**臺北市第9屆教育專業創新與行動研究高職組成果集**（頁339-347）。臺北市：臺北市教育局。

何華國（1987）。國中視覺障礙學生職業成熟之研究。**特殊教育研究學刊，3**，107-118。

余月霞、花敬凱（譯）（2004）。**視覺障礙者整體重建與諮商基礎**。臺北市：行政院勞工委員會職業訓練局。

吳安安（譯）（2009）。**盲童早期教育指南——家庭和社會共同幫助視障兒童成長**（原作者：Sandy Niemann）。中國：江蘇教育出版社。

吳昆壽（1999）。資優殘障學生教育現況與問題調查研究。**特殊教育與復健學報，7**，1-32。

吳昆壽（2016）。**資賦優異教育概論**。臺北市：心理。

吳武典（1995）。殘障者潛能發展方案芻議。**資優教育季刊，55**，1-7。

吳武典（2007）。**啓迪資優——如何開發孩子的潛能**。臺北市：心理。

吳武典、邱紹春、吳道瑜（1997）。臺灣省中學階段身心障礙特殊班畢業學生就業狀況追蹤調查研究。**特殊教育研究學刊，15**，1-18。

呂建志（2005）。**三種閱讀媒介對低視能學生閱讀成效之比較研究**（未出版之碩士論文）。國立臺南大學，臺南市。

李永昌（2001）。視覺障礙者工作現況及其相關因素之研究。**特殊教育與復健學報，9**，51-69。

李永昌、陳文雄、朱淑玲（2001）。國中小視障學生大字體課本使用現況及效果研究。臺南：國立臺南師院視障教育叢書第五十八輯。

李永昌、廖榮啓、李淑櫻（2005）。視障生閱讀大字體課本及以光學儀器閱讀一般字體課本之效果比較研究。**特殊教育與復健學報，13**，91-107。

李怡君（2000）。**非視覺感官之空間經驗：以一位視障者上學路徑為例**（未出版之碩士論文）。私立淡江大學，新北市。

李淑娥（2005年7月6日）。視多障兒童的語言特質及訓練【部落格文字資料】。取自 http://assist.batol.net/academic/academic-detail.asp?id=45

李鈴惠（2008）。**人格特質與工作績效之探索性研究**（未出版之碩士論文）。國立中央大學，桃園市。

杞昭安（1994）。視覺障礙者之教育。載於王文科（主編），**特殊教育導論**

（339-407 頁）。臺北市：心理。

杞昭安（2015）。定向行動概述。載於莊素貞（主編），**定向行動**（1-1~1-18 頁）。臺北市：華騰文化。

阮芬芳（1997）。**視障者就業現況及未來展望調查研究**。臺北市：天主教光鹽愛盲服務中心。

周掌宇（2000）。**盲人的問題與梅洛龐蒂的解決方案**（未出版之碩士論文）。國立中央大學，桃園縣。

林千惠、徐享良、張勝成、林宏熾（1996）。**臺灣地區身心障礙者就業能力與意願之調查研究**。臺北市：臺灣省政府勞工處。

林月仙、何明珠（2013）。大專校院資源教室輔導經驗分享——以國立虎尾科技大學為例。**特殊教育季刊，128**，11-18。

林宏熾（2000）。**身心障礙者生涯規劃與轉銜教育**。臺北市：五南。

林幸台（1987）。**生計輔導的理論與實施**。臺北市：五南。

林幸台（1993）。高一資賦優異學生生涯發展歷程之研究。**特殊教育研究學刊，9**，191-214。

林姝伶（2012）。**資深大專校院資源教室輔導人員工作經驗探究**（未出版之碩士論文）。私立靜宜大學，臺中市。

林聖曦、林慶仁（2003）。視障幼兒遊戲行為的觀察研究：以一所啓明學校附幼為例。**特殊教育與復健學報，11**，75-99。

林翠蘋（2005）。**台灣導盲犬使用者之經驗與問題研究**（未出版之碩士論文）。國立臺灣師範大學，臺北市。

林慶仁（2002）。我國視障混合教育計畫各縣市實施概況之內容分析。**特殊教育與復健學報，10**，199-215。

林聰吉（2015）。**我國視覺障礙者就業現況調查**。臺北市：勞動部勞動力發展署。

林寶貴（1997）。大專院校設立資源教室的歷史背景與哲學理想。載於國立臺灣師範大學特殊教育中心（編），**大專院校資源教室輔導手冊**（27-36 頁）。臺北市：國立臺灣師範大學特殊教育中心。

花敬凱（2004）。影響視覺障礙大學生生涯自我效能發展與生涯決定相關因素之研究。載於**2004 年視覺障礙教育國際學術研討會會議手冊暨論文集**。國立臺南大學視覺教育與重建中心。
邱大昕（2012）。臺灣早期視障教育之歷史社會學研究（1891-1973 年）。**教育與社會研究，24**，1-40。
邱大昕（2013）。誰是盲人：台灣現代盲人的鑑定、分類與構生。**科技、醫療與社會，16**，11-47。
邱永祥（2002）。**影響高職特教班畢業生工作適應相關因素之研究**（未出版之碩士論文）。國立彰化師範大學，彰化縣。
邱睿儀（2003）。**影響傑出視覺障礙者職業生涯發展因素之研究**（未出版之碩士論文）。臺灣師範大學，臺北市。
金樹人（2011）。**生涯諮商與輔導**。臺北市：東華。
柯明期（2003）。**中途失明者適應與重建之研究**（未出版之碩士論文）。國立臺灣師範大學，臺北市。
柯淑菁（2013）。**重度視覺障礙教師生涯發展歷程之個案研究**（未出版之碩士論文）。國立高雄師範大學，高雄市。
洪秀婷（2014）。**國中小視障生盲用電腦能力現況及其相關因素之研究**（未出版之碩士論文）。國立臺南大學，臺南市。
洪儷瑜（1997）。大專資源教室的角色與任務。載於林寶貴（主編），**大專院校資源教室輔導手冊**（87-101 頁）。臺北市：國立臺灣師範大學特殊教育中心。
省立桃園醫院兒童復健治療中心暨聯評中心（2015 年 08 月 05 日）。淺談視知覺能力【線上論壇】。取自 https://www.tygh.mohw.gov.tw/?aid=509&pid=156&page_name=detail&iid=237
財團法人愛盲基金會（2018）。愛盲行動語言。2018 年 8 月 15 日，取自 https://www.tfb.org.tw/web/news/message.jsp?no=CP1501048845325
張千惠（2004）。功能性視覺評估與觀察之研究。**特殊教育研究學刊，27**，113-135。
張千惠（2011）。弱視的三種主要缺陷，載於臺中市政府（主編），**100 年度國教階段普通班教師特教知能——視障類研習資料**。臺中市：豐原國小。
張千惠（譯）（2000）。**定向行動能力評估手冊**（原作者：Pogrund R., Healy, G., Jones, K., Levack, N., Martin-Curry, S., Martinez, C., et al., 1993）。臺

北市：國立臺灣師範大學特殊教育系。

張千惠（譯）（2018）。**定向行動技能檢核表**。（原作者：Chapter 16--Orientation and Mobility, Perkins Activity and Resource Guide. 1992 Perkins School for the Blind. Watertown, MA, USA）

張弘昌（2013）。**海峽兩岸視覺障礙教育教師實施功能性視覺評估及訓練現況比較之研究**（未出版之博士論文）。國立彰化師範大學，彰化縣。

張弘昌（2015）。人導法。載於莊素貞（主編），**定向行動**（7-1～7-28 頁）。臺北市：華騰文化。

張弘昌（2018）。功能性視覺評估與訓練。載於杞昭安（主編），**視覺障礙**（4-2-4-27 頁）。臺北市：華騰文化。

張明璇（2011）。**大專校院資源教室輔導人員角色之實踐、期待與生涯定位**（未出版之碩士論文）。國立臺灣師範大學，臺北市。

張恆豪（2007）。特殊教育與障礙社會學：一個理論的反省。**教育與社會研究，13**，79-94。

張悅歆，李慶忠（2009）。**視覺康復指南**。北京市：國家圖書館。

張嘉文（2008）。**融合在教育脈絡中的定義與爭論以臺灣爲例**。臺北市：中華特殊教育學會。

張蓓莉（1998）。資源教室方案應提供的支援服務。**特殊教育季刊，67**，1-5。

張寶珠（2003）。**重度視覺障礙教師教學問題與因應策略之研究**（未出版之碩士論文）。國立彰化師範大學，彰化縣。

教育部（2019）。**教育部補助大專校院招收及輔導身心障礙學生實施要點**。取自教育部主管法規查詢系統 https://edu.law.moe.gov.tw/LawContent.aspx?id=FL026216

莊素貞（1998）。如何教導視皮質損傷兒童。**國教輔導，37**(3)，24-27。

莊素貞（2001）。視覺／多重障礙之功能性視覺評估。載於朱經明（主編），**視覺多重障礙兒童教材教法——生活教育篇**（25-28 頁）。臺中市：國立臺中教育大學。

莊素貞（2004）。弱視生閱讀媒介評量之研究：以印刷放大文字與電腦擴視文字為例。**特殊教育研究學刊，27**，137-160。

莊素貞（2013）。大腦視皮質損傷與其功能性視覺評估。**特殊教育與輔助科**

技，**9**，38-47。

莊素貞（2017）。以 VIIAF 模式建構之個別化功能性視覺訓練方案對提升視皮質損傷學童視動協調成效之研究。**特殊教育與輔助科技學報，10**，51-80。

許天威、蕭金土、吳訓生、林和姻、陳亭予（2002）。大專校院身心障礙學生學校適應狀況之研究。**特殊教育學報，16**，159-168。

郭為藩（2007）。**特殊兒童心理與教育（第五版）**。臺北市：文景。

陳秀芬、張正芬（2013）。大專校院資源教室服務模式——以國立臺灣師範大學為例。**特殊教育季刊，128**，1-10。

陳忠勝（2009）。**視障教育教師輔助科技服務專業知能之調查研究**（未出版之碩士論文）。國立臺南大學，臺南市。

陳飛燕（2000）。智能障礙者的職業訓練與就業輔導之探討。**就業與訓練，18**(2)，14-17。

陳振豪（2011）。**雙眼視機能異常——診斷與治療（第二版）**。新北市：合記。

陳麗如（2009）。**大專教育需求評估量表**。臺北市：心理。

陳麗娟（1983）。家庭社經地位、排行、家庭大小與國中學生職業成熟的關係。**教育學院學報，8**，93-112。

傅郁馨（2011）。**導盲犬服務與使用者需求之研究**（未出版之碩士論文）。國立暨南國際大學，南投縣。

勞動部（2010）。**視覺障礙者勞動狀況調查**。臺北市：勞動部勞動力發展署。

勞動部（2014）。**視覺障礙者職業重建成功策略教戰手冊**。臺北市：勞動部勞動力發展署。

彭淑青（2010）。**功能性視覺與自我因應策略之探究**（未出版之碩士論文）。國立臺灣師範大學，臺北市。

惠明盲校（譯）（2013）。**柏金斯活動教學指南：給視覺多重障礙學生家長與教師教導手冊**（原作者：Perkins School for the Blind: 1992）。臺中市：惠明盲校。

曾仁美（1998）。**國中視覺障礙學生生涯輔導之研究**（未出版之碩士論文）。臺南師範學院，臺南市。

曾文慧（2013）。**學前視障兒童口語敘事表現之研究**（未出版之碩士論文）。國立臺北護理健康大學，臺北市。

曾怡惇（2011）。**國小特殊教育，49**，53-61。

賀夏梅（2014）。視覺障礙學生主要照顧者生活品質影響層面之質性研究。**特殊教育與復健學報，30**，51-73。

黃文虹、林育毅、林慶仁、李永昌（2011）。視障教育教師定向行動專業知能之調查研究。**中華民國特殊教育學會年刊**，541-580。

黃俊憲（2002）。**重度視覺障礙者在一般職場適應歷程之研究**（未出版之碩士論文）。國立彰化師範大學，彰化縣。

黃柏翰（2010）。**黃斑部病變之低視能學生閱讀媒介比較研究**（未出版之碩士論文）。臺北市立教育大學，臺北市。

黃國晏（2007）。A Multi-Case Study of Inclusive Schooling in Taipei: The Current Status, Barriers and Supports and the Expected Role of Educational Leaders. **師大學報，52**(2)，95-113。

黃國晏（2010）。臺北市視障學生生涯教育與融合教育之研究。**新竹教育大學教育學報，27**(2)，75-101。

黃國晏（2011）。Inclusion Practice and Role of Principals at Junior High Schools in Taipei City。**國立臺東大學教育學報，22**(2)，29-48。

黃國晏（2015）。電子行動與定向輔助科技。載於莊素貞（主編），**定向行動**（10-1～10-26 頁）。臺北市：華騰文化。

黃國晏（譯）（2018）。點字：功能性學習策略（原作者：Diane P. Wormsley）。臺北：五南。

黃崑發（2001）。**高中職學生對視覺障礙同儕態度之研究**（未出版之碩士論文）。國立彰化師範大學，彰化縣。

黃雪芳（2003）。**不同視力值視障生步行距離、步行速率與偏離方向之影響**（未出版之碩士論文）。國立臺灣師範大學，臺北市。

黃惠滿（2006）。從護理角色淺談早期療育。**早產兒基金會會訊，59**。取自 http://www.pbf.org.tw/html/content.asp?NSID=3&MGVOL=59&ID=535

黃裕惠、陳明媚、莊季靜（譯）（2008）。**特殊教育導論：創造不同的人生**（原著：Deborah Deutsch Smith）。臺北：學富文化。

黃德祥（2000）。**青少年發展與輔導**。臺北市：五南。

黃纖絢（2015）。**育有視覺功能障礙嬰幼兒之家庭早期療育服務使用經驗之探**

討（未出版之碩士論文）。國立臺中教育大學，臺中市。
愛盲基金會低視能中心（譯）（2018）。**視覺與大腦：瞭解兒童腦性視障**（原作者：Dr. Amanda Hall Lueck, Dr. Gordon N. Dutton）。臺北市：愛盲基金會低視能中心。
楊玉儀（2009）。**資深定向行動師對定向行動教學問題與因應策略之經驗探討**（未出版之碩士論文）。私立中原大學，桃園縣。
萬明美（2009）。視覺障礙。載於許天威、徐享良、張勝成（主編），**新特殊教育通論**（276-305 頁）。臺北市：五南。
萬明美（2017）。**視障教育**。臺北市：五南。
葉昭伶（2013）。**自僱型視障按摩師之職業生涯發展研究**（未出版之碩士論文）。國立臺灣師範大學，臺北市。
廖月娟（譯）（2012）。**看得見的盲人**（原作者：Oliver Sacks）。臺北市：天下文化。
廖鳳池、陳美芳、胡致芬、王淑敏、黃宜敏（譯）（1991）。**教育心理學**。臺北市：心理。
趙曼寧（2014）。**視覺障礙者職業生涯發展歷程研究**（未出版之碩士論文）。國立高雄師範大學，高雄市。
劉佑星（2005）。如何培養視障學生的積極自我觀念。取自 www.cmsb.tcc.edu.tw/ 論著 / 南師 30/default.htm
劉信雄（1975）。**如何指導視覺障礙兒童定向移動**。臺南市：省立臺南師院視障師訓班。
劉信雄（1989）。**國小視力低弱學生視覺效能、視動完形、與國字書寫能力關係之研究**。臺南市：國立臺南師院視障教育叢書第四十輯。
劉信雄、王亦榮、林慶仁（2001）。**視障學生輔導手冊**。臺北市：教育部。
劉盛男（2007）。談視障兒童障礙的限制與因應策略。**啓明苑通訊，57**，47-53。
鄭靜瑩（2018）。視障學生之鑑定安置與考試評量。載於杞昭安、莊素貞（主編），**視覺障礙**（5-3～5-13 頁）。臺北市：華騰文化。
鄭靜瑩、張千惠（2005）。改善重度弱視學生使用功能性視覺能力之研究。**特殊教育研究學刊，29**，275-294。

盧琬貞（2002）。**肢體障礙高職畢業生職業適應情形之研究**（未出版之碩士論文）。國立彰化師範大學，彰化縣。

蕭佳雯（2013）。**功能性視覺訓練對增進疑似視皮質損傷兒童視動協調能力成效之研究**（未出版之碩士論文）。國立臺中教育大學，臺中市。

蕭金土（1994）。影響視障學生生計發展的父母因素之預測和重要他人之影響研究。**特殊教育學報，9**，289-315。

蕭斐文、洪榮照（2014）。視皮質損傷診斷評量之探究。**特殊教育季刊，131**，33-43。

戴淑娟（2011）。**一位先天性全盲兒母親生命經驗之敘說研究**（未出版之碩士論文）。國立臺南大學，臺南市。

顏杏砡（1992）。**視障學生之空間認知與環境行爲之初探**（未出版之碩士論文）。私立東海大學，臺中市。

魏杏真（2013）。**傑出盲人保齡球選手訓練歷程與生涯發展之個案研究**（未出版之碩士論文）。國立臺南大學，臺南市。

魏國峰（2003）。**定向行動訓練對高中盲生搭公車成效之行動研究**（未出版之碩士論文）。國立花蓮師範學院，花蓮縣。

羅伃君、曾文毅（2011）。腦影像技術在腦與心智醫學的應用與發展。**臺灣醫學，4**，384 -390。

蘇怡帆、黃國晏、畢恆達（2012）。視障者在臺北市空間中的移動經驗。**國立彰化師範大學特殊教育學報，36**，93-114。

蘇建銘（2003）。**一位後天失明者於失明前後的生命轉折及其在從事心理治療的自我展現**（未出版之碩士論文）。高雄師範大學，高雄市。

蘇鈺婷（2002）。**在學青少年生涯發展之相關因素研究**（未出版之碩士論文）。國立成功大學，臺南市。

英文部分

Achilles, C. (1999). *Let's put kids first, finally: Getting class size right.* Thousand Oaks, CA: Corwin Press, Inc.

Adams, O. F. & McCreery, L. (1988). Learning to read again. *British Journal of Visual Impairment, 6*(1), 19-20.

Anthony, T. (2000). Performing a functional low vision assessment. In F. M. D' Andrea & C. Farrendopf (Eds.), *Looking to learn: Promoting literacy for students with low vision* (pp. 32-83). New York: American Foundation for the Blind.

Anthony, T. (2010). *Functional vision assessment for children who are young and or multidisabled.* Retrieved from: http://nationaldb.org/documents/products/conference/2004_topical_workshop/Partial-FVA-document.pdf

Bailey, J. (1998). Medical and Psychological Models in Special Needs Education. In Clark, C., Dyson, A. and Millard A. (Eds.) *Theorising Special Education.* London: Routledge.

Bak (1990). Patterns of echinoid bioerosion in two pacific coral reef lagoons. *Mar. Ecol. Progr. Ser., 66*, 267-272.

Barnes, C. (1996). Theories of disability and the origins of the oppression of disabled people in western society. In Barton, L. (Ed.) *Disability & Society: Emerging Issues and Insights.* London: Longman.

Barraga, N. C. & Erin, J. N. (2001). *Visual impairments and learning* (4th ed). Austin, Texas: Pro-Ed.

Barraga, N. C. & Erin, J. (2001). *Visual impairments and learning.* Austin, TX: Pro-Ed.

Barton, L. and Tomlinson, S. (1981). *Special Education: Policy, Practices and Social Issues.* London: Harper & Row Publishers.

Blasch, B. B. & Stuckey, K. A. (1995). Accessibility and mobility of persons who are visually impaired: A historical analysis. *Journal of visual impairment & blindness, 89,* 417-422.

Bonnie G. S. & Hutchison B. (2004). *Gendering disability.* New Brunswick, N.J.: Rutgers University Press.

Boston Children Hospital. (2013). Cortical visual impairment symptoms & causes. Retrieved from: http://www.childrenshospital.org/conditions-and-treatments/conditions/c/cortical-visual-impairment/symptoms-and-causes

Bouchard, D. & Tetreault, S. (2006). The mother development of sighted children and children with moderate low vision aged 8-13. *Journal of Visual Impairments and Blindness, 94*, 564-573.

Brambring, M. (2005). Perceptual perspective taking in children who are blind: The state of research and a single-case study. *British Journal of Visual Impairment, 23*(3), 122-127.

Brambring, M. (2007). Divergent development of manual skills in children who are blind or sighted. *Journal of visual impairment & blindness, 101*, 212-225.

Brown, D. & L. Brooks (Eds.), *Career choice and development: Applying contemporary theories to practice.* (pp.197-261). San Francisco: Jossey-Bass.

Brunswik, E. (1944). Distal focusing of perception: Size-constancy in a representative sample of situations. *Psychological Monographs*, *56*(1), 1-49.

Buncic, J. R. (1987). The blind infant. *Pediatric Clinics of North America*, *34*(6), 1403-1413.

Bunltjens, M., Hyvarinen, L., & Walthes, R. (2010). In Dutton, G. & Bax, M. (Ed.) *Visual impairment in children due to damage to the brain.* (pp. 236-244). London, England: MacKeith Press.

Capper, C. A., Frattura, E., & Keyes, M. W. (2000). *Meeting the needs of students of all abilities: How leaders go beyond inclusion.* Newbury Park, CA: Corwin Press.

Cayden Towery (2007). *Cortical Visual Impairment Information.* 取自 107 年 12 月 8 日 http://caydentowery.tripod.com/id12.html

Children's Hospital Boston (2011). *Cortical visual impairment.* 取自 107 年 12 月 8 日 http://www.childrenshospital.org/az/Site2100/mainpageS2100P0.html

Corn, A. L. & Bishop, V. E. (1985). Occupational interests of visually handicapped secondary students. *Journal of visual impairment & blindness, 77,* 475-480.

Corn, A. L. & Ryser, G. (1989). Access to print for students with low vision. *Journal of visual impairment & blindness, 83,* 340-349.

Davidson, D. (1974). Belief and the Basis of Meaning. *Synthese*, *27*(3-4), 309-323.

Davis, G. A. & Rimm, S. B. (1994). Gifted education: Matching instruction with needs. *Education of the gifted and talented*, 1-24.

DeMario, N., Rex, E., & Morreau, L. (1990). The acquisition of elementary-level employment skills by students with visual impairments. *Journal of visual impairment & blindness, 84,* 456-460.

Downs, R. M. & Stea, D. (1977). *Maps in minds: Reflections on cognitive mapping*. New York: Harper & Row.

Dutton, G. N. (2003). Cognitive vision, its disorders and differential diagnosis in adults and children: knowing where and what things are. *Eye, Apr*(17), 289-304. Goodale, M. A. & Milner, A. (2004). *Sight unseen: An exploration of conscious and unconscious vision.* Oxford, England: Oxford University.

Dutton, G. N., McKillop, E. C. A., & Saidkasimova, S. (2006). Visual problems as a result of brain damage in children. *The British Journal of Ophthalmology, 90*(8), 932-933.

Eaton, S. B. & Wall, R. S. (1999). A survey of social skills instruction in preservice programs for visual disabilities. *Re:View, 1*(1), 40-45.

Eisenberg, D. & Epstein, E. (1981, November). The discovery and development of giftedness in handicapped children. *Paper presented at the CEC-TAG National Topical Conference on the Gifted and Talented Child*, Orlando, FL.

Eliot, L. (2000). *What's going on in there? How the brain and mind develop in the first five years of life.* New York, N.Y.: Bantam.

Erevelles, N. (2005). Rewriting critical pedagogy from the periphery: Materiality, disability and the politics of schooling. *Disability studies in education: Readings in theory and method*, 65-83.

Erin, J. & Paul, B. (1996). Functional vision assessment and instruction of children and youths in academic programs. In A. L. Corn & A. J. Koenig (Eds.), *Foundations of low vision: Clinical and functional perspectives* (pp. 185-220). New York: American Foundation for the Blind.

Fazzi, E., Signorini, S. G., Bova, S. M., Ondei, P., & Bianchi, P. E. (2005). Early Intervention in visually impaired children. *International Congress Series,*

1282, 117-121.

Fine, M. & Asch, A. (Eds.). (1988). *Health, society, and policy. Women with disabilities: Essays in psychology, culture, and politics.* Temple University Press.

Fishman, G. A. (2003). When your eyes have a wet nose: the evolution of the use of guide dogs and establishing the seeing eye. *Survey of Ophthalmology, 48*(4), 452-458.

Friedrichs, T. P. (1990). *Gifted handicapped students: The way forward. Richmond.* VA: Virginia State Department of Education.

Gardner, H. (1983). *Frames of mind: The theory of multiple intelligences.* New York: Basic Books.

Geruschat, D. & Smith, A. (1997). Low vision and mobility. In B. Blasch, W. Wiener, & R. Welsh (Ed.) *Foundations of orientation and mobility.* (pp.60-103) New York: American Foundation for the Blind.

Gillon, G. T. & Young, A. A. (2002). The phonological-awareness skills of children who are blind. *Journal of visual impairment & blindness, 96,* 38-49.

Good, W. V. (2001). Development of a quantitative method to measure vision in children with chronic cortical visual impairment. *Trans Am Ophthalmol Soc, 99,* 253-269.

Goodrich, G. & Bailey, I. (2000). A history of the field of vision rehabilitation from the perspective of low vision. In B. Silverstone, M. Lang, B. Rosenthal, & E. Faye (Eds.), *The Lighthouse handbook on vision impairment and vision rehabilitation.* (pp. 675-708). New York: Oxford University Press.

Grimm, J. (1998). The participation of gifted students with disabilities in gifted programs. *Roeper Review, 20*(4), 285-286.

Guide Dogs for the Blind. [Online forum comment]. Retrieved from http://www.guidedogs.com/site/PageServer?pagename=about_overview_mission

Guide Dogs Queensland. [Online forum comment]. Retrieved from http://www.guidedogsqld.com.au/

Guide Dogs WA. [Online forum comment]. Retrieved from http://www.guidedogswa.com.au/

Hallahan, D. P. & Kauffman, J. M. (1997). *Exceptional children: Introduction to special education* (7th ed.). Needham Heights, MA: Allyn & Bacon.

Harrison, C. (2004). *Understanding reading development.* London: Sage.

Hetherington, E. M. & Frankie, G. (1967). Effects of parental dominance, warmth, and conflict on imitation in children. *Journal of personality and social psychology*, *6*(2), 119.

House, J. S. (1981).*Work stress and social support.* MA: Addison-Wesley.

Huang, K. Y., Chen, Y. H., & Jang, S. J. (2020). TPACK in Special Education Schools for SVI: A Comparative Study between Taiwanese and Chinese In-service Teachers. *International Journal of Disability, Development and Education, published online.* Retrieved from: https://www.tandfonline.com/eprint/JXURGHHKYRPDV62UNTQV/full?target=10.1080/1034912X.2020.1717450

J. Elton M., William, H. G., & Jeanne, B. P. (1997). *Foundations of rehabilitation counseling with persons who are blind or visually impaired.* New York: AFB Press.

Jackel, B., Wilson, M., & Hartmann, E. (2010). A survey of parents of children with cortical or cerebral visual impairment. *Journal of visual impairment & blindness, 104*(10), 613-623.

Jindal-Snape, D. (2005). Self-evaluation and recruitment of feedback for enhanced social interaction by a student with visual impairment. *Journal of visual impairment & blindness, 99*(8), 486-498.

Johnsen, S. K. & Corn, A. L. (1989). The past, present, and future of education for gifted children with sensory and/or physical disabilities. *Roeper Review, 12*(1), 13-23.

Johnson, L. J., Karnes, M. B., & Carr, V. W. (1997). Providing services to children with gifts and disabilities: A critical need. *Handbook of gifted education, 2*, 89-108.

Jones , W. P. (1995). Holland vocational personality codes and people with visual disabilities: A need for Caution. *RE:view, 17*(2), 53-63.

Karens, M. B. (1984). A demonstration/outreach model for young gifted/talented handicapped. *Roeper Review, 7*(1), 23-26.

Kirk, S. & Gallagher, J. (1983). *Educating Exceptional Children* (4th ed.). Dallas: Houghton Mifflin.

Koenig, A. J. & Holbrook, C. M. (2000). Ensuring high-quality instruction for students in Braille literacy programs. *Journal of visual impairment & blindness, 94,* 677-694.

Lackey, G. H., Efron, M., & Rowls, M. D. (1982). For more reading: Large print books or the Visolett? *Education of the Visually Handicapped, 14*(3), 87-94.

Lambert, R. M. (1990). Some thoughts about acquiring and learning to use a dog guide. *RE:view, 22*(3), 151-158.

Lavanya, J. R. (2007). How to assess and plan for the management of visually challenged children in the context of multiple "different abilities". *Community Eye Health, 20*(62), 91-92.

Li, A. (2003). A model for developing programs to improve the use of vision in students who are visually impaired with multiple disabilities. *RE:riew, 35*(1), 31-47.

Lin, C. J. (1995). *Employers' perceptions of workplace Accommodations for People with Visual impairments.* Dissertation of The University of Texas at Austin.

Llewellyn, A. & Hogan, K. (2000). The Use and Abuse of Models of Disability. *Journal Disability & Society, 15*(1), 157-165.

Longmore, P. K. & Umansky, L. (Eds.) (2001). *The New Disability History: American Perspectives.* New York: New York University Press.

Lueck, A. H. (2004). *Functional Vision: A practitioner's guide to evaluation and intervention.* New York, NY: AFB Press.

Mangold, S. & Mangold, P. (1989). Selecting the most appropriate primary learning medium for students with functional vision. *Journal of Visual Impairment& Blindness, June,* 294-296.

Mason, C. & Davidson, R. (2000). *National Plan for Training Personnel to Serve Children with Blindness and Low Vision. Reston.* VA: The Council for

Exceptional Children.

McBroom, L. W. (1995). *Transition to work following graduation from college: experiences of employees with visual impairments and their employers.* Mississippi State University Rehabilitation Research and Training Center on Blindness and Low Vision.

McDowell, L. (2006). 'Reconfigurations of gender and class relation: Class differences, class condescension and the changing place of class relation'. *Antipode, 38*(4), 825-850.

McHugh, B. E. & Lieberman, L. J. (2003). The impact of developmental factors on incidence of stereotypic rocking among children with visual impairments. *Journal of visual impairment & Blindness, 97*(8), 453-474.

McLeskey, J. & Waldron, N. L. (2000). *Developing inclusive schools: Lessons learned.* Alexandria. VA: Association for Supervision and Curriculum Development (ASCD).

Milligan, K. (1999). Evaluation of potential dog guide users: The role of the orientation and mobility instructor. *Journal of visual impairment & blindness, 93,* 241-243.

Miner, R. J. (2001). The experience of living with and using a dog guide. *RE:view, 32*(4), 183-190.

Mitchell, P. J. (2001). Beyond the classroom: A summer transition program for blind and visually impaired adolescents. *Re:View,32*(4),151-155.

Nagi, S. Z. (1976). An epidemiology of disability among adults in the United States. *The Milbank Memorial Fund Quarterly. Health and Society*, 439-467.

Nielsen, M. E. & Mortorff-Albert, S. (1989). The effects of special education service on the self-concept and school attitude of learning disabled/gifted students. *Roeper Review, 12*(1), 29-37.

Obiakor, F. E. & Algozzine, B. (1995). *Managing problem behaviors: Perspectives for general and special education.* Dubuque, IA: Kendall/Hunt.

Odden, A. & Archibald, S. (2001). *Reallocating resources: How to boost student achievement without asking for more.* Thousand Oaks, CA: Corwin Press, Inc.

Oliver, M. (1988). The Social and Political Context of Educational Policy: The Case of Special Needs. In Barton, L. (Ed.) *The Politics of Special Educational Needs*. London: Falmer Press.

Overtoom, C. (2000). *Employability Skills: An update.* Columbus: The Ohio State University.

Pledgie, T. K. (1982). Giftedness among handicapped children: Identification and programming development. *The Journal of Special Education, 16*(2), 221-227.

Prechtl, H. F., Cioni, G., Einspieler, C., Bos, A. F., & Ferrari, F. (2001). Role of vision on early motor development: lessons from the blind. *Developmental Medicine & Child Neurology, 43*(3), 198-201.

Rauscher, L. & McClintock, J. (1997). Ableism and curriculum design. In M. Adams, L. A. Bell, & P. Griffen (Eds.), *Teaching for diversity and social justice* (pp. 198-231). New York: Routledge.

Reis, S. M., McGuire, J. M., & Neu, T. W. (2000). Compensation strategies used by high-ability students with learning disabilities who succeed in college. *Gifted Child Quarterly*, *44*(2), 123-134.

Reis, S. M., Neu, T. W., & McGuire, J. M. (1995). *Talents in two places: Case studies of high ability students with learning disabilities who have achieved.* Storrs, CT: University of Connecticut, The National Research Center on the Gifted and Talented.

Roman, C., Baker-Nobles, L., Dutton, G. N., Luiselli, T. E., Flener, B. S., Jan, J. E., Lantzy, A., Matsuba, C., Mayer, D. L., Newcomb, S., & Nielsen, A. S. (2010). Statement on cortical visual impairment. *Journal of visual impairment & blindness, 104*(2), 69-72.

Roman-Lantzy, C. (2007). *Cortical visual impairment. An Approach to assessment and intervention.* New York: AFB Press.

Ryder, B. & Kawalec, E. S. (1995). A job-seeking program for persons who are blind or visually impaired. *Journal of visual impairment & blindness, 89*(2), 107-111.

Scheiman, M. (1997). *Understanding and managing vision deficits: A guide for occupational therapists*. New Jersey, NJ: Slack.

Seamon, D. (1979). *A geography of the lifeworld*. New York: St. Martin's.

Shwedel, A. M. & Stoneburner, R. (1983). Identification. In M. B. Karnes (Ed.), *The underserved: Our young gifted children* (pp.17-39). Reston, VA: Council for Exceptional Children.

Sitlington, P. L., Clark, G. M., & Kolstoe, O. P. (2000). *Transition education and services for adolescents with disabilities* (3rd ed.). Needham Heights, MA: Allyn & Bacon.

Super, D. E. (1990). A life-span, life-space approach to career development. In D. Swaminathan, M. (2011). Cortical visual impairment in children-A new challenge for the future? *Oman Journal of Ophthalmology, 4*(1), 1-2.

Swift, S. H., Davidson, R. C., & Weems, L. J. (2008). Cortical visual impairment in children: Presentation Intervention, and Prognosis in Educational Settings. *Teaching exceptional children plus, 4*(5), 2-14.

Sykes, K. C. (1971). A comparison of the effects of standard print and large print in facilitating the reading skills of visually, impaired students. *Education of the Visually Handicapped, 3,* 97-105.

Szymanski, E. M. (2000). Disability and vocational behavior. In Frank, R. G., Elliott, T. R. (Eds.), *Handbook of rehabilitation psychology* (pp. 499-517). Washington, DC: American Psychological Association.

Tessa, W. (2009). The role of hand dominance in beginning Braille readers. *Journal of visual impairment & blindness, 103*(10), 705-708.

Tomlinson, S. (1982). *A Sociology of Special Education.* London: Routledge & Kegan Paul.

Toussaint, K. A. & Tiger, J. H. (2010). Teaching early braille literacy skills within a stimulus equivalence paradigm to children with degenerative visual Impairment. *Journal of applied behavior analysis, 43*(2), 181-194.

Trent, S. (1987). The importance of social skills in the employment interview. *Education of the Visually Handicapped,19*,7-18.

Tuttle, D. W. & Ferrell, K. A. (1995). Visual impairment. In E. L. Meyen & T. M. Skrtic (Eds.), *Special education and student disability: An introduction-Traditional, emerging, and alternative perspectives* (4th ed., pp. 487-532). Denver, CO: Love.

Union of the Physically Impaired Against Segreation (UPIAS) (1975, November 22nd). Foundamental Principle of Disability. Re: https://disability-studies.leeds.ac.uk/wp-content/uploads/sites/40/library/UPIAS-fundamental-principles.pdf

Valentine, D. P., Kiddoo, M., & LaFleur, B. (1993). Psychosocial implications of service dog ownership for people who have mobility or hearing impairments. *Social Work in Health Care, 19*(1), 109-125.

Veispak, A. & Ghesquière, P. (2010). Could specific Braille reading difficulties result from developmental dyslexia? *Journal of visual impairment & blindness, 104*(4), 228-238.

Wall Emerson, R. S., Corn, A., & Siller, M. A. (2006). Trends in Braille and large-print production in the United States: 2000-2004. *Journal of visual impairment & blindness, 100,* 197-211.

Warren, D. H. (1994). *Blindness and children: An individual differences approach.* New York: Cambridge University Press.

Whitmore, J. R. & Maker, C. J. (1985). *Intellectual giftedness in disabled persons.* Rockville, MD: Aspen.

Wiley Levtzion-Korach, O., Tennenbaum, A., Schnitzen, R., & Ornoy, A. (2000). Early motor development of blind children. *Journal of Pediatric and Child Health, 36,* 226-229.

William R. O'Connell & Jon F. W. (1982). The role of administrators in changing teaching evaluation procedures. Retrieved from: https://onlinelibrary.wiley.com/doi/abs/10.1002/tl.37219821103

Winer, J. L., White, H. E., & Smith, R. (1987). Using self-directed search with blind adults. *Journal of visual impairment & blindness, 81*(1), 26-28.

Wolffe, K. E. (1999). *Skills for success: A career education handbook for chil-*

dren and adolescents with visual impairments. New York: American Foundation for the Blind.

Woods, D. W., Himle, M. B., & Miltenberger, R. G. (2006). Assessment of Tic disorders. In V. E. Caballo (Ed.), *Handbook of clinical assessment of psychological disorders* (pp. 333-346). Madrid, Spain: Pyramide.

Wright, S. (2000). *Light box activity guide Level 1.* American printing house for the blind. Retrieved from: https://sites.aph.org/files/manuals/7-08670-00.pdf

Wright, T., Wormsley, D. P., & Kamei H. C. (2009). Hand movements and Braille reading efficiency: Data from the Alphabetic Braille and Contracted Braille Study. *Journal of visual impairment & blindness, 103*(10), 649-661.

Zola, I. K. (1989). Toward the Necessary Universalizing of a Disability Policy. *The Milbank Quarterly, 67,* 401-428.

Zunker, V. G. (1994). *Career counseling: Applied concepts of life planning.* CA: Cole Publishing Company.

國家圖書館出版品預行編目資料

視覺障礙導論／黃國晏著. ——初版. ——臺北市：五南, 2020.04
面； 公分
ISBN 978-957-763-946-2（平裝）

1.視障 2.視障教育

529.65 109003218

1I2L

視覺障礙導論

作 者— 黃國晏(296.8)
發行人— 楊榮川
總經理— 楊士清
總編輯— 楊秀麗
副總編輯— 黃文瓊
責任編輯— 陳俐君、李敏華
封面設計— 王麗娟
出版者— 五南圖書出版股份有限公司
地 址：106台北市大安區和平東路二段339號4樓
電 話：(02)2705-5066 傳 真：(02)2706-6100
網 址：http://www.wunan.com.tw
電子郵件：wunan@wunan.com.tw
劃撥帳號：01068953
戶 名：五南圖書出版股份有限公司
法律顧問 林勝安律師事務所 林勝安律師
出版日期 2020年4月初版一刷
定 價 新臺幣500元

Facebook 按讚

1 秒變文青

★ 專業實用有趣
★ 搶先書籍開箱
★ 獨家優惠好康

不定期舉辦抽獎
贈書活動喔！！！

經典永恆・名著常在

五十週年的獻禮——經典名著文庫

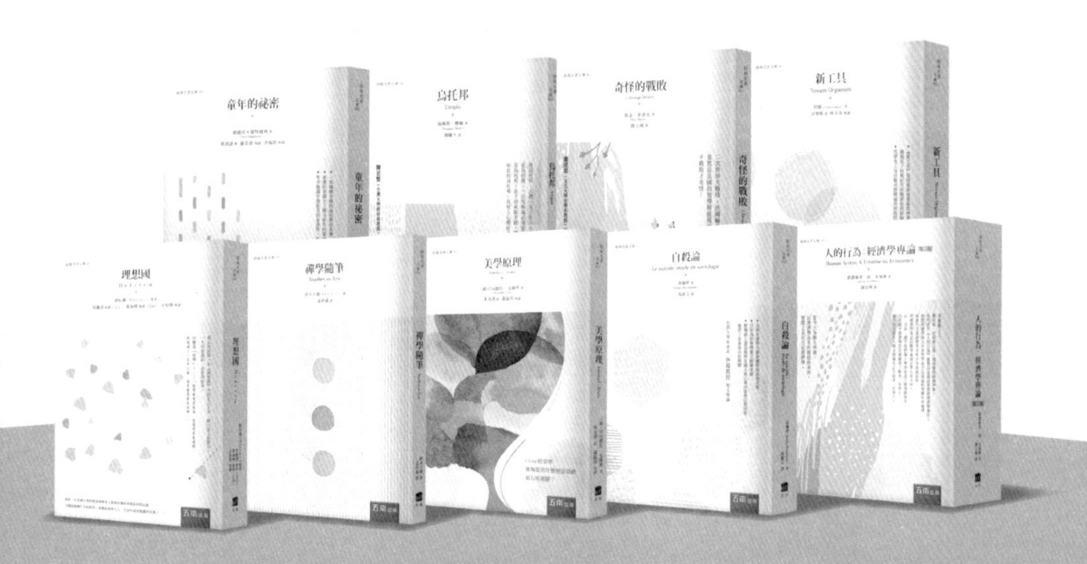

五南，五十年了，半個世紀，人生旅程的一大半，走過來了。
思索著，邁向百年的未來歷程，能為知識界、文化學術界作些什麼？
在速食文化的生態下，有什麼值得讓人雋永品味的？

歷代經典・當今名著，經過時間的洗禮，千錘百鍊，流傳至今，光芒耀人；
不僅使我們能領悟前人的智慧，同時也增深加廣我們思考的深度與視野。
我們決心投入巨資，有計畫的系統梳選，成立「經典名著文庫」，
希望收入古今中外思想性的、充滿睿智與獨見的經典、名著。
這是一項理想性的、永續性的巨大出版工程。
不在意讀者的眾寡，只考慮它的學術價值，力求完整展現先哲思想的軌跡；
為知識界開啟一片智慧之窗，營造一座百花綻放的世界文明公園，
任君遨遊、取菁吸蜜、嘉惠學子！

國家圖書館出版品預行編目資料

戰略與國際關係：運籌帷幄之道／謝奕旭，翁明賢，高佩珊，常漢青著. -- 初版. -- 臺北市：五南圖書出版股份有限公司，2021.07
面；　公分
ISBN 978-986-522-644-2（平裝）

1.國際關係　2.國家戰略　3.文集

578.107　　110004682

1FTV

戰略與國際關係：運籌帷幄之道

作　　者 — 謝奕旭、翁明賢、高佩珊、常漢青
發 行 人 — 楊榮川
總 經 理 — 楊士清
總 編 輯 — 楊秀麗
主　　編 — 侯家嵐
責任編輯 — 鄭乃甄
文字校對 — 石曉蓉、陳俐君
封面設計 — 王麗娟
出 版 者 — 五南圖書出版股份有限公司
地　　址：106台北市大安區和平東路二段339號4樓
電　　話：(02)2705-5066　　傳　　真：(02)2706-6100
網　　址：https://www.wunan.com.tw
電子郵件：wunan@wunan.com.tw
劃撥帳號：01068953
戶　　名：五南圖書出版股份有限公司

法律顧問　林勝安律師事務所　林勝安律師

出版日期　2021年 7 月初版一刷
定　　價　新臺幣590元